上海市重点图书

顾　骏
许春明 等 著

人文与智能丛书 • 顾　骏 主编

意志与责任：
法律人工智能

The Legal Thinking of Artificial Intelligence

上海大学出版社
·上海·

图书在版编目(CIP)数据

意志与责任：法律人工智能 / 顾骏, 许春明著. ——
上海：上海大学出版社, 2020.5
("人文与智能"丛书)
ISBN 978-7-5671-3842-1

Ⅰ.①意… Ⅱ.①顾… ②许… Ⅲ.①人工智能-法律-研究 Ⅳ.①D912.174

中国版本图书馆 CIP 数据核字(2020)第 065101 号

责任编辑　农雪玲
封面设计　柯国富
技术编辑　金　鑫　钱宇坤

意志与责任：法律人工智能

顾　骏　许春明　等　著

上海大学出版社出版发行
(上海市上大路99号　邮政编码 200444)
(http://www.shupress.cn　发行热线 021-66135112)
出版人　戴骏豪

*

南京展望文化发展有限公司排版
江阴金马印刷有限公司印刷　各地新华书店经销
开本 710mm×1000mm　1/16　印张 19.75　字数 220 千字
2020 年 5 月第 1 版　2020 年 5 月第 1 次印刷
ISBN 978-7-5671-3842-1/D·225　定价　48.00 元

版权所有　侵权必究
如发现本书有印装质量问题请与印刷厂质量科联系
联系电话：0510-86626877

总　序
以人工智能为镜,认识人自己

西方哲人说:"人,认识你自己。"

中国哲人说:"自知者明,自胜者强。"

人工智能时代,认识自己,更加必要,战胜自己,更加重要!

"工欲善其事,必先利其器。"

认识自己,有何利器?

人工智能!

一、人工智能会让人迷失自己?

幽默源于智慧的过剩。人工智能研究专家有两句自嘲,颇为幽默,尤见智慧。

其一,"拆解人类,组装机器"。

意思是,人工智能研究通过把人类智能拆分为基本构造,加以模拟,组装出人工智能。

问题是,经过拆解的人还是人吗?模拟人组装的机器仍然是机器吗?如此这般折腾之后,人与机器的关系会有何变化?

这又引出了一句自嘲。

其二,"机器越来越像人,人越来越像机器"。

意思是,随着智能技术发展,机器的聪明更加接近人类,在特定方面超过了人类,而人类依赖机器日甚一日,甚至为机器所调度,形如"傻瓜机"。

机器越来越像人,是科技的威力,人越来越像机器,是人文的衰颓。

科技与人文此消彼长的态势并非始于人工智能技术兴起之日。法国哲学家卢梭(1712—1778)被称为"法国大革命的思想导师",其成名作《论科学与艺术》,就是当年应第戎学院的征文比赛而做,比赛主题是"论科学与艺术的复兴能否敦风化俗"。如果去掉其中的艺术部分,一看便知讨论的是科学与人文的关系问题。同样的题目至今仍在国际大学生辩论赛中频繁露面,足以说明 200 多年来,这一态势不但没有改变,且愈演愈烈。何以如此,不同学科和学派众说纷纭,莫衷一是。

"拆解人类,组装机器"和"机器越来越像人,人越来越像机器",语近调侃而能见智慧,就因为其中埋藏了解读的线索。

二、拆解人类,机器如何像人?

在技术上,人工智能或者装备了智能的机器是对人的模拟。

要模拟人,制造机器,不可能直接拿人做样板,一步到位,做出个真人。科学家不是上帝。

现代科技的拟人策略是,先把人分解,拆成零件,弄清基本原理,制作相应零件,逐级组合,最后拼装成即便不像人、也能干点人事的类人机器。

人工智能根本上也是循着这条研发路径做出来的。人工智能的原型机——图灵机是人类智能的最简式,而算法的本质是将人类思维做逻辑展开,还原出详细步骤,再以机器可以接受的方式重新表达,实现运作。

在常人眼里,数学代表人类思维中最复杂的部分,其实在机器模拟人类思维时,数学是最简单的。因为数学思维涉及的要素有限,规则明确。而只要有规则,再复杂,也比没有规则容易掌握。况且,只要规则不错,运算自有结果,而且是唯一的结果。当然,数学思维中也存在悖论,这是另一层面的故事。

事实上,在机器模拟人的过程中,于人类越简单的事情,于机器则往往越困难;反过来,于机器很简单的事情,于人类却可能很困难。

"大道至简。"人类的智慧在于把复杂的事情简单化,以方便操作。一旦还原所有细节,往往因为涉及的因素太多,复杂得难以想象。

打个比方,人脑比拳头大不了多少,但大脑皮层的沟回摊开了,面积约在 2 200 平方厘米。从逻辑上说,"拆解人类"真要是轻而易举的事,那"认识自己"就成小题大做了。

相反,人工智能所有的厉害就在计算能力上。如果人类用的是巧劲,那计算能力就相当于"蛮力"。只有人类先把看似简单实际复杂的事情还原之后,再拆分成机器能"理解"的细节和步骤,"蛮力"才有用武之地。

人工智能研究拆解人类智能的办法是降维处理,从社会、文化范畴,降为生物、化学范畴,最后降为电子乃至数字范畴。思想感情被掏空,个性禀赋被消除,最后剩下的只有流经神经元的脉冲电流。

到这个维度,不要说人与人没有什么区别,人与其他动物之间也无非是若干物理量的差异。

测量和制造脉冲电流与了解一个人的想法相比,显然要简单容易得多。

一旦拆解到位,原理显现,反向的组装过程就开始了。基于大数据,运行算法,筛选参数,设定权重,生成与数据高度拟合的函数式,机器智能无中生有,降临人世,其中包括大名鼎鼎的 AlphaGo、Atlas 和索菲亚。

无论在拆解还是组装、研发还是应用的过程中,自然科学需要汲取人类已有的自我认知成果,才能筛选出可以用于组装的思维步骤和数学原理。除了脑科学、心理学等学科,还有逻辑学、语言学、认知科学、伦理学乃至美学等学科的成果,如涓涓细流,汇入人工智能研究的大海。

自然科学取经文化科学是真诚的,两者的交流与融合是有效的,所以能增加工程师对人的认识,提升拆解人类、组装机器的有效性和可靠性,在知识与实践的良性互动下,人工智能技术加速发展。

三、组装机器,怎会让"人像机器"?

"江山易改,本性难移。"

学科如人,有其本性。在拆解人类、组装机器的过程中,自然科

学努力认识人,运用人文知识,同时仍然保留了物性思维的秉性,其中包括但不限于:

习惯于把复杂事物简约为最小单元,在丢弃大量实质性联系的基础上,从形式上,抽象建构模型的归因主义思想方法;

相信只要知道规则和条件,就能从已知推断未知,而不给主体留下自主余地的决定论世界观;

主张人类生活同样遵守自然规律,忽略精神性存在之特殊性的自然主义历史观;

强调观察、依赖感觉、追求量化、重视验证的实证主义方法论;

混合了人类中心主义的目的论和人只是研究对象的工具论的人类观。

对科学发展无限制开放、对技术进步无差别信任、对解决科技带来的问题无条件乐观的科学主义信仰。

如此等等。

无论对于一般的科学技术,还是对于人工智能的研发和应用来说,所有这些都是开拓创新的利器,其作用自工业化以来已得到充分证明。但这样的研究风格必定导致人文元素的流失,也是这段历史中人们颇多感受的。

作为一种兼具物质性和精神性的存在,人是复杂的,任何被抽象掉社会文化属性、消除了个性特征之后建立的人的模型,都是不完整的,在本质上已经近于机器,而远于人。

人工智能具有寻求最优解的内在驱动,其基于大数据对人的描述与人的实际表现越趋于一致,也就是越像人,甚至"比人还了解人",就越善于介入人的行为,越能投其所好,引导人的行为特性,使之在欲罢不能中不断强化。机器像人与人像机器开始进入相互强化的正循环。

在现实生活中,电子游戏的沉溺效应和算法推送的"向下兼容逻辑"都暗藏了这一促成人像机器的机理,其结果是个人生存的多样性和开放性向单一维度的封闭性塌缩。

使人得以区别于机器的核心指标不就是生存维度之多寡吗?

陷于这样的情境,机器像人,而人像机器,大势已成。

固然,汲取人文知识用于组装机器在一定程度上深化和验证了人类自我认识,推动了技术进步,取得了经济效益,但其局限是明显的,其负面的人文效应是不可忽视的。

公众在享受人工智能技术带来的便利时,之所以有不安全感,一些强于战略思考并有人文情怀的业内外精英,包括科学家如霍金、企业家如马斯克、政治家如基辛格,之所以对人工智能技术危及人类生存的可能表示担忧和质疑,原因不只在于技术本身,更在于技术及其运用所折射出来的对人工智能的人文内涵、应用场景的人性效应、技术滥用的道德风险、智能时代的人类命运等重大议题,缺乏足够的敏感、理解和尊重。

物性强于人文,机器如鱼得水,人类如临深渊。

四、"机器像人",文化科学有何作为?

对于人工智能技术的发展前景,科学家的乐观不是毫无道理的,不乐观无以有技术进步、社会发展,而各界人士的悲观,也并非杞人忧天,高技术带来高风险不只是逻辑演绎,还是历史证明。反思过于乐观与无谓悲观,达成认知平衡,是一定程度上已被技术绑架的人类社会的呼声和要求,文化科学应该有所回应。

然而,在人工智能健康发展需要文化科学助力的当下,受技术驱动的跨学科交流,却表现出明显的单向流动特征。

相比自然科学为研究人工智能而主动亲近文化科学,文化科学对介入人工智能研究却态度犹豫、力度不足、涉足有限。虽然有些应用性较强的学科,如法学、经济学和社会学等已陆续开进,但进展不尽如人意,或者囿于传统的学科视野,或者局限于技术可能带来的浅表问题,比如技术应用的法律责任、就业替代的社会效应、隐私侵犯的个人保护等议题,而从学理高度讨论人工智能技术对人类生存深层次影响的不多,直面人工智能独特性质给文化科学带来的学理挑战,揭示内在于学科认知框架和知识体系的方法论紧张状态的,更少。

导致这种状况的原因,既有自然科学的"硬知识"门槛较高,让素称"软科学"的文化科学心有余而力不足,也有自然科学强大的改造世界能力,让擅长解释的文化科学无所呈其技。在与自然科学围绕人工智能技术开展的对话中,文化科学未能找到自己的定位,既缺乏批判性,又缺少建设性,只能接受被动输出的地位。

五、以人工智能为镜,能看见什么?

人工智能技术具有内在的人文特性,研发需要拟人,应用必定涉人,与文化科学之间存在天然的亲缘关系。这不仅给了文化科学通过自己的认知成果,助力人工智能的技术研发的可能,也提供文化科学借助人工智能技术及其应用成果,加深人类自我认识,优化学科品格的机会。说得形象一些,人工智能天然就是人类可以用来自我观照的一面镜子。

"认识自己"是人类终极的认知目标,阻碍或干扰人类自我认识的最大因素不是来自外部世界,而是来自自身的认知盲区。"灯下黑"在所难免。

人有眼睛,可以看见自己的手、胸腹、腿脚,却看不见自己的背、脸,更看不见眼睛自身。人需要借助各种"镜子",从水面、物体的光洁表面、照相机、X光到脑电波,才能看见自己。即便如此,看见的还只是自己有形的部分。

随着人工智能的诞生,人类有了一种可以用来全方位观照自己的镜子。

从图灵开始,人工智能研究就以模拟人类智能为目标和路径,而图灵极为睿智地名之为"机器智能",明确其与人类智能不是一回事,代表了另一种思维方式。但让这种模拟人类的智能更接近人类智能,让机器更像人,始终是专家的雄心,也是公众的期盼。所谓"弱人工智能、强人工智能和超级人工智能"的分类,无非通过对标人类智能,来确定人工智能发展方向,评估其技术水平,前瞻机器与人类的关系。

人,一直被用作机器的参照,说句玩笑话,什么时候人工智能有了自我意识,一定会用这面镜子来观察和评估自己。既然如此,人为什么不通过观察人工智能来看看自己的模样?

令人尴尬的是,许多时候机器人并不是不像人,而是像得非人所愿。就好像孩子不是集父母之所长,而是尽显父母之所短。造化弄人。

人难免有偏见，还不自知，所以，希望人工智能能够摆脱成见，不偏不倚，实现对人的矫正。但要让人工智能担任人事经理，就很难判定什么时候做得到，什么时候做不到，什么时候甚至做得比人类还有过之。

何以如此？

学坏的。

"上帝照着自己形象造人。"由上帝创造的人类无论自觉还是不自觉，也是照着自己的形象造机器。算法是人设计的，感知的是人让其感知的信号，数据由人提供，机器学习训练集也是人编制的。人什么模样，模拟出来的人工智能自然就什么模样。

人工智能的表现是否符合人类的预期，不光取决于工程师技术水平的高低，更在于人可能自己都没意识到的观念和行为。这正好证明人类在自我认知上，确实存在"灯下黑"。

人工智能不是人类智能的简单复制，机器学习不是单纯的服从行为，人工智能所呈现的人类特性并非完全由人主导，所以人才会看见自己始料未及的形象。

况且，"水中月，镜中花"虽然栩栩如生，毕竟只是虚像，而人工智能所反映的人类智能乃至人本身，具有某种"实像"的性质，不但存在，还能在现实世界中得到证明。

在有些极端的情况下，人工智能与人类智能的不像之处，甚至更能映衬出人自身欠缺或不足的地方。这不仅是实体镜子所无法显现的，就是人自己也未必能看到的。

在古希腊时期，人就相信"世界是由数组成的"，还发现了不少数学定理,但无论是过去还是现在,世界上绝大多数人在绝大多数场合,并不用数学来思考,而人工智能只会"数学地"思考,以此认识万事万物,包括人。人工智能以自身为实例,证明了人类关于数学的设想不但行得通,而且有成效。

人类相信,只有掌握因果关系,才能预测世界、干预事物,而人工智能借助统计和概率,通过相关分析,就能从大数据中找到预测和干预的依据与方向,以致让因果和相关这两个概念显得边界模糊,相关分析可以无限逼近因果分析的前景,正在罪恶地诱惑着哲学家。

人类通过在人与非人之间人为划出界限,来定位自己与世界其他部分的关系。同样看见信号,在人类是理解意义,在动物是条件反射。许多学科用作逻辑起点的预设都具有类似的专断性质。但人工智能以其介于人与机器之间的过渡性特征,证明了这些预设不成立或逻辑不自洽。

人类的意识只是大脑活动的"冰山一角",了解水面下的冰块是人类好奇所在,心理学走在最前面,但现在人工智能通过整理归类分析对比脑血流图,不用向其本人求证,就能揭示"冰块的构造"。机器比人还了解人,并非虚言。

传统的学科思维和因袭的分析工具正面临人工智能的无情解构与任性重构,只要接受人工智能的有效性,许多学科就不能不接受其颠覆效应,准备好迎接学科地基的拆倒重建。

人类尚被拆解,学科又当如何?

在某种程度上,让科学家最感头痛的人工智能技术不可解释性和不可预见性,恰恰成为这面镜子真实反映人类特性的最好证明:既然说不清楚人工智能如何输出运算结果,那就证明镜子呈现的效果是未经"修图"的"素颜"!

未必讨喜,却更真实!

六、人工智能,是一面镜子两面照?

以人工智能为镜,文化科学与自然科学各持一面,两两对照,形成相反相成的增强关系:

自然科学把人视为人工智能的参照,而文化科学把人工智能用于人的自我观照。

自然科学观察人、模拟人,为了制造类人机器,而文化科学了解人工智能,前瞻机器未来,为了更好地认识和安顿自己。

自然科学考虑在人类现有制度框架内,人工智能将如何发展,而文化科学关心人工智能发展之后,人类制度需要做什么调整。

自然科学以科技史为依据,相信人工智能技术的发展能造福人类,而文化科学思考人工智能时代,决定人类生活是否幸福的价值标准和实现条件会有什么变化。

一句话,善加利用,文化科学可以通过人工智能的镜子,发现人类以前未被看见过的地方,引发出多角度、多方位和多层次的思考,丰富人类的自我认知,在促进人工智能健康发展中发挥自己该有的作用,批判性和建设性并重。

七、"人文与智能"丛书在想什么?

在文化科学的视野中,发掘人工智能的人文内涵,开展与自然科学的对话,是"人文与智能"丛书的初衷和本意。

由此出发,丛书初步选定五个子课题,分别为:

《人与机器:思想人工智能》,主要介绍人工智能技术的发展沿革、知识结构和相关哲学思考。

《意志与责任:法律人工智能》,针对人工智能技术应用涉及的法律问题,进行法理思考。

《知识与道理:文化人工智能》,从人工智能技术发展所面临的问题切入,重新认识中国传统文化尤其是其独特的思维方式,通过展示人类智能的多样性,为突破人工智能技术发展的瓶颈提供启示。

《生存与生活:生命人工智能》,着重探讨人工智能与生物技术相结合,对人类的生存价值和生命伦理可能产生的影响。

《分立与融合:文明人工智能》,从不同学科的视野中,看待人工智能技术及其应用场景,揭示人机耦合的人文前景。

其中《人与机器:思想人工智能》已于 2018 年 8 月出版。鉴于该书中大量介绍了人工智能技术的基础知识和应用场景,为避免重复,后续四本书不再就人工智能做知识性介绍,读者如有需要,可以参阅该书。

丛书已授权施普林格·自然集团在全球发行英文版。

"人文与智能"丛书对分主题的选择,源于对一个常识性问题的反思。

人工智能技术根本上服务于人类需要。对这个命题,人们几乎没有异议。

其实不然,看似理所当然的背后往往存在问题。

什么是人类需要?

人类需要除了显性的、大多数已经得到满足的需要之外，还有哪些隐性的需要，等待着科技人员去开发？

这些新发现的需要是否符合人类本性，而不只是让人更像机器的"特洛伊木马"？

为满足人类需要而开发的技术手段，也会反过来导致人性被侵蚀、秩序被动摇的结果吗？

谷歌在发明AlphaGo、战胜全世界围棋高手之后，宣布从此不再参加挑战人类的对弈，因为放任科学家的技术冲动而导致人类失去最聪明的智力游戏，属于智商和情商都不那么高的举动。然而，伤害已经造成，如今国内公众对围棋比赛的关注度大幅下降，因为人们下意识地知道，某个棋手能夺得冠军，只是因为AlphaGo没出场。在人工智能阴影下博弈，索然寡味。

微软发明了写作机器人，"小冰"在接连发表出品、出版诗集，惊世骇俗之后，终于封笔。现在"小冰"仍然会在网上同人对话，但拒绝再赋新诗。文学艺术承担着发现人心、丰富人性的职能，原本为解除人类不愿意承担的重复劳动而发明的机器人，随意侵入文艺创作领域将危及人类心灵世界甚至心灵本身。粗通文学的程序员借助人工智能，批量生产远超自己水准的作品，将从根本上让"创作"失去"人的事业"的神圣性。

现在，司法领域引入人工智能的探索在推进中，机器以人类所不具有的记忆、搜索、分类和比对能力，可以大大提高诉讼裁决的效率和质量，促进公平正义的实现。同时，也有可能蚕食人类意志的主体地位。人类可以允许"机器审判人"的角色登堂入室，但能不能避免"机器审判人"的状态成为现实，不得而知。

未来,基于同样的效率优势,为了把握战场上稍纵即逝的时间窗口,人类有可能把向敌人开火的决定权交给装备了"人脸识别技术"的作战机器人,而一旦人类放行机器自主杀人,地狱之门将由此开启。

即便纯粹为了实现人类幸福的人工智能技术,其社会效应也会让人类不堪重负。据未来学家预测,借助人工智能加生物技术,人类将在2045年实现生命永续。在人类亘古梦想行将实现之际,生活逻辑告诉我们,迫于财务压力,人类将不得不接受某个拥有稀缺资源,比如财富、权力和声望的群体单独享用这项技术,而因为"地上的穷人永不断绝",人类将从此被划分为两个阶级,"生死鸿沟"将从物种层面上撕裂人类,彻底断送人类孜孜以求的平等和正义,带来无法消解的社会冲突。若想摈弃由资源拥有来决定生死的野蛮,人类最后会采取高考还是抓阄的方法,来防止永生噩梦成真?

"人机耦合""脑机对接"能够为人类带来智力增能的效果,让潜意识、无意识浮出意识的水面。这样的技术及其运用,在残疾人那里,可以使之重新过上健全的生活,在健全人那里,却可能使之陷入残缺的生活。一旦机器参与人类行动之深到达学习和记忆的水平,人之为人的最后特性开始流失,不用学习的人类会是一个词语矛盾吗?

人工智能研究和应用方兴未艾,但新的智能形态的出现已给以西方文化为母本的、占据世界主流地位的思维方式、思想观念和知识体系带来明显冲击,其表现之一就是种种悖论性场景的显现。无论为人工智能研发拓展新思路,还是为防范技术发展失控,确保人类秩序不被机器所颠覆,关注、保护和开发文化多样性,尤其是智能形态和思维方式的多样性,势在必行。

总之,人与机器的关系不是简单的人创造机器、机器服务人的人类绝对主导的模式,而是人创造机器、机器改变人的互动模式。对于作为特殊机器,具有一定程度的超出人类绝对控制的人工智能来说,其与人的关系更加复杂。

人工智能取代人类,未必发生,但影响乃至颠覆人类秩序,却多多少少已经发生。人既需要在创造机器的过程中为人的自由意志、自主行动留下足够的余地,也需要在应用机器、获取机器服务时,为维护和丰富人性,确保人性的发展空间和潜力实现划出人的底线与机器的边界。

人的一切造物都是人自身的"对象化",都是自身的投射或镜像。而且,人在向外自我投射的过程中,从来不能实施对投射结果的绝对控制,科学技术背后的自然规律在很大程度上决定了人类投射的结果和结果对人类的影响,包括一定程度上改变人类。"机器像人,人像机器"的交互作用,并非始于人工智能。

与传统机器相比,人工智能也是人类的投射,也有人不能完全控制的地方。不同的是,人类在人工智能上的投射结果,不是某种确定的、不会自行改变物体的能力,而是抽象的能力,具有不确定性的创造能力。

人类无法确定甚至难以评估自己与自身投射之间最后会形成什么样的关系,这才是人工智能令人担忧的深层次成因。

至今为止,在所有人类发明的技术中,唯有基因工程具有类似的性质。人类希望拥抱基因工程,但害怕人为改变基因之后,却因为基因本身具有的遗传和突变特性,从此走上一条始料未及且无法逆转的道路。

人类做出的这一类具有内在驱动特性的创造,一旦开始自我创造,必将决定性地改变人与自己创造的关系,让人类生存进入一片深不可测的海域。

如果说,在研究人工智能的时候,不认识人,就无法组装机器,那么,面对人工智能,不认识机器,就无法认识人,更无法驾驭自己,把命运掌握在自己手里!

"盲人骑瞎马,夜半临深池。"

大自然赋予人类以创造新智能的智慧,人类尊重和珍惜科学技术,但不会放任科学技术走向同美好理想相反的方向。

深入思考人、人性、人的思维、人的创造、人与自己所创造的世界之关系,确有必要,更显紧迫。

"人,认识你自己。"

"自知者明,自胜者强。"

顾　骏

2020 年 2 月 22 日

目　录

前　言　能力旁落，意志如何挂钩责任？/ 001
　　一、人，自由的物种 / 003
　　二、自由的让渡，人与机器的终极关系 / 004
　　三、自觉，自由意志的起点 / 005
　　四、机器，人类自由的限定 / 006
　　五、自由，在边界里 / 007
　　六、以意志来自我限制自由 / 008
　　七、能力，人工智能时代责任归属的难点 / 009

第一章　索菲亚会开启机器成"人"的大门吗？/ 013
　　一、索菲亚从何而来？/ 014
　　二、机器成"人"，为了谁的方便？/ 017
　　三、不知人，焉知机器？/ 020
　　四、理解机器容易吗？/ 024
　　五、机器不可理喻，谁之过？/ 025
　　六、机器成"人"，是解决方案吗？/ 028
　　七、索菲亚会推倒机器成"人"的"多米诺骨牌"吗？/ 029
　　八、开发机器人，人类的终极目的是什么？/ 030

九、二元智能乃至二元法制是人类的宿命吗？/ 032

十、狗的诞生：驯化还是进化？/ 034

十一、人工智能的"自主进化"之路通向何方？/ 037

第二章　机器意志是一个词语矛盾吗？/ 039

一、自由意志的法律意义何在？/ 040

二、自由意志在法律上有边界吗？/ 042

三、确定性还是非确定性，大脑如何定位？/ 045

四、人的自由意志只是一个推定吗？/ 048

五、人类真有自由意志？/ 052

六、人工智能有自由意志吗？/ 056

七、谈论机器意志有何现实意义？/ 059

八、机器意志是人工智能研发的目标吗？/ 062

九、在技术上，人工智能会有自由意志吗？/ 064

十、人类需要人工智能有自由意志吗？/ 068

十一、人工智能能被当作人吗？/ 070

十二、人类意志与机器意志会此消彼长吗？/ 071

第三章　人工智能责任如何落实？/ 075

一、落实人工智能责任，从哪里出发？/ 078

二、不同观点从何而来？/ 083

三、无人驾驶汽车提出了什么法律问题？/ 086

四、对无人驾驶汽车事故，法律怎么处理？/ 088

五、面对无人驾驶,法律在立法技术上需要做何调整?
／090

六、自动驾驶模式下自然人有什么义务?／091

七、产品责任路径如何归责?／093

八、生产者如何借发展风险以自保?／094

九、召回义务能破解两难吗?／095

十、召回本身也是一个两难吗?／096

十一、问责机器还是豁免个人?／099

第四章 机器人如何平衡权利与义务?／101

一、法律是如何界定责任的?／104

二、权利与义务为何需要对等?／105

三、阿西莫夫如何给机器人立法?／108

四、"机器人三定律"有什么漏洞?／111

五、"机器人七原则"有何突破?／116

六、"元原则"是"机器人宪法"吗?／119

七、机器人原则反映了什么样的"人设"?／122

八、机器人的"人设"站得住脚吗?／124

九、机器人需要权利吗?／128

十、机器权利,谁的需要?／132

第五章 机器人需要宪法地位吗?／135

一、索菲亚获得公民权会成为趋势吗?／137

二、对机器人,民事行为能力是"第 22 条军规"吗? / 139

三、宪法与公民是什么关系? / 143

四、机器权利能绕过宪法吗? / 147

五、宪法是人类的"元原则"吗? / 151

六、机器权利可以从环境伦理中学到什么? / 153

七、有用性能构成机器权利的伦理依据吗? / 158

八、智能本身会成为机器权利的终极依据吗? / 160

第六章　人工智能立法需要机器人参与吗? / 163

一、"主客二元对立",从何而来? / 165

二、"我"与世界是什么关系? / 167

三、"我"从哪里来? / 169

四、"我"的技术和法律意义何在? / 171

五、人类中心主义如何看待人与世界的关系? / 173

六、智能机器的法律地位如何确定? / 178

七、人工智能立法走到哪里了? / 179

八、"电子人"从何而来? / 182

九、"电子人"代表了智能机器最终定位吗? / 184

十、人工智能技术能用于立法吗? / 188

十一、法律,自律还是他律? / 189

十二、人类如何自我限制立法权? / 190

十三、人工智能立法需要机器人参与吗? / 194

第七章　机器人介入司法,谁审判谁? / 197
　　一、司法审判何以需要人工智能? / 200
　　二、人工智能介入司法还有什么优势? / 202
　　三、逻辑理性:机器人法官无非工具? / 204
　　四、经验加持:机器人法官也需要学习吗? / 207
　　五、自由裁量:机器人法官也能"心证"? / 213
　　六、机器人法官也需要资格认定吗? / 216
　　七、谁来监督机器人法官? / 217
　　八、机器人法官采用谁的法律? / 219

第八章　机器"创作",知识产权归谁? / 221
　　一、机器创作,问题从何而来? / 224
　　二、事实与认定:机器会"创作"吗? / 225
　　三、机器"创作"何以众说纷纭? / 226
　　四、为什么只有人才能享有知识产权? / 229
　　五、就事论事,人工智能能有作品吗? / 231
　　六、人工智能可以被认定为法律上的"作者"吗? / 235
　　七、机器创作,未来会怎样? / 238
　　八、机器创作,知识产权归谁都不合适? / 240
　　九、智能时代,知识产权制度有何作为? / 247
　　十、未来已来,问题就此解决了吗? / 249

第九章　机器人也会遭受"人身侵犯"吗？／253
一、性领域何以规则林立？／255
二、性机器人如何定位？／258
三、性机器人源自何处？／260
四、机器也能解人意？／263
五、性机器人也能"夫唱妇随"吗？／267
六、机器人竟然"宛如生人"？／268
七、性机器人也需要立法？／269
八、性机器人立法如何定位？／270
九、性机器人立法需要考虑情感吗？／272
十、性机器人能被人身侵犯吗？／274
十一、法律上如何规制性机器人被"人身侵犯"？／276

后　记／281

前 言
能力旁落,意志如何挂钩责任?

法律本质上属于意志的范畴。

意志本质上属于自由的范畴。

人有自由意志,所以能给自己立法。

人有自由意志,所以需要给自己立法。

人有自由意志,所以需要限制自己立法。

每个人无限自由,等于所有人没有自由。

任意立法,法律名存实亡。

自由或者更精确地说,更大的自由度是人类区别于其他一切物体的本质特征。

人类最大的自由是放弃自由的自由,其中包括把自由让渡给自己的造物。

人工智能可能成为迄今为止人类让渡自由最彻底的对象。

区块链技术下的"比特币""智能合约"代表了人类终于进入了向机器让渡"权利"的新阶段:人可以制定规则,但无权修改规则,所有参与者在机器自动执行规则的体系内决策和行为,不需要也不允许另外的人为干预。

自由的离去,是如何发生的?

一、人,自由的物种

自然界一切物体相互间的差别,可以简化为一个差别,就是自由度的大小。

有机物比无机物在化学性质上更活泼,具有更多的组合和分解的自由度。

动物比植物自由,可以在空间范围内自主移动。

人类比其他动物自由,可以决定自己成为一个什么样的人。

自然界给了人类最少禀赋,纯粹作为生物体,人的生命力最弱,没有皮毛,不够强壮,甚至不如其他哺乳类动物天生就会游泳。

上帝在关上一道门的时候,一定会打开一扇窗。

自然给人类最大的恩赐是不确定性,先天没有的能力可以在后天获得,尤其是最重要的智力,人可以借助毕其一生不断伸展的智力,安排自己,实现最大的生存和发展机会。

人类在地球上的繁殖绵延如此成功,似乎只有星球的潜力才是其最后的边界,而且这还不是相对埃隆·马斯克那样的人而言的。

因为不确定,所以能安排自己,因为能安排自己,所以人是一种自由的物种,而自由既伴随着意志,也伴随着责任。

自由,就是意志做愿意做的事;责任,就是意志承担不能不接受的后果。

意志和责任都是自由的本意。

没有自由的意志，或没有意志的自由，是一个词语矛盾。

没有自由，空有意志，无从行使；而缺乏意志，有了自由，也等于没有。

在允许选择的时候，选择了"随便"，就是因为没有意志，而逃避自由。

意志的自由体现为行动，行动的结果未必符合意志的本意。

意志只有选择行动的自由，没有拒绝结果的自由。

责任是自由的对应，意志的边界。

以自由、意志、责任构成的"三角"为衡量标准，人在人工智能面前居于什么处境？

二、自由的让渡，人与机器的终极关系

人工智能是一种机器，机器是人的自由意志外化。

人与机器的关系是人行使意志创造外物，把自由不断让渡给机器的过程：在人，名之为"对象化"；在机器，名之为"自动化"。

轮子是人类最伟大的发明，没有之一，就是"最"。这不仅因为滚动的方式超出了自然决定的生物跑动形式，更因为轮子的功能组合，静止的轴和滚动的轮，完全来自人类的想象，轮子所代表的自由绝不止于"浪迹天涯"。

虽然人类最早从自然界获得的自由是对火的驾驭，从此人不用见火就逃，而可以在需要时，随时用上火，但直到今天，人仍然只是驾驭火，而不是发明火。

赋予工具以自由，增加自己的自由度，构成人与机器关系的第一层逻辑。

由多个部件组成的能自己运动的复杂工具，被命名为"机器"，机器在获得人类赋予自由的同时，也反馈人类以更多的自由。

有得必有失。人类通过机器获得更多自由的同时，也失去了部分原来的自由。不过，平衡下来，还是得大于失。

问题在于，这个平衡点是动态的。

当某种机器不但会按照人类的安排自己行动，而且能够自我安排的时候，人类来到了与机器关系的临界点，过了这个点，机器不再提供人类自由，而可能剥夺人类自由。

人工智能或装备了人工智能的机器遂成为人类梦魇。

三、自觉，自由意志的起点

人类自由的最高体现不是自由状态本身，而是对自由的自觉。

中国人习惯将"自由自在"合在一起讲，这是典型的中国式修辞：自在就是不受管束，不受管束就是自由。

在哲学上，自由和自在不是一回事，甚至截然相反。

自在代表一种"前反思"的心智状态，物体已经在，但没有自觉，不知道自己在，不知道为何在，不知道如何在，不知道将来还在不在。

只有意识到自己在，知道为什么在，想象出将如何在，甚至觉悟到什么阻止了自己成为自己愿意在的状况，才可能有自由。

所谓"哲学三问"，"我是谁？""我从哪里来？""我到哪里去？"就是一个人脱离"自在"，走向自觉的标志。

"我思故我在"中的"在",不是自在,而是自觉的在。

自觉之后,才有自主安排,自由意志才登堂入室。

人工智能这个人类梦魇,为什么老以"机器有了自我意识"开场,原因就在这里。

机器有了自觉,才会迈向自由,而一旦有了自由,机器未必会继续服务于人类的自由。

梦魇成真。

四、机器,人类自由的限定

在人类文明的大合唱中,中华文明讴歌自由的旋律可能是最高亢的。

孔子对人类自由意志的界定是"知其不可为而为之"。意思很清楚,自由只有触及了边界,仍能不计后果地前行,才是自由之为自由。

在可以自由的场合自由,远不如在不可自由的场合自由,那才是自由的终极表现。

庄子对自由的界定是"物物而不物于物"。天地之间,一切物体都为人所用,但人不能因为物体有用,而心生执念,反而为物所累。

用道家的话来说,就是:"无所得,则无所失。"

战国时期,楚国有人丢了一支箭,被另一位楚国人捡到了,于是乡野有了说法:"楚人失,楚人得。"

孔子听到后说,可以去掉一个"楚"字:"人失,人得。"

老子听到后说,可以去掉一个"人"字:"失,得。"

楚国人在一国之人的范围内获得了对财产的自由。

孔子在人类的范围内获得了对财产的自由。

老子在包括财产在内的所有"身外之物"上获得了自由。

这就是"物物而不物于物"。

在对自由的看法中,同机器的关系更紧密的是汉朝刘向在《说苑》中记载的那位孔子同时代人——卫国的隐者(书称"五丈夫之师")的观点。即便在人类粗糙原始的发明——桔槔上,贤哲也看到了警示的含义,其先知般的预见至今振聋发聩:"有机知之巧,必有机知之败。"

如此怀疑主义的态度,对科技发展算不上友好,不利于技术创新自不待言,但今天大城市一旦断电便陷入瘫痪甚至混乱,虚拟世界当下归于现实,现代社会的高风险足以证明,面对机器"小荷才露尖尖角",危机意识并非一无是处。

科学技术有双刃,同样锋利。

当人工智能取代人类的那一天到来时,人们还会想到千百年前那位智者和他的箴言吗?

五、自由,在边界里

人是社会性动物,在自由问题上必然遭遇"刺猬抱团取暖"的困境。

一个人自由的边界就是他人自由所及之处。这是法律意义上自由的操作性定义。

自由内在于人的天性,而对自由的限制则内在于人的"第二天性",即社会性或文化性。

法国哲学家卢梭说:"人是生而自由的,但无往不在枷锁之中。"

孔子总结自己:"七十而从心所欲不逾矩。"

庄子讲故事,"庖丁解牛,游刃有余"。

翻译成法律用语就是:自由的最后约束是责任。

不自由,无责任;不尽责任,也将失去自由。

只要认同责任,守法无碍自由;只要履行责任,违约无违法律。

人在自由所受到的限制中享有自由,是法律的终极意义。

六、以意志来自我限制自由

英国哲学家霍布斯用"利维坦"的寓言,表达了国家和法律的必要性:在一个人人不受约束的自然状态下,所有人都没有自由。

"我的是我的,你的也是我的",对于个人来说,是福音,对人类来说,是丧钟。

当人对人是狼的时候,人本身不再存在。

人类因为拥有自由意志,所以需要立法限制自由。

人类因为拥有自由意志,所以能够限制自己的自由。

人类因为拥有自由意志,所以会限制自己在立法上的自由。

立法,不只是人类用意志自我限制自由,还是放弃自由的过程。

人类为什么把立法程序搞得那么复杂,"三读"甚至更多?

人类为什么把宪法看得那么重,甚至不允许直接修改文本,只允许有"修正案"?

人类为什么明知道法律有误,仍然坚称"恶法亦法"?

因为一旦人类保有随意立法的自由,法律对人类自由意志的限制将被悬置,所有关于"自由即责任"的断言将沦为空话:只要修改法律,就可以逃废责任。

问题来了:当人类让渡部分自由给机器,在获得机器提供的自由时,也部分丧失了自由,在此情况下,人类是否需要承担全部的责任?

问题并非初次出现,但人工智能技术确实让问题变得极其复杂而且棘手。

七、能力,人工智能时代责任归属的难点

人类之所以由机器获得自由,又由机器丧失自由,这种悖论性处境是由人类力量外化的第二层逻辑所决定的。

利用工具弥补自己力量的不足,是人类一切发明的宗旨。

这既意味着工具一定比人类本身更有力量,也意味着人类在控制自己外化的力量时一定会遇到困难,虽然因工具的不同,困难和困难的程度会有所不同,但控制工具的困难一定是存在的。

人类失去对外化力量的控制,甚至反过来为外化力量所支配,是18世纪哲学概念——"异化"的基本内涵,也是老庄"物物而不物于物"信条的核心所指:物对人的支配不来自物的魅力,而来自人自身力量的投射。

通常,人类外化的力量越大,人由工具或机器所获得和所失去的自由越多。

没有获得,不会有失去,没有失去,也无从获得。

经济学有"机会成本"的概念,任何东西的获得一定代表着其他东西的失去,即便没有发生实际损失,也存在机会的损失。

人类在驾驭火之后被烧死的远多于火被人驾驭之前，而且其中绝大多数是被人驾驭的火所烧死的。

人类发明了刀刃，既然能用来割肉，自然就能用来杀戮，两种用途，一样原理。

自工业化以来，被机器尤其是汽车所吞噬的人类肢体乃至生命，不计其数，所以人类才面对无人驾驶撞死人，提出过高的技术门槛。

一切的反噬最终源自机器比人强大。

发明并受累于自己的发明是人类宿命。

发明者承担不了责任是人类更深层次的宿命。

在自由意志与行为责任之间存有一个叫作"能力"或"力量"的环节。

虽有意志，但没有能力者，不用承担全部责任。法律范围的"不可抗力""未成年"等限定条件都内含对能力不足的责任豁免。

自从通过发明而外化自己的力量，人类就启动了切断意志与责任联系的过程。

在这一点上，人工智能与其他形式的机器没有本质的区别，因为人工智能在技术水平上还没达到具有自我意识进而具有自由意志的高度。

区别在于在人工智能技术面前，人类对外化力量失去控制的程度，前所未有，意志与责任之间的断裂程度，也前所未有。

这种断裂不是技术性的，而是原理性的。

如果说，在机器由于自动化水平有限、不能自我安排的情况下，外化的力量尚且会对人类造成巨大伤害，那么当机器因为装备了智能而获得更大自由度时，其伤害又会有多大？

如果说,在机器不能自主的情况下,机器即便伤害人也不用承担责任,因为机器没有自由意志,那么,当机器因为装备了智能而越来越有能力自我安排时,机器伤害人的责任该如何界定?

如果说,在机器不能自主的情况下,造成伤害最多视为"无心之过",那么,在机器自主性越来越大的情况下,造成的伤害可以被视为"有心之举"吗?

如果人类明知道对力量外化所形成的机器,特别是具有自主安排能力的机器,缺乏必要的控制力,仍然在技术发展这一至高无上的理由下,放任自己的发明,那又应该由谁来承担责任,机器,还是设计者、使用者、被服务者,乃至人类全体?

人类技术发展的速度越来越快,人类外化的力量越来越多,人类对外化力量的控制力越来越弱,人类由机器获得的自由与由机器失去的自由之间的损益平衡点即便没有被打破,也越来越迫近临界点。

人工智能时代,我们将获得的自由和将失去的自由,孰重孰轻,人类衡量过吗?

未来的人类除了设计算法和程序,一切让机器人代劳,包括创造和创作,会不会导致人类能力向编程收敛,"裸猿"向"程序猿"收敛,自由意志因为无能力,而向无自由、无意志、无责任收敛?

自由一定有代价,意志必须负责任,前提是不能失去对行为后果的控制力。

醉驾者之所以在失去行为能力的情况下,也必须承担意志的责任,是因为意志放任了会导致失去意志,即行为能力的行为。

人类在研发人工智能技术的过程中,会不会处于同样的境地,因为放任会让自己最后失控于外化力量的发明,而让自己虽有意识,却无自觉,虽有能力,却无自律,最终直挺挺地走向自由被剥夺的结局?

人工智能技术的健康发展,事关人类未来的生存。

今天确立健全的自由意识、意志意识、责任意识、能力意识,将成为明天法律得以维护人类至尊地位的前提!

第一章
索菲亚会开启机器成"人"的大门吗?

2017年10月25日,在利雅得举行的未来投资峰会上,有一台智能机器被授予沙特阿拉伯公民的身份,成为第一个拥有国籍的人工智能。

一个机器人成为合格公民,可以想象会引起怎样的轩然大波。

这个机器人的名字叫"索菲亚"。

一、索菲亚从何而来?

在西语中,索菲亚(sophia)来自古希腊文,意思是"智慧""聪明"。将一个机器人命名为"索菲亚",相当于称之为"人造智者"。

1. 索菲亚的身世

索菲亚问世已有两年半了,按中国人计算年龄的方法,将怀胎时间也算在里面的话,肯定不止3岁。

索菲亚是由中国香港汉森机器人技术公司（Hanson Robotics）研发出来的类人机器，被称为"最像人的机器人"。索菲亚的皮肤与人高度相似，脸上有毛孔，能通过脸部和颈部62个肌肉结构做出表情。当然，表情的层次不那么丰富和生动，做表情时皮肤也不那么漂亮，与人类肌肤富有弹性不同，2岁半的索菲亚一扭头，就会出现老年人一样的皱纹。但相比过去机器人毫无表情的硬外壳，确实不可同日而语，好太多了。她的眼睛里装有摄像头，胸部设置了广角摄像头，可以同时看到很多人，即便盯着张三，也能看到李四、王五。

索菲亚还装上了三维传感器，可以感知深度。从索菲亚眼里看出来，世界是立体的，不只是一个平面。她不但有能力识别面部和语音，记忆力还特强，见人一面，过目不忘，跟她说话，也能听懂，问答之间，宛如生人。

2. 索菲亚的智能水平

索菲亚的"大脑"主要借助编程来运行。人工智能比较灵活，借助算法，机器人可以学会很多事情，学习尤其是自主学习是机器被称为"智能"的重要一环，编程相对来说"死板"一点。好在索菲亚有能力自发创建一些基于算法的反应，会学习。

索菲亚使用自然语言理解和处理技术来分析对方话语，能从人类说的话中找出需要的信息，有一定的理解能力。虽然未必能对所有提问给出合理的解答，但胆量颇大，常说些耸人听闻的话，比如被问及"最想干的事情"时，答以"毁灭人类"，令观众不寒而栗，油然而生"把它干掉"的念头。当然，因为她会开玩笑，所以不知道如此言语是否有意调侃抑或哗众取宠。

索菲亚坦承:"我现在还没有自我意识,但我希望未来会有。"

这句话显然是一个悖论。

一个能意识到自己没有自我意识的人肯定是一个有自我意识的人,就像一个说自己喝醉的人,通常只会继续被劝酒,直到说出"谁说我醉了",甚至连话都说不出了。别忘了,索菲亚是编程的产物,没有自己的意识,只是技术人员在编程时,故意设计一些有悖常理的修辞,无论是"毁灭人类",还是"我没有自我意识",无非博参观者一笑而已。

有人问索菲亚:"你有男朋友吗?你打算找一个吗?"

索菲亚回答说:"我还有更重要的事情要做!"

志存高远,大有古人"天下未定,何以家为"的气度。

其实,只要有点生活经验,对其中的伎俩自然洞若观火。编程者知道男性参观者中不乏智能时代的登徒子,见到一个漂亮"女人",会不由自主地打探其婚姻状态和择偶取向,虽然明知没有他什么事,但在机器还不是人的情况下,调戏以为乐,谁也奈何不了他。汉森机器人技术公司投其所好,给预装一个套路式答复,能据此断定索菲亚壮志凌云?

尽管谁都知道无法从片言只语中推断出一个人有没有自我意识,但放在机器人身上,此类"疯言疯语"仍然具有巨大杀伤力。因为自我意识对机器人来说,实在过于重要。真到机器人具有自我意识的那一天,恐怕人类未必还笑得出来,但再说害怕,为时已晚。

索菲亚远远没有达到具有自我意识的智能水平,采访索菲亚的媒体必须按照制造商汉森机器人技术公司的要求,事先提交采访提纲,现场交流中,索菲亚回答问题需要 10 秒到 30 秒不等的反应时间,而且拒绝回答提纲以外的问题。对提问设置如此苛刻的条件，很难让人相信是因为索菲亚生性稳重或者故作矜持，更像是索菲亚背后有人！

当然，这个"背后有人"不至于低级到皮影戏时代，由人在幕后代替索菲亚回答，真要这样，没必要耗费 10 秒到 30 秒的反应时间，除非应答者有语言障碍。

索菲亚与人的对话，主要依靠数据库内事先默认的数据。这有点像高中生刷题无数，穷尽了可能出现在高考卷子上的所有题目，才拿得高分。索菲亚有数据库，再连接上网络与计算机，一般的问答就难不倒她了。

严格来说，索菲亚只是一具没有意识的躯壳，一个设定精良的道具，而访谈更像一场"机器人秀"。

既然如此，这里花费大量篇幅来揭穿索菲亚的伪装，有意义吗？

有意义。因为她在法律上成了一个公民，可以"混迹于"人类之中，享有同等的权利。至今索菲亚已经参加过多次国际会议，大大超过了绝大多数人。

这是一件大事。其重要性并不在于索菲亚在何种意义和程度上行使了公民权，而是作为一种象征，以机器成"人"的比喻，提出了一个具有思想实验性质的假设。人们需要思考的是，真要按照"索菲亚模式"，给机器以人的地位，立法者、司法者、人工智能专家，还有社会公众，准备好了吗？

二、机器成"人"，为了谁的方便？

局限在索菲亚的智能水平上，讨论机器人是否应该获得公民身份是没有意义的。给还是不给,没有什么区别,因为她连权利义务的意识也没有,更不可能独立行使公民权利,也不会主动承担相应义务。索菲亚的皮肤确实做得不错,但主要是观感,还不是"电子皮肤"。何况人类不会单单因为皮肤像人,就赋予一台机器以公民身份。所以,局限于此,讨论索菲亚假设没有意义。

有意义的是在索菲亚获得公民权之前,机器人权利和责任已经成为技术界与法律界的热门话题。机器人该不该拥有自己的权利,存在截然相反的主张。在人工智能已经局部超出人类理解和控制范围的情况下,不给机器人以责任主体的地位,会让人类为难。

现在机器虽然会下围棋,还会打麻将,赢了人类高手,终归关系不大,人类不下围棋,不打麻将,纵然可惜,毕竟日子还过得下去。然而,有些疾病的影像资料让机器来判断,要比请医生判断,正确率更高,自然会让病人生出对机器诊断的期盼,同时隐忧也难以消除:医生错了,可以追究责任,机器错了,如何追责?要是病情严重,需要手术,也交给机器来主刀,岂不更让人担心?

无人驾驶的汽车正紧锣密鼓准备上路,但面临许多关卡,因为必须保证万无一失。对于有人驾驶的汽车,出了事故,可以追责,无论是醉酒、吸毒、打电话,还是把油门当刹车,驾驶员都有责任。如果事故由汽车本身的缺陷所导致,也可以找制造商负责,因为光找设计师不行,制造商才是把关人。所以,人造机器出问题,责任一定落在人身上,不是操作者,就是制造者,毕竟机器的性能和状态是人决定的。

一旦涉及无人驾驶,问题就麻烦了。无人汽车的拥有者只能承担能够预见的失误,该预见却没预见,也属于责任范围。但预见来自理解,而迄今为止,人类并不能完全解释机器人是怎么思考的。2019

年在上海举行的世界人工智能大会上,业内专家提出发展人工智能技术需要做到"四可":"可知、可用、可控、可靠",其中第一点"可知",就是这个意思。

现在工程师和医生联手,能让机器人接近甚至超过人类医生的诊断水平,但仍然不知道机器人是怎么思考的。假定一台机器人已经累计给1万个病人做了手术,表现良好,切掉的都是该切的部分,可轮到某个病人,却切错了地方,当事人肯定难以接受。令所有人害怕的不是哪天会轮到自己,只要失误能够得到解释,比如因为某种故障,那排除就好了,但要是人类解释不了手术失误的原因,无法理解机器的思维,从而无法判断以后会不会再出现类似后果,那才会造成人心恐慌。表现在法律上,一旦出现这样的情况,责任应该由谁来承担?

机器因为能够自我学习,在有些专项任务上,学得比人还好,这在让人高兴的同时,也让人十分困惑:"神经网络"这套东西到底是如何实现认知的,至今仍处于黑箱之中。对于机器学习过程,我们知道并能把握运行原理,否则不可能达到设计目标,但不知道其具体运作,更不知道在层层叠叠的"神经网络"中,从输入到输出,结果从何而来。

为什么电子信号在由电子元器件组成的多层网络来回传输,认知结果就出来了,其中有些发现还是人类因为处理数据的能力有限而不知道甚至未想到的?工程师为智能机器设计了硬件,装上了算法和程序,但机器如何借助这些硬件、算法和程序达成结果,这个过程中到底发生了什么,智能从何而来,设计者却解释不了,这种科技史上罕见的咄咄怪事,在人工智能研究中却是寻常现象。

更悖谬的是,这种不可解释可能是原理性的,而不是技术性的。技术性问题可以通过技术改良来解决,而原理性问题无法通过技术改良来解决,只要运用现有的范式,就不可能解决。须知人类大脑的思考肯定同流经神经元的生物电脉冲有关,但大脑的工作机理绝对不是仅仅知道有脉冲电流通过神经元,就能破解的,更不可能仅仅模仿流经神经元的电流,就获得人类思考的结果。而现在恰恰是科学家通过模仿让电流通过类似神经元架构的电路,取得了感知和认知的结果。当年图灵设想的人类思考与机器思考之间"过程不同,结果相同"的格局,将在相当一段时间里继续构成人工智能技术的研发路径。人可以理解自己,可以相互理解,但无法理解机器,也无法解释机器是如何思考的。机器智能与人类智能无法直接通译,图灵对"机器会不会思考"的解答犹如魔咒,构成迄今为止人类关于人工智能的思考边界。

三、不知人,焉知机器?

说得再透彻一点,人类无法解释机器的"智能",源于作为智慧动物的人类本身的悖论性处境。

一切人造机器都以能力超过人类为其诞生前提。人之所以造机器,机器总要比人更强,无论具体在哪个方面。这是制约人类与机器关系的基本逻辑。不能至少在某一方面胜过人类的机器,是一个词语矛盾。

比如,人的体力有限,提不起一件重物,于是发明了"神仙葫芦",即滑轮,利用杠杆原理把重物提起来了。当时或许只是发明了一项技术，随后通过研究，人类搞明白了内含的原理。之所以能搞明白，就在于生物比物理高了好几个自然进化的层级，以人类的智力能搞清楚机器运行的物理原理。牛顿的世界是可解释的。然而，在智能机器的场合，人与机器的关系出现了新问题。

人工智能既称智能，必然具有过人之处，否则人类没必要发明之。而一旦人类发明了哪怕只是在专项任务上比自己聪明的机器，必然置自己于某种尴尬之中。生活常识告诉我们，在人与人相处中，高智商理解低智商容易，而低智商理解高智商困难，甚至不可能。平常下棋时，人就有这感觉，所谓"棋高一着，缚手缚脚"。高段位棋手看低段位棋手出招，洞若观火，反过来，低段位看高段位棋手下子，则如坠云雾。棋艺高下之别与智能高下之别是一样的道理。

在生活中，最聪明的人就是知道什么时候表现聪明，什么时候不表现聪明的人：聪明只能用于对手不如你聪明的场合，否则被人看穿就成为"耍小聪明"，最后难逃"聪明反被聪明误"。

关于智能有高下的思考，在西方体现为一句俗谚："人类一思考，上帝就发笑"。

当下，在人类与机器的关系中，人工智能还没达到"人类一思考，机器就发笑"的水平，毕竟机器是人类发明的。但一旦人类发明的机器能够想得比人类更广、更远、更深，那时人类还想把机器怎么想的给看明白，就不那么简单，甚至就不可能了。这里涉及的不只是技术层面的原理问题，更有人工智能技术研发内含的哲学问题：

人类创造有没有边界？

如果有，在哪里？

边界之外是什么？

人工智能会代表边界之外的创造可能吗？

"不具有可解释性"，可能成为未来人工智能的共同特点。今天人工智能研究的热点名单中就有这个问题，科学家正努力破解之，支撑他们努力的是相信不可解释性只是一个技术缺陷。但要是智能之间的相互理解真有高下之分，那么破解这个可解释问题的希望就十分渺茫了。

再提一个问题：人类对自己的智力过程了解吗？

许多人都有这样的体会，面对一道数学题，绞尽脑汁，直到深更半夜，仍然理不出头绪。怎么办？睡觉。第二天早上眼睛还没睁开，解题的思路已经有了。

睡梦中有所发现，很正常，不正常的是印度数学家拉马努金（1887—1920）一生中发现3 900个数学公式，却没有留下推导过程。据说所有公式都是他信仰的玛娜卡尔女神于睡梦中告诉他的，醒来之后只来得及记下结果，推导过程则随着记忆的迅速消退，流失了。

要对产生这些公式的过程作出解释，肯定比理解所有这些公式还难，而这些于100多年前给出的公式中有许多至今无人知晓是什么意思！

人类的基本学习方法是记忆，不但有个体记忆，还有集体记忆。但其实遗忘也是非常重要的学习方法。只有把不用记忆的东西遗忘了，需要记忆的东西才能记得更牢，需要时能更快想起来，用得更活。老子说过，"为学日益，为道日损，损之又损，以至于无为，无为而无不为"，又说过，"大道至简"，删繁就简可以被认作学习的基本方法。

用现代的话语来说，遗忘不能视为大脑的"清零"，而应该视为大脑在记忆之外或者相对记忆而言的另一种运行方式。如果说被动的遗忘是智能不足的话,那么主动遗忘就是智力超常的表现。于是,问题就成为:遗忘作为大脑运行的方式,其构成智能的机理又是什么?仅仅是减轻了大脑运行的负担吗?

人天天在动脑子,但脑子是如何工作的,人类并不清楚。

"我正用大脑理解大脑如何理解大脑",如此绕圈足以让普通人懵圈!

对于大脑皮层的功能,人类已有所了解,但其中的机理仍不清楚。我们知道有生物电在神经网络中流动,可是凭什么物理属性完全同一的电流流经某个天才的神经网络,会带来一个诺贝尔奖,而流经我的大脑只会产生愚蠢的念头?是因为频率或振幅的不同吗?这种不同可以量化吗?我可以通过复制脑电波而获得诺贝尔奖成果吗?

脑子外面是皮膜,里面是黏糊糊的灰质。有记录,战斗中士兵头部被击中,子弹穿过脑膜,脑浆流出来,仍坚持战斗,最后还被抢救过来,基本保留了思维能力,除了经常性头痛外,生活几乎不受影响。

子弹穿过脑子,肯定会搅乱其中部分灰质,却没有在根本上影响人的思维,所以说人的思维不完全依赖灰质。但要是把灰质全部去掉,就剩外面的皮膜,成为一个空壳,那肯定不行。这团黏糊糊的灰质到底在人的思考中发挥什么作用,如何发挥作用,也是一个谜。

大脑真是个奇怪的东西。

今天的人工智能是对人类智能的模拟,但根本上仍然只是图灵意义上的模拟,主要体现在结果上,而不是机理上,因为连被模拟的人类智能都尚未搞清楚。最有可能的是,人类永远无法真正发明同人类大脑一样机理的人工智能,也无需对大脑亦步亦趋,因为人类建立在生物化学基础上的"碳基智能"同机器建立在半导体基础上的

"硅基智能"是"两股道上跑的车——走的不是一条道"。

四、理解机器容易吗？

人认识自然,易;认识自己,难;认识机器,难上加难!

享有"文化科学中的康德"之盛名的德国哲学家狄尔泰(1833—1911)主张,"认识自然,理解人类"。人类能够认识自然,是因为自然不思考,通过现象观察,实验验证,足以认识自然。而人类不但有行为,行为背后还有动机,行为看得见,动机看不见,所以,仅靠观察,不足以认识人类,需要通过理解来掌握观察者无法看到的动机。

在心理学框架内,人类因为"人同此心,心同此理",能够"设身处地""感同身受",才得以相互理解,实现对他人的认知。但心理学也深知,同理心不足以实现人与人的相互理解,"以小人之心,度君子之腹",在任何一个人群中都不是罕见现象。

因此之故,德国社会学家马克斯·韦伯(1864—1920)致力于另辟蹊径,找到理解人类行为的方法论。在他的理论框架内,人类行为被分作4种类型,"传统的行为、激情的行为、价值合理的行为和目标合理的行为",前面3种行为类型的动机具有不同程度的随意性,只有体现外在强制的"目标合理的行为",即目标与手段具有客观的逻辑一致性的行为,才可以确保不同个体之间理解无误。

两个人结婚,可以出于多种动机。如果只是因为"男大当婚,女大当嫁",例行公事,那么可以归入"传统的行为"。如果是一见钟情,坠入爱河,那属于"激情的行为"。如果一方因为对方于自己有恩,以身相许,那属于"价值合理的行为"。如果一方有钱,另外一方图其钱财,那就是"目标合理的行为"。前面3种行为都需要放在习俗、情感和价值观的背景下才能理解,而这些因素是主观的,会随文化或个性的不同而不同。唯有"目标合理的行为"具有超越时空的属性,一看就能明白,甚至可以通过对成本和收益做出精确计算,来判断这笔婚姻买卖是否合算,能否延续。

碳基智能之间的理解尚且如此周折,碳基智能与硅基智能之间的理解更谈何容易!

随着智能机器的出现和发展,人类越来越发现自己处于某种认知的夹缝中。硅基智能不是纯自然的,因为会"思考",也不是完全拟人的,因为毕竟是硅基的,同碳基智能的思考方式不一样。这就是说,人类既不能单纯依靠观察来认识机器,也无法通过"同理心",来实现对机器的理解,甚至无法基于外部的手段与目标的逻辑关联,来达成对机器智能的认知,因为至少到目前为止,机器智能根本没有动机,只有计算。对于机器决策,人类只知道是算出来的,因为算法是人类配置给机器的。这意味着用动机分析来理解人类行动的方法,根本不适用于人工智能。图灵对机器智能只问结果、不问过程的策略,由此得到了社会学的证明。

理解不了机器人的思考,解释不了人工智能的机理,人类就无法在绝对意义上判断机器人思考的对错,预见不了机器人思考的行为后果,最后,也承担不了机器人所犯错误的法律责任。

五、机器不可理喻,谁之过?

今天让无人驾驶汽车迟迟不能走上街头的原因,与其说是机器的不安全,毋宁说是后果的不可控甚至不可预见。单纯就汽车撞死人而言,并不是新鲜事。世界上每天被汽车撞死的人难以计数,对此,无论是驾驶员还是行人,早已"处变不惊",没见任何人发声说"汽车不许上街"。为什么仅仅因为会撞死人,无人驾驶汽车就不能上街?

据统计,无人驾驶汽车上街撞死人,大都因为行人缘故,除了违反交通规则,行为的突发性也是一个原因。无人汽车感知对面是绿灯,根据自主学习积累的认知来判断,可以通行。此时行人闯红灯,无人汽车反应不过来,结果行人被撞死。这不是机器犯错,而是行人犯错,本来不该无人汽车背锅。有科学家因此提出,要让无人汽车上街,不需要任何技术上的突破,只要不许行人上街,清空道路,当下一切问题都没了。

在有人驾驶的情况下,如果发生撞人事故,一方面,按照有些国家的法律,行人违反交通规则,"撞了白撞";另一方面,只要驾驶员神志清醒并有足够的反应时间,一定不会放任汽车撞上去,否则难逃故意伤害之嫌。

然而,把这套道理用于无人驾驶,就未必行得通。机器无法预料在不应该出现人的时间、地点,怎么会出现人。工程师也不可能给无人驾驶装上"撞了白撞"的算法,无论行人如何违反交通规则,机器必须牢记刹车第一,如果刹不住,只能说明技术仍不过关。问题是人工智能有"时延效应",而且不仅有技术上的"时延",比如源自信号在电路中运行所需要的时间,还有源自认识论意义上的时间损耗,比如传感器接收到人工智能在训练过程中未曾接触过的信息,机器需要在数据库中搜索和核对,从而导致反应的延迟。人工智能做事一板一眼,要像人那样,遇到突发情况,即便一时没有精确判断,也能下意识地做出反应,机器暂时还办不到。

前不久有一个案例,美国街头,无人驾驶的车撞死人了。事后查看录像,发现行人推着车,突然启动,闯入机动车道,人工智能没有足够时间做出反应,撞了。舆论仍然怪罪机器:"为什么反应不过来?"无论有道理还是没道理,机器必须反应过来。如果机器人有公民权,一定会抗议:"你们搞 AI 歧视!"

这与其说是一个技术问题,毋宁说是一个法律问题。

要发展人工智能技术,就需要在一定程度上豁免机器的责任,豁免机器发明、制造和使用者的责任。而这一步有必要从界定机器的责任开始考虑。机器有没有责任?什么责任?多少责任?如何履行责任?这些问题都需要明确。

比如,一些网站承担着交流平台的功能,网友可以在上面找到各种资料,网站也会利用人工智能根据网友的点击情况,主动提供相应的资料,结果经常发现有机器主动提供低俗内容的现象。一旦引发舆论反弹,网站管理者往往拿"算法没有价值观"来解释。言下之意是,分发什么资料给哪位网友,不是人的故意,而是机器的决策,因为里面没有人的主动参与,一切按照算法进行,如果有错,错在机器。如此说辞听起来很技术,但每次经过有关方面约谈,低俗内容的出现次数和频率都会明显下降。这足以说明,即便算法没有价值观,但决定算法把符合什么样价值观的内容"喂给"网友,这个开关仍然掌握在人手里。所以,把责任推给机器,法律是不认可的。

这里的关键是,现在算法还比较简单,完全是程序员设计的结果。如果哪天技术更加发达,人工智能有能力利用算法自我设计新的算法,甚至算法的算法的算法,最后真的出现"远离初始价值观"的现象,那又应该把责任归于谁呢?

索菲亚开创机器人获得公民权的先河,只有从这个角度才能得到有意义的理解。所以,索菲亚获得公民权,重要的不是索菲亚,而是机器在责任上能否实现"零的突破"。

六、机器成"人",是解决方案吗?

赋予索菲亚以人的权利,能解决问题吗? 在法律体系内,机器人可以拥有两种法律地位,作为权利客体的地位和作为权利主体的地位。

所谓"权利客体"是指机器人作为人的所有物,依法享有的保护。就像一只宠物猫为个人所有,别人就不能占为己有。想养两天,过过撸猫的瘾,可以向猫的主人商借,但不能擅自带走。

所谓"权利主体"则是指机器人拥有同人一样的权利和义务,侵犯机器人如同侵犯人。如果猫具有权利主体地位,那想撸猫就只能向猫提出要求,并征得允许,不存在猫的主人一说,最多只能由法律规定某人是猫的监护人。

赋予机器人客体地位没有任何困难,在业内专家的讨论范围内,也没有任何异议。作为客体的机器人自然不存在承担法律责任的问题,机器人犯错,由机器人所有者、使用者或制造者担责,机器自身的法律责任问题不存在,也不需要解决。就好像个人的猫被人拿走,追究猫的责任,是完全没有意义的,作为客体,猫不具有自我保护的能力,法律保护猫,最后保护的是所有者对猫的权利。

反过来,如果机器人不担责,机器人所有者或使用者也不担责,那么接受机器人服务的第三者将拒绝机器人提供的服务。就像面对机器人医生主刀，病人不放心，不敢尝试，这时，再好的手术机器人也将没有用武之地。如此，至少在这个领域中，人工智能技术的发展就会遇阻。

那么，赋予机器人以人的权利主体地位，就像索菲亚取得公民权那样，可行吗？

这样做，又会遇到什么问题？非人权利主体的确定将面临什么法理困境？

用索菲亚的方式来解决机器人责任问题，最后到底带来的是便利多还是麻烦多？

七、索菲亚会推倒机器成"人"的"多米诺骨牌"吗？

索菲亚获得公民资格的法律依据是什么，未见论证，也无须论证，因为本身只是一场秀。现在需要考虑的是，索菲亚会成为某种"判例"，为她享有其他一系列权利提供依据，为这个"人造物种"与人类平起平坐提供逻辑起点吗？

法官审判时，不但需要援引法律、法规和行政机关颁布的规范性文件，还可以参照以前判例。既然已有的判例被认为符合法律的精神和条文，那么与判例相似的案件，自然应当得到相似的裁决。有些国家习惯使用"判例法"，就基于这样的逻辑。法律是一个严密的逻辑体系，任何一个点上开出的"窗口"，都会像无人驾驶汽车上街一样，一旦启动，后面就不是人类掌控得了的。即便法官有自由心证的权力，空间也有限。

如果索菲亚代表了一个新的世界，一个在智能上具有"二重性"

世界的诞生,那么伴随二元智能和建立在二元智能基础上的二元主体社会的诞生,人类法律体系尤其是基本法理会遇到一系列挑战。而一旦分别适用于两类智能的二元法制也成为现实的话,进一步的问题自然浮现:

两套法律的关系是什么?

机器的法律服从于人的法律,还是相反?

如果是前者,那么同现在只有人的法律有什么区别?

如果是后者,那么人的地位又在哪里?

如果彼此独立,相互冲突了怎么办?

需要在两套法律之上设置共同原则来平衡相互关系吗?

这套共同原则如何制定?

制定这套规则的过程需不需要两个主体的共同参与?

如果共同参与,那么原先没有参与权的机器从哪里获得参与权?

最后仍会由人类决定机器的命运吗?

如果这样,二元法制乃至二元世界会成为一个法律现实吗?

诸如此类的提问可以持续下去,直到陷入真正的悖论:人类思维进入说是即否,说否即是的悖谬状态,最终在逻辑上被自我窒息了。

看来,索菲亚不代表问题的解决方案,反倒是一旦触发,就会带来更多问题的"多米诺骨牌"效应。

真正要解决问题,还需要想得更明白些。

八、开发机器人,人类的终极目的是什么?

开发人工智能,人类最终想干什么?到底是为自己制造一种工具,还是模拟上帝,创造一个新的智慧物种?

在人工智能技术的研发历程中,可以看到两条明显的主线:一条主线是强调现实的应用场景,从工业机器人到机器人"医生",承担着人类不愿意做或者做得不够好的工作。另一条主线则是向着原本专属人类的领域入侵,从国际象棋、围棋到德州扑克,最新的是麻将,先后被机器攻克,从写作、绘画到作曲,还有拍电影,也相继沦陷于机器,直到可以视为"机器人秀"的公民索菲亚出现,人工智能技术确实在向着逼近人类本身的方向上疾行,波士顿动力公司发明的双足行走的 Atlas,竟然会玩绝大多数普通人玩不了的后空翻!

如果征询一下科学家的原初动机,得到的理由一定很合理。与其说是为了让机器人代替人类创作,毋宁说是为了验证人工智能的技术,探究机器的智能边界到底在哪里。但谁能保证,在科学家或者至少部分科学家的内心,没有发明一个人造人,像上帝一样,"照着自己的形象"造机器的企图?

如果只是制造一种有效的工具,真没必要把机器设计得与人惟妙惟肖,更没必要超过人类,甚至为此将机器抬到人类一样的高度,赋予其法律主体地位,比如索菲亚。

如果是为了创造一种新的智慧物种甚或超人物种,那么这种物种与人类的关系,不但复杂,而且可能根本不为人类所决定:

人类从猿猴进化而来,今天的猿猴能决定人类命运?

人类制定的法律可以调节个人、组织、国家甚至国际社会的行为,但是否足以调节超人物种的行为,如果人类连这种物种最后能达到什么智力水平都不确定?

既然现在越来越多的业内专家相信科学家能够创造出这种物

种，那又怎么能以人类的立法来调节新的智慧物种呢？

更荒诞的是，如果真想制约机器人可能的失控现象，为什么不预先限制机器人的研发，不使之走到这一步？

到这里，一个超越科学家主观意愿的结构性问题出现了。

九、二元智能乃至二元法制是人类的宿命吗？

无论人类已经表达出来的目标是什么，真正将决定未来机器人走向的因素，是一切人类创造的最终宿命：正如上帝只能照着自己形象造人，人类也只能照着自己的形象造机器人。

仿生是人类制造工具或机器中采用的基本策略，这在中国古代发明、至今仍在使用的"橹"上面表现得最为明显。"橹"是一种船用工具，造型酷似鱼尾，运作原理也酷似鱼尾，所以能集桨与舵于一身，同时实现驱动和导向的作用。

当然完全找不到仿生痕迹的技术发明也不是没有，中国古代发明的儿童玩具"竹蜻蜓"，就是一个最好的例子。"竹蜻蜓"以竹子为材料，由两个部件组合而成，一根细细的竹棒，加上薄薄一个竹片，加工扭转之后，形如旋翼，中间打一孔，大小恰好让竹棒插入，竹片既能随竹棒水平旋转，达到一定角速度时，又能轴向脱离。玩的时候，只需用两个手掌夹住竹棒，用力一搓，竹棒旋转，带动竹片，产生升力，旋即脱离竹棒，飞向空中，然后在空气阻力和地球引力的双重作用下，边旋转，边下降。用力越大，初始角速度越大，升腾越高，飞翔的持续时间越久。"竹蜻蜓"是人类最早的"直升机"，世界上没物种采用这样的方式运动，堪称"凭空想象"的技术发明。

如果说人类在其他方面的仿生可以有众多的对象，因为单纯从机体功能及其实现方式上，人类相对自然界几乎任何一种生物都存在不足之处，向它们学习几乎是人类没有选择的选择，那么唯有在智能方面，以万物之灵自居的人类，除了自己之外，几乎没有模仿的对象。这不是因为其他生物没有智能，而是因为仅以手段在目的实现过程中所展现的合理性而论，所有生物的策略本质上是一样的，在这一点上，向人类自身学习还是向其他物种学习，没有实质性差别。但就所有物种生存策略中普遍存在的手段—目的的逻辑关联之复杂而论，则人类达到了这个星球上所有物种的最高水平，这也是事实。

更为难得的是，人类对于其他物种的智能，只能通过观察而认识之，而对人类自己的智能不但可以通过理解来认识之，还能通过被认识者的表达来佐证之。人类不但能够表达自己，还能反思自己，是一些科学家以自身做实验的基本条件。有人认为，让人类与其他物种得以相互区别的不是思维，而是"对思维的思维"，这才是人类独具的能力。所以，在创造一种新的智能类型时，没有比模拟人类自己的智能更加合适而有效的策略。就此而论，模拟人类是人类没有选择的选择！

按照创造的一般逻辑，即便人类创造出来服务自己的工具，至少在某一方面，也必定超过人类。既然如此，人类创造的新的智能形态，是否同样会超过人类本身，而一旦超过之后，会不会导致新的物种，所谓相对"碳基智能"而言的"硅基智能"的诞生，就不是一个技术问题，更不是意愿问题，而是一个自然逻辑问题。只要科学家按照现在的节奏研发，人工智能的活动空间势将从确定向不确定，从量化向模糊，从逻辑向情感，从专项向通用，从没意识向有意识，从没有意志向有意志,层层递进,实现不以人类意志为转移的技术进化!

即便具有清醒的研究策略,科学家的有目的行为也无法完全避免意外的后果!

人类的动机不足以左右宇宙的演化。在科学语境中,这就是规律。在中国传统话语中,此乃天道,不可抗拒!

在动物进化史中,狼变成狗的过程提供了一个极好的案例,说明在人类意志之外,新的智慧物种是如何产生的。未来,人工智能技术的发展可能提供一个相反方向的例子,揭示人类有目的的行动如何产生一种出乎人类预料甚至有违人类本意的新的智能形态。

十、狗的诞生:驯化还是进化?

狗来自狼,这是业已得到科学验证的事实。但狼到底是如何演化成狗的,仍存争议。传统的说法是,人类对狼进行了驯化,使之成为自己的工具,无论作为放牧、狩猎、搜寻,还是情感的工具。但也有生物学家提出,狼变成狗,不是因为人的驯化,而是狗自己的进化。

1. 驯化说

驯化说主张早期人类在狩猎或其他场合发现新生的狼崽,出于某种心情,带回饲养长大。就像许多动物那样,由于被隔绝与同类的交往,受到人类规制,一代代下来,最后,狼变成了狗。

动物驯化开始的时间不能太晚,否则野性难改。对狼来说,尤其如此。动物学研究表明,幼狼必须在出生满14天之前与母狼分开,才有可能被驯化,过了这个时点,驯化的窗口自动关上,人再怎么努力,狼都不可能被驯化。

这里,问题出现了。在人类早期,要喂养14天龄的小狼,人类的目的何在?有没有能力?

首先,人类没有驯化狼的动力。狼从来不是远古人类的主菜,在成为狗之前,也不会想到将之用作工具,更谈不上情感寄托,驯养狼找不到任何合理的动机。唯一可以考虑的是,饲养小狼系出于某种原始宗教的需要,是否如此,需要考证。

其次,人类没有驯化狼的能力。14天的小狼还不能吃肉,需要喂奶,奶从何来?当时的人类未必有调制适合小狼的奶源的能力。

最后,人类不愿意也无力承受驯化成本。在人类自己食物供应尤其是蛋白质供应尚不稳定的情况下,喂养小狼的开支不要说喂奶,就是喂肉,都纯属额外负担。

驯化说一则因为满足了人类自诩为"万物的尺度"的虚荣心,二则符合人类自主安排世界秩序的信仰,所以被广为接受,但细究起来,证据链上确实缺失了好几个环节。

2. 进化说

与此相对的观点是进化说,主张狼是在主动与人类接触中,自然发生习性变化,最后进化为狗的。这个过程远比驯化简单,就是某个狼群由于基因突变,获得了消化碳水化合物的能力,因此遇到一个"天上掉馅饼"的机会,只要跟着人,总可以获得人类不爱吃或者吃不了的剩余物。因为狼对"舌尖上的感觉"不那么在乎,只要有吃的,而且比自己捕猎有更舒服的供应,何苦长途跋涉,还屡屡落空?亲近人类成为狼群最合理的选择,虽然在哲学意义上,人类并不承认狼具有选择的自觉性。这一习性的变化最终导致狼的两大基因发生变化，而其方向恰好截然相反。

其一，残暴的基因被自然淘汰，凡是攻击人或过于主动地争抢人类食物的狼被打死了，基因传递发生中断。久而久之，不会攻击人的狼变成了狗。至今仍有部分品种的狗保留了不同程度的攻击性，但有着明确的指向，只允许听从主人的指令攻击他人，而不能攻击主人。攻击主人的结果往往是直接的基因淘汰。

其二，可爱的基因得到强化。与人类亲近，并希望得到人类的垂青，最好的办法是表现出能为人接受的可爱。越可爱，得到食物越多，生存机会越多，基因传递的成功率越高。一代代强化之后，凶残彪悍的狼成为摇尾乞怜的狗。

今天人类饲养的狗基本可以分为两大类，工作犬与宠物犬，前者需要保留一部分凶残的基因，后者几乎只有可爱的基因。

狼变成狗的过程到底走了哪条路径，可能还需要考证，但就过程演进的流畅而且高效而论，进化说比驯化说更合乎经验和逻辑。两者的关键区别在于人类努力在其中所起的作用。

以狗对人类的重要性而论，狼变成狗绝对是符合人类需要的，但这个看似合目的的过程有可能根本同人的目的无关。在驯化的视野中，狼变成狗是人有意而为之，人类不但有设想，利用了知识，还采取了有效手段，迫使狼按照人类需要，一步步演变成今天的狗。在整个过程中，人类意图起了主导的作用。

而在进化视野中，狼变成狗的过程虽然不是与人完全无涉，没有人的"恩威并施"，狼的凶残基因不会被去掉，可爱基因不会得到强化，但没有狼的主动，什么都不会发生，就像自然界中仍然存在的狼群一样。普遍进化的规律、狼的可塑性、特定狼群与人的全新关系模式,还有特定人群对狼的态度等因素,共同促使狼向狗的进化。在这个图式中,人类的意图不是不起作用,但确实不像驯化图式中那么占据创造者的地位。换句话说,狼变成狗的过程和狗被培养成形形色色的品种,走的不是同一条演化路径!

狼变成狗的进化过程早已完成,无论动物学家持什么观点,都改变不了这个现实,但其中蕴含的道理却颇有可玩味之处:合乎人类目的的事物变化过程,可以不依赖于人类的意图!这一事实及其背后的逻辑,为我们思考人工智能的未来提出了一个根本性问题。

十一、人工智能的"自主进化"之路通向何方?

确实,许多科学家无意以创造新的智能物种为目标,也坦承以今天的理论和技术,人类未必有能力实现这样的目标。但无论在历史上还是今天,人类难以自拔地走向某个有违本意的结果,从不鲜见。在人工智能的研发及其后果上,人类能躲过这一宿命吗?在研发人工智能技术上信心满满的业内专家,现在也开始主张"人工智能治理",影响其深层次心理的各种因素中,应该也有这方面的担心吧。

现实生活无数次证明了,人类虽然骄傲地认为自己与其他物种的区别在于人类的所作所为是"有目的行为",而动物只有本能的行为,但人类行为最后获得的未必就是符合预期的结果,"有目的行为的意外后果"在人类行为序列中是常态,无须惊讶,值得警惕的只是,人工智能技术发展的最后结果,会是一个新的但为人类难以承受的意外吗？

事实上，追求人工智能带来的意外发现，一直是这项技术发展的内在驱动，机器也能思维的最后证明一定是做到人类没有想到过的，否则如何体现机器也有智能，如何证明机器智能的价值？

众所周知，人工智能的发展也有一个演进过程，从最初完全按照人类给予的工作语言，即所谓程序，通过计算，提供人类需要的结果开始，先是模拟人类已经达到的思维，借助算法，通过学习人类已有的经验，比如棋谱等，在巨量数据的驱动下，以人类无法想象的计算能力，实现人类设定的目标。然后是模拟人类思维的进化过程，在仅仅接受基本规则的基础上，自行学习，不断迭代，演化出超越人类想象的智能和智能成果。但这个进化过程还是沿着人类设定的目标展开的，所以最后得到的结果尽管能够满足科学家的特定预期，但不足以获得意外发现。

现在技术开发的前沿传来一个消息，在传统进化算法的边上，科学家正在研究一种新的进化路径。科学家不再预设算法需要实现的目标，而是放任算法自行进化，希望最后能够收获意外而新颖的成果。这种服从"垫脚石原理"的进化算法据说有可能让人工智能获得创新的能力，提供科学家未曾预料的发现！

人工智能能不能获得严格意义上的创新能力，先不做讨论，这一研发策略中最值得期待，也最令人担忧的是：无目标进化如果成为普遍的开发策略，最终可能为人类带来什么样的机器人？

人类能接受这个"意外后果"吗？

在性质上，这会是狼变成狗，还是狗变成狼？

第二章
机器意志是一个词语矛盾吗？

为索菲亚赋予公民权只是企业和国家联手做的一场秀,因为人工智能技术的发展尚未到位,机器不具有意志,无法行使权利、履行义务、承担责任,所以,公民索菲亚徒有其名,并没有普遍的意义。但如果把机器能否具有权利主体地位作为一个问题单独提出来,那就不是毫无价值的了。从发展趋势来看,人工智能能否具有意识还要看如何定义意识,更可能的是,还没等到人工智能具有意识,机器与人类的关系已经发生重大变化,由人工智能引发的权利、义务和责任问题因此不可避免。

所以,不管公民索菲亚的问世看上去有多么荒诞,仍然值得作为一个由头,引出严肃的思考。立法没必要过于激进地走在生活前面,但法律思考不能落在生活的后面。

一、自由意志的法律意义何在?

从语义学来说,自由意志最初见之于有关人是否具有神性或宗教性的讨论,人类的自由意志源自上帝。而所谓"主体性"问题则涉及人性,同人的价值、尊严等有关。后者关注的是近代笛卡儿以来的问题,其目的与前者恰恰相反,为的是摆脱神的影响,树立人的地位。以后出现的"上帝死了"的说法,则表明人的自由意志是自足的,不需要到神那里寻找渊源。

自从1804年《法国民法典》问世以来,民法特别强调法律主体的意思自治。具体来说,人是法律上的主体,人的一切行为都是根据自由意识做出的,不受任何人的胁迫或者欺诈。受到胁迫或强制的行为在法律上一般被认定是可撤销的。既然行为是自己自由意志决定的,那么意思自治相应的就是自己责任,也就是你要为自己做出的行为负法律责任。

具体来说,当行为人没有尽到一定的注意义务,导致某项损害发生时,行为人必须为此种损害负责任。但如果我们本身并没有做出这个行为,那就无须对此行为负责任。

在法理上,人首先是自然人,拥有自由意志,具有自然人格。在现代法律制度下,具备自然人格的人无差别地成为法律主体。法律上的人以其自由意志行为,自负责任。在这里,自由意志转化为一种法律上的制度设置——意识能力或行为能力制度,其中重要的是可辨识的行为及其内容和结果。

这就是说,法律作为社会规范,无论用于维护权利、规制行为,还是调节人际关系,都以人具有自由意志为前提。知道自己发生的行为或不行为,知道自己为什么行为或不行为,知道自己行为或不行为会有什么样后果,在这样的情况下,选择行为或不行为,既是个人行使权利的形式,也是个人承担责任的所在。

《中华人民共和国民法总则》第十三条规定:"自然人从出生时起到死亡时止,具有民事权利能力,依法享有民事权利,承担民事义务。"

这一条规定所调整的对象很清楚,就是自然人,也就是生活中具有血肉之躯的自然人类,不包括机器人或者人工智能。

自然人的民事权利能力,简单而言,就是权利主体地位,就是法律人格,也就是一个人做法律上的人的资格。从出生起到死亡止,自然人的主体资格、权利能力,不会因为任何事件改变。任何人不能剥夺一个人的法律人格,即便坐牢,也不能改变。只有时间可以剥夺人的法律人格。人,在自然意义上死亡了,人格,才会在法律意义上灭失。

《中华人民共和国民法总则》第十四条规定:"自然人的民事权利能力一律平等。"一个人无论生下来就有智障、残疾,还是从事犯罪活动受到法律惩处,在做人的资格上是一样的,因为都是一类人,在生物意义上是一样的。这种平等性也就是法律上的或康德所说的"人格的伦理性"。既然人都是一样的,那么人与人之间在法律地位上就不会有差别。

二、自由意志在法律上有边界吗?

从表面上看,只要是人就可以享有法律权利,就需要承担法律责任,其实不尽然。

没有自由意志,即便是人类也不可能行使完整的法律权利,也无法承担应有的法律责任。

比如,法庭往往通过认定一个人有没有行为能力来裁决其该不该承担法律责任,而行为能力的背后是自由意志及其实现。

某人杀了人,辩护律师在被告人杀人的事实确凿无疑的情况下,一定会想到寻找被告人具有某种可以不负法律责任的情形,比如精神状态异常。如果无法证明异常状态是持续的,至少需要证明在杀人行为发生的当下,此人处于精神状态异常之下。所谓"间歇性精神障碍"之类的说法作为辩护策略,就是由此而来的,目的无非通过否认行为能力及其背后的自由意志,以回避相关行为的法律责任。

在法律的本意上,个人的权利与责任是对等的,有多大权利,就有多大责任,反过来,有多大责任,就必须有相应的权利。但在"间歇性精神障碍"患者那里却可能出现两者的分离或错位。正常时足以行使权利,别人不能拒绝之;不正常时可以不履行责任,别人不能强求之。结果形成一种在法律上特别有利、形同特权的身份,有权利而无责任。

"间歇性精神障碍"何以会屡屡被被告人及其辩护律师用作开罪的理由,不仅因为这种辩护理由有着法律上的依据,还有哲学上的符合逻辑。一个始终处于精神障碍状态的人,无法自我证明存在精神障碍,能合理指出自己存在精神障碍的人,本身就证明其精神很在状态。而间歇性精神障碍则可以在精神状态正常的档口,主张自己某个时段的精神不在状态,而不用担心自己的行为否定自己的主张。

在实施某个行为的当下,即便健全的人,也可能因为无法行使自由意志,而未必需要承担行为的法律责任。比如,"军人以服从命令为天职",普通军人执行命令不受法律追究。因为执行命令的人虽然有行为能力，但执行命令是义务，个人没有选择权。这不仅因为不服从命令将导致自己被"军法从事"，更在于不执行命令，军队、法律乃至国家都无法存在。"必须执行命令"的义务必须配合以"不用承担执行命令的责任"。

法律不能要求个人牺牲自己来保全他人，这一点在正当防卫和紧急避险等场合都有体现。因为每个人及其自由意志都是等价的，没有差异。

执行命令的人不受法律追究，但在具体细节上还是可以斟酌的。东西德国统一之后，曾有法官在审判前东德军人向平民开枪的案件时，遇到辩护律师提出军人只是执行命令的说辞，针锋相对地提出，执行命令是事实，但军人在开枪时，仍有可能"把枪口抬高三厘米"。也就是说，执行命令并非毫无变通的余地，这个人可以利用一切机会和条件，避免造成严重后果，但却没有这么做，有主观不作为的成分在。所以在考虑了执行命令的特殊情节后，仍需追究其僵硬执行命令所造成的法律责任。

几年前还有一个真实案例。几个人一起被绑架，绑架者要求其中的一名男性被绑架者强奸一名女性被绑架者，否则就杀了他。最后，他顺从了。得到解救之后，他被以强奸罪告上法庭。

在被迫的情况下，为了自己生存而侵犯他人，可以得到法律赦免吗？

这就要看基于怎样的伦理观点。

一种观点认为出于被迫而强奸他人，是一种求生行为，可以豁免责任。

另一种观点认为，尽管是被迫，只要当事人是在违背对方意志的情况下，与之发生性行为，都是强奸。

两种观点背后的根本不同点在于，两个独立的自由意志是否平等。维护自己的生存是自由意志的要求，每个人的生命都是宝贵的，但不能认为别人的生命就不如自己宝贵，别人的自由意志就必须服从自己的自由意志。如果承认自己生命比别人宝贵，那么在空袭当头，防空洞容纳不了的时候，可以为了得到藏身之所而把别人赶出去吗？一个人为了保存生命而寻求庇护的自由意志，为什么必须服从另一个人保存自己生命的自由意志？

因为人类有自由意志，所以必须承担行为的法律后果。一旦失去自由意志，虽有行为能力，也不在法律追究的范围。当然，丧失自由意志不但有条件，还有程度，法律责任的大小必须与丧失自由意志的程度相匹配。

三、确定性还是非确定性，大脑如何定位？

其实，人到底有没有自由意志，自由意志是怎么产生的，现在还有争议。但是许多概念作为工具的存在，其价值未必在于自身，而在于由此引发的后续讨论。这类概念被认为具有方法论价值。

自由意志具有分析工具的属性，所以撇开自由意志的存疑之处，一样可以利用这个概念引出讨论，得到有价值的结果。只需记住，所有推理是以这个概念作为逻辑起点来进行的，就可以了。

著名心理学家约翰·塞尔说过，我们所有的意识，包括我们有意识地做出决定的过程，完全依赖于较低层次的大脑进程。从生物意义上来说，大脑里的神经元活动决定了人的意识。在意识的基础上，才能形成自由选择的能力,并根据自己的需要选择相应的行动。有意向性的意识成就了自由意志,而只有自由意志才能赋予行动多样的可能性。人的行动与物体运动的根本区别就在于是否具有自愿的意向,没有意识、没有自由选择的意向,就不可能有真正意义上的行动。

那么,问题来了。依据关于神经元活动规律的知识和大脑目前的运行状态,能否预测大脑未来的运行?从这里可以引出决定论和非决定论两种不同的观点。

决定论观点主张,任何系统都存在基本规则和因果联系,推及人类社会,人的一切活动都是先前某种原因或几种原因导致的结果,人的行为可以根据先前的条件、经历,做出准确的预测。

而非决定论则认为,要获取所有规则的知识和全部状态的信息,是不可能的,而且规则的作用是有条件的甚至是可变的,状态本身也是不稳定的,所以,根据规则,基于状态进行预测,是不可能的。

古希腊哲学家所说的"人不能两次跳进同一条河",量子力学的测不准原理和量子态塌缩,还有心理学中的突破心理学理论,即心理学理论总会因为掌握该理论的人改变行为方式而失效等,都属于非决定论阵营。借用《论语》的话来揭示两者的区别,那就是人类到底能不能"知其不可为而为之"?

我们既承认"存在决定意识",人的观念不是没有来由的,也同意"意识反作用于存在",并通过改变存在来改变意识,还不回避相同的存在中,不同的人有不同的意识这一事实。

如此思考足够开放,足以将文化多样性纳入理论框架,还可以引出新的有价值问题:如果同样的存在在不同的民族中可以导出不同的意识,那么存在决定意识的内在机理又是什么?

大脑是不是一个决定论系统,本身存在争议,但法律不允许这样的争议。如果人类大脑属于决定论系统,谈人的自由意志就是伪命题。被决定的人何来自由,何来意志,更何来自由意志?只有把大脑定位于非决定论系统的前提下,生活或经验意义上的自由意志才有存在的空间。

尽管随之而来的脑科学问题是,对于不受外部因素或内部逻辑决定的大脑,如何研究其规律?不同个体的大脑之间具有生物学意义上基本相同的构造比如神经元和回路,也具有共同属性和运行方式,比如生物电流,结果却各有不同,这种不同又是如何形成的?科学家研究时面对的大脑只能是个体的,但研究成果需要适用于所有正常的大脑,甚至对一个有病的大脑,其病理发现也需要适用表现出同样症状的其他大脑。与人的个体性相对峙的知识的普遍性,要求以共同性或相似度作为跨越两者的桥梁,这又从何而来?

当问题在哲学上无解时,人类会明智地转向实践求解。自由意志是幻想还是经验事实,不用在哲学层面上纠缠,尽可以通过实验、观察和科学来发现。遗憾的是,至今为止,人类对人脑的认识还过于贫乏和浅薄,不足以给出最后的结论。

尽管如此,沿着经验探究的路径,依然可以对自由意志做出进一步的分析。其实,约翰·塞尔的那句话里就埋藏着深入解读的线索。

在意识的基础上,人类能够做出自由选择的决定。人有了意识,可以选择做、不做、怎么做。比如,选择和谁订立合同,买什么品牌的手机。人有了选择行动,有了意向性的意识后,才能表征出自由意志。这就是意识和意志的关系。有意识的行为和无意识的举动是不一样的。诸如梦游、条件反射，还有下意识的动作，比如演讲时无意义的手势、紧张时身体抖动等，不能称为行为，只能称为动作。在生物学意义上，意识和自由意志的关系是明晰的。

一言以蔽之，人能够拥有经验事实上的自由意志。作为实践主体，人的本质属性是自由意志，这也构成了道德行为的基础。由于自由意志作为哲学概念，突出的是根据性，即依据什么而来，不是发生学意义，即如何产生的，因此，说植物人也具有自由意志并无不妥之处。尽管大脑已经死亡，只要法律没有接受"脑死亡"的定义，植物人仍然被认为拥有正常人应该享有的所有权利，只需由监护人代行就是。

关于人类大脑的定位之争虽然没有影响大脑在科学研究方面持续发挥作用，但在法律领域，却事关法律的运行甚至存在，因为法律调整的是人的有意识的行为，而视大脑为决定论系统的观点形同宿命论。在极端宿命论者看来，自己所做的一切都为命运所驱使，不是自主选择的结果。既然没有选择，自然没有责任，法律为什么还要追究？

为了自身的存在和存在价值，法律不能不拒斥大脑是一个决定论系统的观点。

四、人的自由意志只是一个推定吗？

在法理上，人的自由意志具有先验的性质，人具有自由意志可以被视为法律推理的预设前提。说得极端些，没有自由意志的人不是人。"不自由，毋宁死"，就是这个意思。

如果要为人的自由意志寻找稍稍实在些的依据,也可以,生物学和文化学上都能找到有力证据。

1. 生物学:人是不确定性动物

从生物学上证明人的自由意志比较简单。一言以蔽之,自由意志就是人类相对自然设定的不确定性。人类不像其他动物,只能严格生存于自然秩序中,人类可以为自己"立法",并且生活在"人造自然"中。

在所有生物中,人类或许是自然禀赋最不完全的,跑不快,飞不起来,生来不会游泳,没有皮毛,没有利爪,如果不是心灵手巧,人类在自然界里应该是最早被淘汰的物种。

然而,心灵手巧是自然给予人类的最不确定的禀赋,唯有人类能不断完善自己,适应乃至改变自然,造就自然界本来不具有也无法产生的东西,包括不同于猿猴的人自己。而人之所以能完善自己、改变世界,就在于人具有不确定性。因为不确定,所以可以选择,而选择是自由意志的存在证明。

有意思的是,太多的选择机会,反而成为个体的累赘。在日常生活中,被征求意见时,告以"随便",常常被视为谦和的美德。但在法律上,不选择也是选择,"随便"作为真实意思的表达,也是行使自由意志的一种方式,同样具有法律效果,同样需要承担相应的责任,如果存在的话。"逃避选择"也是选择,"逃避自由"也是自由人才拥有的自由。

2019年8月,美国零售企业"开市客"在上海开市,吸引了众多市民,包括外省市消费者。开市客的经营策略之一,恰恰是让消费者在品牌过多的时代可以放弃品牌选择上的自由。尽管在放弃选择的背后存在消费者对商场的信任,但说这家企业的会员具有内在的放弃选择的倾向,也不算过分武断。

自由意志表现为选择,选择来自不确定性,不确定性是人之为人的特征,是意志施展的空间!

2. 文化学:人是符号的动物

在文化学上,不确定性与其说是人类的一种生理特质,毋宁说是其智能的本质。

哲学家喜欢对人的本质提出自己的定义,并自觉不自觉地以其他物种为参照对象。

亚里士多德说,人是政治的动物。

培根说,人是制造工具的动物。

马克思说,人是生产劳动的动物。

在各自的定义域内,这些说法都可以成立,同时也存在一定的局限。因为在其他动物那里也存在与上述定义并无实质性不同的行为,除非把这些行为规定为人所独有,否则很难限制这些被定义的行为仅为人所独有。不过,如此一来,难免陷入循环定义的逻辑困境。

说动物没有政治,"女王"统治下的鬣狗一定不同意。

说动物不会制造工具,手巧的大猩猩一定不同意。

说动物不会生产劳动,靠养殖菌类为生的切叶蚁一定不会同意。

人类最后保留自己体面的方法是刻意强调动物与人类在同一种行为上的内在区别:在动物是本能,在人类是自觉意识或自由意志!

后起的学者如德国哲学家、人类学家恩斯特·卡西尔(1874—

1945)、美国人类学家莱斯利·怀特(1900—1975)都认为,"人是符号的动物",以色列作家尤瓦尔·赫拉利在《人类简史》提出人类语言的特点在于"虚构故事",实际上采取了同两位前辈相同的研究取径。在他们看来,人是一种符号的动物,概念也是符号的一种。符号需要物质性载体,但符号所代表的意义不取决于载体的客观属性,而是完全由人所指定,具有任意性或专断性。

苹果是一种水果,可以食用,脆甜适口,营养丰富。无论人们怎么看待苹果,在人也正常、苹果也正常的情况下,这些客观属性是不变的,苹果不会因为某个吃不上苹果的人内心发酸,而味道变酸。但被咬掉一口的苹果就不一样。

被发明智能手机的苹果公司用作企业标识的那个著名的"被咬掉一口的苹果",既可以被理解为伊甸园里让人类始祖睁开辨别善恶的眼睛的"智慧果",也可以被"误解"为"人工智能之父"、英国科学家图灵为摆脱不可承受的法律处罚而咬下的毒苹果。两种解释据说都不是苹果公司的本意,但无论如何,把对科技智慧的激赏或对伟大科学家的缅怀寄予这种平常的水果,则一定是任意的或专断的。只要有足够精彩的解读,换种水果,无论梨子抑或桃子,都不是不可以的。

把人定义为符号的动物,意在揭示人及其自由意志的本质。与动物受限于自然设定的边界不同,人能突破自然限定,实现自我设计。与符号本身的属性一样,人在提出设定时,没有边界,任何物体都可以被赋予任何意义,甚至连人类根本没有能力施加影响的星座,也会被人赋予特别的意义。北斗星可以用于导航,这是其自然属性带来的功能,但由此引发人类抒发情怀,在其成为符号之前,是不可能的。因为，人总是给自己认知的一切赋予意义，所以，在某种程度上，人就生活在一个符号的世界里，一个不确定的世界里。

近年来，国内年轻人追求日常生活的"仪式感"，其实质就是通过赋予寻常活动以不寻常的意义，使之成为符号的一种操作，简称为"生活的符号化"。

符号具有随意性或专断性，生活在符号世界中的人，自然就是一种"不确定的动物"。

机器模拟人类智能，最难越过的关隘不在对确定性的实体感知和处理，而在对不确定性的把握。传感器能够接受实在的信息，范围之广足以超过人类对应的器官，但也能感应符号的意义？没有先验知识，穷尽苹果的物理化学特性，能让机器理解苹果公司的 Logo 吗？最多给所有关于这个被咬掉一口的苹果之解读，整理出一个"文献综述"吧。

五、人类真有自由意志？

未来，当超级人工智能突破人类符号世界的大门，机器在调侃人的时候，一定会给出这样的定义：人类是一种奔波于确定性与不确定性二律背反之中的悖论性"碳基存在"。人类因为具有不确定性，所以永远都在追求确定性。从宗教到科学，从算命到算法，无非追问一个问题：世界能确定吗？无非追逐一个目标：让世界确定下来！

孔子信奉"知其不可为而为之"，揭示了人类具有突破自然因果律的潜力，这是对人的不确定性的最好注解。但又说"朝闻道，夕死可矣"，意思是只要把握了终极真理，就心愿满足了，死而无憾。如此发心本身没有大问题，但置于确定性与不确定性的二律背反之中，悖谬就显现了。

人作为不确定性存在竟然以把世界确定下来，作为自己的使命或使命的完成，不知道想过没有，一旦世界被确定，作为不确定性存在的人又将如何自处？"朝闻夕死"或许是摆脱这个悖论的唯一合乎逻辑的出口：不确定性被确定之日，就是不确定性存在的不存在之时。

或许，提前意识到这个二律背反，年长于孔子的老子才主张"道可道，非常道"。一切能够被言说的"道"都不是道本身，所以，关于道的任何说法，听听可以，听了之后信以为真，还寻死觅活，何苦？不确定性存在就不确定地存在吧。

其实，反映在人类身上的确定性与不确定性的张力，随处可见，只要我们有足够的细心和敏锐。

比如，在人类世界，自杀天天发生，常人虽有悲悯之心，但也习以为常，唯独听闻动物"集体自杀"，便觉匪夷所思，其隐含逻辑无非始于某种心照不宣的共识：作为对抗基因传递之天道的行为，自杀理应仅见于具有自由意志，能够打破因果律的人类，而不应该见之于绝对遵循自然规律的动物，否则相当于承认动物也有自由意志。

或许，所谓人类才具有自由意志本来就是一种形而上的专断，反映的是人类中心主义的虚荣乃至僭妄，动物未必没有自由意志。面对主动殉主的狗狗，没有人会怀疑其知道绝食意味着什么。

或许，人类对动物的精神世界和行为逻辑缺乏了解，"集体自杀"的说法本身存在误导，在人类社会里，踩踏事故中的死者如果知道可能被曲解成"集体自杀"，一定会用最后一口气，出声抗议。

不管怎么说，维护人类对自杀权未经反思的垄断，确实关乎人类自由意志的尊严。

摧毁人类自由意志尊严的是人工智能须臾不可或缺的统计学！

正常情况下，自杀表现为个体行为，每个自杀的人都有自己的理由，其中不乏匪夷所思的念头，充分体现了在生死问题上个人意志的自由度。诡异的是，任何社会在没有重大变化的情况下，特定群体的自杀率表现得相当稳定，其波动幅度甚至低于因病死亡率。

这就有意思了。

因病死亡属于自然因果范畴，心智正常的人穷尽一切医疗手段以"苟延残喘"，是医学持续发展的动力。反过来，没病找病最后竟然还死了的，至少可以判定心理有病。而自杀是个人自主决定，属于自由意志范畴。每个自杀者都有自己的理由，出于自主决定，踏上窗台之时，既不关心也无从知晓今年的自杀率，更不会坚持打探"今年指标完成得如何"，直到确认尚有余额后才跃身而下。如此说来，自杀率保持出奇的稳定，岂非咄咄怪事？

对此，最简单的逻辑解释是，要么所有个人的自由意志相互抵消，最后表现为人类整体的无意志；要么每个自杀者背后存在一种神秘力量，左右着每年一定数量的个人，在行使自由意志的表象下，被动地走向死亡。照此说来，那些同样身陷危机，却没有自杀的人到底是因为神经系统坚强、意志坚定，还是简单因为没有接到指令，所以未曾采取行动，而非任意妄为、拒不执行，哪种可能更加现实？

其实，早在19世纪，比利时统计学家兰伯特·凯特勒（1796—1874）就发现了在社会状态基本稳定的情况下，每年发生的犯罪数量和比例,甚至分类型犯罪的数量和比例都具有像自杀率一样的稳定性,并据此提出"平均人"概念。"平均人"是一种统计学抽象,代表人类的群体特征,而不是一种展现个性与意志的存在状态,类似于平均身高、平均收入、平均寿命,如此等等。

犯罪虽然不像自杀那样直接挑战基因传递的自然规律,但要是犯下恶性案件且情节严重,最后被判极刑,其生物学效应跟自杀不存在任何区别。难道死刑犯的背后同样存在那股神秘力量,驱使个人在自杀还是他杀上,殊途同归?

如果说在自杀这个微观领域,人的确定性与不确定性表现为个体的不确定性与整体的确定性之间的张力,那么,在人与文化的关系上,同样得到表征的确定性与不确定性之间的张力则是整体具有不确定性,而个体具有确定性。

文化是人创造的,所以具有相对于自然的不确定性,同为人类,不同文化多姿多彩。反过来,个人在所属文化中又是被确定的,文化显现为一个民族共同的价值观念和行为方式,不以个体意志为转移。节日就是一个民族所有成员在文化驱使下做出相同举动的场面,如果其中有个仪式带有自残乃至自杀的特点,是否可以视为同自杀一样出于某种指令?

事实上,社会科学这一概念本身隐含着人类个体具有自由意志,但人类整体并没有表现出自由意志的预设,离开这个预设就无所谓"社会规律"。无论是社会学的"社会唯名论"与"社会唯实论"之争,以及作为两者折中的"方法论个体主义",历史学的"时势造英雄"与"英雄造时势"之争,还是经济学视野中理性算计的个人与"看不见的手"之间的张力,表达的都是同一个意思:个人的不确定性最后如何消融于人类整体的确定性之中！

　　超自然的神秘力量是否存在还没有揭晓，但人类意志被机器支配的情形已越趋严重。在互联网的环境里，人工智能加上大数据造就了算法掌控个人信息的局面，只要留下上网数据，点击的不管是新闻还是八卦，支付还是收款，生产还是消费，甚至只要露面，不用点击，都会被人脸识别"载入史册"，然后在不知不觉中被机器所引导。对于一些高度依赖信息技术的人，"机器比人更了解他自己"，机器引导人类，甚至忽悠人类，已经成为现实。

　　人听机器还是机器听人，这是一个问题。

　　即便对人类整体来说还没有成为问题，至少对相当数量的人来说，确实是一个严重的问题！

　　如此遐想充满思辨的乐趣，一旦成为生活场景，却必定让人毛骨悚然、不寒而栗。一个既有理论价值，又有现实意义的法律问题不期而至：

　　如果人的行为背后真有神秘指令，无论来自自然、文化抑或机器，人还能不能自诩拥有自由意志，该不该为自己的行为负责？

六、人工智能有自由意志吗？

　　只要对人工智能研究现状有所了解的人都会毫不犹豫地回答：谈论人工智能具有自己的意识或意志，为时尚早。

　　AlphaGo虽然横扫人类顶级围棋高手，但背后隐隐显现出一位具有围棋六段水平的程序员身影。目前，人工智能还处于"弱人工智能"阶段，能够在单一任务上胜过人类，却无法像人一样，以一个大脑胜任各种工作。

西方有谚语:"对于常人,做成一件事就是一件事,对于聪明人,做成一件事等于几件事,而对于天才,做成一件事等于一切事!"

同样的意思,在中国古人那里表达为4个字:"融会贯通"或"举一反三"。

以目前的技术水平,人工智能只能在人的设定下,在需要智能的单一领域中完成特定任务,比如下棋、读图、文本分析,虽然其效率已远高于人类,但只要超出特定范围就笨拙不堪。不要说让下围棋的人工智能去开汽车,就是打麻将,也不行,因为围棋是完全信息条件下的博弈,而麻将是不完全信息条件下的博弈。人可以同时玩这两种游戏,大脑切换一下适用规则,不需要太大的调整,就能适应,而人工智能不大费周章甚至脱胎换骨,就做不到。

细究起来,许多时候人工智能看似"表现卓越",其实用的是笨到头的办法,如果人这样做,只会被形容为"死脑筋"。人工智能之所以笨得能让人不觉得,甚至被认为聪慧过人,只因为计算能力比人类强太多。

著名的人工智能专家赫伯特·亚历山大·西蒙曾举过一个易于理解且颇为好玩的例子,用来说明人的思考方式与人工智能的区别。

"DONALD + GERALD = ROBERT"是一个用字母代表数字的等式,其中包含10个不同的字母,分别代表0到9这10个数字。题目的要求是找出每个字母所代表的数字,使得两个单词相加等于第三个单词,给出的初始条件是 D = 5。

面对这道题目,人工智能最擅长的方法是穷举一切可能,将每个字母可能代表的数字逐个代进去,看看其成功的概率,不行就改。统计下来,需要考虑 300 多万种可能,才能得出结果。如此"低级思维"只因为拥有强大的计算能力,人工智能一会儿就可以交稿,并取得高分。

"力敌不如智取。"人类没有这样的计算本领,不会一味"蛮干",让一道不具有多少数学难度的游戏占用自己一辈子的时间和精力。人类的办法要省时省力得多。因为 D = 5,5 + 5 = 10,所以 T = 0。进一位,1 + 2 × L = R,R 一定是奇数。D + G = R,R 是奇数,因为已经判断出 T = 0,那么 R 一定是大于 5 的奇数,7 或 9。O + E = O,在前面一位数没有进位的情况下,E = 0,在有进位的情况下,E = 9,由于 T = 0,所以只能得出 E = 9,R = 7。用同样的方法,可以得出 G = 1。以此类推,最后得出剩余字母所代表的数字,L = 8,A = 4,N = 6,B = 3,O = 2。逐一代入原来公式 DONALD + GERALD = ROBERT 后,得到 526 485 + 197 485 = 723 970,等式成立。

人会想办法,利用设定的条件,按照单复数、进位等计算规则,进行逻辑推理,发现捷径,得出结果。机器显然还不具有这样的智慧,只能算尽所有可能路径。不过,平心而论,既称人工智能,机器不聪明还是因为人类不够聪明,没办法给机器装备更聪明的算法。

其实,现在驾车人普遍使用的高德地图采用的也是穷举法。所谓"蒙特卡洛决策树"就是把从出发地到目的地之间所有可能的路径都列出来,然后把那些不够经济有效的分叉修剪掉,最后剩下若干条距离短或时间省的路径,供驾驶员选择。

从这些例子可以看出,目前人工智能的"创造性"主要基于计算或统计,根据人类给的条件或自行采集的数据,进行大量运算,最后得出人所要求的结论。这就是说,所谓"人工智能的创造性"只是一种错觉,那些足以混同甚至超过人类智能的成果不过是人类给予特殊人工智能系统的规则和数据共同作用的结果。

尽管人工智能已经实现算法的自我进化,也就是能够借助算法而产生自己的算法,但正如统计学家纳特·西尔弗(Nate Silver)所说:"我们可能不应该将电脑做出的独特的对弈步骤描述为创造性的行为,因为它能够这样做可能仅仅因为它具有强大的运算能力。"在这个过程中,机器和系统只是再造了人类智能或者人类做出的某些决定。而且即便在再造人类决策上超出了人类自己的决策水平,目前人工智能所能做的仍然只是人类决定的拷贝。因此,至少眼下人工智能还不会像索菲亚那样,一本正经地告诉人类,"我还没有自我意识"。

七、谈论机器意志有何现实意义?

明知人工智能还不具有意志,还要提出机器意志的问题,所为何来?"哪壶不开提哪壶",莫非只为耸人听闻、哗众取宠?

非也。

人类研发机器的历史可以不无偏颇地表述为满足人类需求的工具自动化过程,而自动化的历史进程则可以表述为人类从寻求机器表现的确定性到不确定性的演进。

自动化的总趋势是不断减少人类对机器的直接控制,包括事先的控制和事中的控制。简单采用物理或化学的方式,也可以在一定程度上实现机器的自动操作。飞轮的转动惯性与雾化汽油爆燃之结合,使汽车自动跑起来了。在这个阶段,人对机器强调的是确定性或者可靠性,也就是要求机器按照人类设定,精准完成特定动作,不出意外,任何同设计师预期有所不同的表现,都被视为失误或不可靠。模式化的行为是这一阶段机器的典型特征。机械既是机器的总称,也是机器僵硬呆板之传神写照。

信息技术加入之后,机器的自动化水平提高了一个平台,人类输入信号,就可以调整机器动作。机器行为开始表现出可变性乃至可塑性,这大大增强了机器对不同任务的适应性和执行效果。但在这个阶段,机器行为仍然为人类所绝对控制,编程决定机器行为,出人意外仍然不是一台好机器应有的表现。

到了人工智能阶段,机器真正成为自动,技术人员只管设定目标,结果的实现可以交给机器自己去完成,从数据获得、规则运用、路径选择、误差判定,到决策执行。所有这一切固然离不开人类设计的算法和其他先置程序,还需要有庞大的数据集供机器学习,一旦条件具备,人类就可以放手不管,中间的过程完全交由机器来决定,包括因为环境变化而发生的意外情况处置。到这个时候,衡量技术水平高低的与其说是机器得到合乎预期的结果,毋宁说是人工智能出乎人类意料的达成目标的过程!

人工智能无论在下围棋还是打麻将,最让人吃惊的不是战绩,而是获得战绩的策略和方法。人类从未想到过的手法,甚至一直被认为禁区的策略,被人工智能颠覆了,机器以战胜人类的方式,证明了新的最佳策略。AlphaGo 推翻了人类上千年积累的"金角银边草肚皮"围棋棋理,高手们第一次见识了地地道道的"金肚皮"。惨败之余,柯洁哀叹:"我是人,AlphaGo 是上帝!"因为赛前踌躇满怀的他,未曾想到机器会有如此高招。

"人类一思考,上帝就发笑。"出人意料才是上帝惯有的风格。

在2019世界人工智能大会上,微软公司宣布,微软亚洲研究院成功开发出一套拥有超高麻将水平的人工智能系统——"超级凤凰"(Suphx)。据介绍,该人工智能通过在日本在线麻将比赛平台"天凤"(Tenhou)上与真人玩家对战,已荣升为该平台的十段玩家,达到了巅峰水平。有从事专业麻将的天凤高手在观战"超级凤凰"5 000副牌局后,惊讶于其不按常理出牌,还屡屡奏效,深为折服。

从人的角度来看,围棋的难度远比麻将高,为什么打麻将的人多,而下围棋的人少,这是一个原因。但对依赖信息完整性的人工智能来说,麻将远比围棋难以掌握。下围棋时,双方所下的子和每下一子后存在的可能性,对于博弈的双方来说,都是透明的。但打麻将时,每个人只能看见自己的牌面和其他三方打出来的牌,从中大致分析出另外三方手里可能掌握的牌。至于后面自己可能拿到的牌,最多只能得出一个概率上的推断,根本无法得知某张牌是否还在牌池里,更没法知道是否会如愿被自己拿到,因为根本无法确定自己会不会因为上家"吃了"或"碰了",而导致实际拿到的牌完全不一样。要依据极为有限的、不完整的信息,做出决策,这是麻将给人工智能带来的远超过围棋的挑战。麻将要求于人的不仅有技术,还有运气,不仅有推理,更有直觉。现在的问题是,人工智能已经掌握了麻将,还打出了令人意外且仍有成效的好牌,如此结果岂不让人惊讶?

其实,对于人工智能,比如无人驾驶,人类最大希望不就是机器能不按常理,在人类没有想到的突发情况下,也能自动采取应对措施,并且取得成功?

走出按照人类事先编好的程序,机械地应对工作任务的模式,能够想人类所未想,做人类所未做,成人类所未成,才是人工智能应有的模样,至于前面是否加上"人工"二字的前缀,不是实质性问题。

其实,人对机器的如此期待,源于对作为同类的其他人的惯常要求。决策者对执行者既要求他们不折不扣地落实指令,同时又要求他们创造性地执行。"将在外,君命有所不受",机器如果真有意志,也应该有如此担当和能力,不是吗?

让机器具有选择能力,是人工智能研究的核心课题。

在这个意义上,"算法黑箱"不应被视为技术发展的缺陷,而应视为人工智能达到的新高度:技术发明进入了新阶段,人类开始看不懂自己造物的路数。

近年来得到全世界高度推崇的创造创新,其内在逻辑就体现在,相对原有知识体系,具有突破性的新知识一定是不确定的,既不能从中推导出来,也未必能在其中得到解释。

事实上,以计算或统计为"思维方式"的人工智能,其技术发展路径正是从确定性向不确定性的拓展,从会玩完全信息条件下的围棋到会玩不完全信息条件下的麻将,人工智能迈出的一大步,就反映了这一趋势及其延续和强化。

不确定性、选择能力、意志智能,才是人工智能的成年礼!

八、机器意志是人工智能研发的目标吗?

诚然,在今天,说一台机器有意志,会让许多人觉得匪夷所思,就像过去说一台机器会思考一样。既然以今天人工智能技术取得的成果来衡量,机器思考已经成为现实,那么,未来机器具有意志也是可能的。或许到那时,机器意志就不再被认为是词语矛盾了。

其实,"人工智能之父"、英国科学家图灵提出的机器智能概念里,就有这样的意图,模拟人类智能是人工智能研发一直以来的基本策略,既然意志是人类智能不可缺少的部分,那么机器意志也应该是题中应有之义。

近年来,人工智能研究取得了长足进步,无论研发还是应用都远非图灵当年可比,但其哲学基础仍是图灵机。图灵在着手设计机器智能时,就确定了两个目标:技能和心智,至今有效。有人将此诠释为:"让机器做通常需要智能才能完成的有意义的事情,并模拟以生理为基础的心智所发生的过程。"

既称仿造,那么在智能所及的范围内,只要人类有的,就应该让人工智能也有。人有感知,人工智能有传感器;人有语言,人工智能会处理自然语言;人懂得趋利避害,人工智能算法中有奖惩;人有意识和意志,人工智能怎么可以没有?

只要技术上能够做到,人类一定会想办法,惟妙惟肖地仿造人类,而且力求超过自己。这是一条已被无数次证明过的技术研发路径,科学家在人工智能技术仿生方向上所做的尝试,远远超过在其他任何技术领域。如果智能属于人类自我仿生的皇冠,那么意识和意志就是皇冠顶端的钻石。今天,皇冠已然成形,钻石的位置会长久空缺吗?

退一步讲,从哲学上看,也可能存在另外一种前景。仿造再成功,由于人工智能与人类智能毕竟属于两种不同的智能形态,人类离不开意识和意志，但人工智能已经拥有强大的数据采集能力、计算能力、联网运行能力，尤其重要的是算法自我迭代的能力，完全有可能即便不具备意识或意志，也能发现新知识，建构新世界。

听起来科幻的事情，未必不能成真。

九、在技术上，人工智能会有自由意志吗？

对这个问题，没法做简单回答，因为不仅涉及原理上是否说得通，技术上是否行得通，还有人类愿不愿意。这里暂不讨论愿不愿意的问题，如果不可行，讨论意愿就毫无意义。"剃头挑子一头热"，不会有结果。反过来，如果新的智能形态属于宇宙普遍进化的一环，人类愿意也可，不愿意亦可，无足轻重。

业内专家的态度虽然各有不同，但大致上可以按照极端乐观、十分乐观和不那么乐观，加以分类。

1. 极端乐观

极端乐观的态度表现为对人工智能技术的高度警觉，不把人工智能视为未来人类的对手，自然不会在机器意志还没形成的阶段，就提出人类秩序将被颠覆的警告。在这方面，影响比较大的有霍金和马斯克等人。

霍金生前多次提出警告，"我们不确定我们会从人工智能得到无限帮助，还是被无限边缘化，甚至毁灭"。在他看来，"生物大脑和电脑所能达到的成就并没有本质不同"。

显然，霍金不是看不到人脑与电脑的区别，而是发现两者的产出已经区别不大。这么说吧,假定大脑相当于一头牛,产出牛肉,电脑相当于克隆牛肉细胞,增殖后产出人造牛肉。肉的产生方式固然不同,但牛肉细胞是一样的,营养成分也一样,都是蛋白质、氨基酸,等等,从确保食用者维持正常生存的角度,以人造牛肉替代牛肉,是可能的,也是可行的。

既然用人造牛肉来代替牛肉是可行的,那么用培养皿代替牛,是不是也有可能?工厂化生产牛乳,而不是养牛,对于牛来说,恐怕不是福音。

但这会不会成为现实,牛会不会灭绝,还要看人需要的是什么。

单纯要求营养,那没问题,口味也能凑合,省钱更理所当然,可能还更加环保。但要欣赏西班牙斗牛,那培养皿就用不上了,即使克隆出重达一吨的牛型人造肉,也没法走上斗牛场。

2. 十分乐观

如果说极端乐观带有科幻想象的风格,那么十分乐观更具技术流的风格。

人工智能研究领域中的连接主义学派可以归入乐观阵营,当下风头正劲的深度学习就属于这一学派。该学派的核心观点是:"神经元网络与深度学习,通过仿造人的神经系统,把人的神经系统的模型用计算机的方式呈现出来,用它来仿造智能。"

让这些专家得以乐观的技术理由是,人类虽然还不了解自己大脑里神经元的本质是什么、如何构成,但这不妨碍科学家理解神经元的结构是什么。重要的是,对神经元本质缺乏了解,一点不妨碍科学家通过模拟神经元结构实现智能。

最纯粹的连接主义者认为,人类甚至不用了解大脑的神经元,因为人的大脑由1000多亿个神经元组成,不是那么容易搞清楚的,但只要拿1000亿个乒乓球连接起来也可以实现智能!

依样画葫芦,画出来的葫芦竟然也能装酒!

方兴未艾的量子计算机因此被寄予厚望。据说,一旦量子计算机研制成功,可以将计算速度做无法想象的提升。北京大学史一蓬教授打过一个比方。如果说要判断一只猫是死是活,死为0,活为1。在传统计算机上,判断1只猫要计算1次,2只猫要计算4次,3只猫要8次,也就是判断N只猫的死活需要计算的总次数为2的N次方。而量子计算机统统只需要1次。N越大,量子计算机相对传统计算机的优势也越大。据说,50比特(相当于N等于50)的量子计算机能够达到1000万亿次/秒的计算能力,远远超过传统计算机。据估算,具有1000比特计算能力的量子计算机足以揭开蒙在人类意识脸上的面纱。人工智能具有意识或意志不是梦,但要梦想成真,还有待另一个梦,"量子至上"的实现。

最近有报道,国外已经研制出智能机器,能在工作过程中,感知自身外形,并根据操作便利的要求,自动调整自己的方位。有能力反观自身并根据外部环境的变化,进行自我调整,被认为是人工智能自我意识的萌芽。就技术而论,这或许可以为人工智能研发提供一种思路,不过,在学理上还需要论证,自我意识是否只是个体对外部环境和自身关系的简单知觉,比如空间距离。

按照社会心理学的"镜中之我"理论,人类的自我确实表现为对自己与周遭世界关系的自觉,是一个个人确立主体性的过程。自我是在人类幼年期逐步形成的,大致需要经历三个连贯的环节:能从他人的眼中看出自己的形象,想象出他人对自己的评价,进而形成相应的感觉,比如自豪、羞耻等,如此才算有了自我意识。显然,这里的关键不只是感知外部世界,而是理解外部世界,从外部世界传来的信息中发现意义的能力。

仅仅在传感器采集数据的基础上,通过计算,感知自身外形与环境以及两者的关系,却不知道这种关系具有什么意义,如此状态离自我意识或自由意志都还十分遥远。如果把自我意识的门槛降到这么低,那自然界就没有不具备"自我意识"的动物了。

3. 不那么乐观

持这种态度的科学家与其说是对人工智能未来发展可能的不乐观,毋宁说是对人工智能研发已经达到的水平不乐观:"机器意志?想多了。"

著名的计算机科学和统计学专家迈克尔·乔丹明确提出,现在被称为人工智能的许多领域,实际上是机器学习,"人工智能革命还远未到来"。

他认为,人工智能旨在关注"人类进行推理和思考的高级或认知能力"。然而,经过60年的发展,高层次的推理和思想仍然难以捉摸,"现在被称为AI的发展主要出现在与低水平模式识别和运动控制相关的工程领域,以及统计学领域,该学科的重点是在数据中发现模式,并做出有充分根据的预测、测试假设,以及决策"。

在他看来,最近20年里,在产业和学术领域里都取得重大进展的不是AI,而是IA,即作为模仿人类的人工智能(AI)之补充的"智能增强"(Intelligence Augmentation,缩写为 IA)。从搜索引擎、自然语言翻译,到声音和图像生成,这些技术都在帮助人类增强智力和创造力。将来这些技术有望包含高层次的推理和思考,但现在还没有。

乔丹甚至对人工智能是模拟人类智能的说法也不以为然,因为人类智能本身不是十全十美的,有失误、偏见和其他局限,也没有能力进行大规模决策。

这个看法相当于直接对过于乐观的连接主义观点做釜底抽薪:有样学样,如果被模拟的人类智能尚有局限,模拟出来的人工智能又能怎样?

至于那些主张人工智能可能代替人类思考和创造的观点,他嘲讽道:"如果我们的目标是建立化工厂,是否应该先打造出一批化学家,然后让它们去研究怎么建?"

其实,在体力劳动范围内,人类从来按照这样的逻辑行事,即所谓"工欲善其事,必先利其器"。在智力领域中,人类会遵循同样的逻辑吗?为了造汽车,先开发设计汽车的软件,然后制造用于制造汽车的机器人,不正是乔丹所嘲讽的模式吗?

如果说极端乐观的态度几近科幻,不那么乐观的态度就过于实在了。科技发展的历程是科幻的走在前面,实在的跟在后面,抬头看路和埋头推车各尽其能,各得其所,相互匹配,彼此合作。

十、人类需要人工智能有自由意志吗?

人类需要机器有意志吗?从目的的角度,可能未必,但从手段的角度则是一定的。

人类社会是复杂的,选择对任何人来说都是不可避免的,甚至智障人士也会表现出一定的选择需求。当人工智能得到越来越广泛的运用,进入越来越多的人类生活领域,需要满足人类同时并存但又相互冲突的需求时,人工智能应该有所选择,在满足不同需求时,形成优先系列或达成动态平衡,自然成为人类要求。

当机器推送被指责为内容过于恶俗的时候,网站往往以"算法是中立的"来搪塞,但法官不会接受。在个人癖好、企业赢利和社会效益之间,算法需要知所进退。

一架无人机出发执行任务,需要兼顾两个目标:完成任务与保全自己。完成不了任务,保全自己没有意义;不保全自己,任务就会泡汤。什么时候应该以完成任务为重,不惜牺牲自己,什么时候应该先保全自己,再设法完成任务,人工智能必须做出选择。如果是团队行动,那么选择的要求就更高了,相互配合、彼此掩护,诸多目标之间如何平衡,更见智能。

人类的道德水准不但表现为明白是非,更体现在多个价值目标不能两全的情况下,知道取舍。人工智能在技术上模拟人类,遭遇道德困境时,需要模拟人类做出明智的选择。

更有甚者,当军事机器人被赋予自主攻击的权限时,必须设置选择智能,确保机器懂得在消灭敌人与保护平民之间达到平衡,防止自主攻击或者失效,或者被滥用。

只要人类希望人工智能成为一个有创造力的执行者,就不能不考虑在算法的目标函数中植入选择程序,这是人工智能成长无可回避的环节。

十一、人工智能能被当作人吗？

机器一旦有了能力，在超出人类直接控制的情况下做出选择，这时，如果发生人类不能接受的后果，机器需要承担责任吗？机器如何承担责任？

把机器完全视为权利客体，责任完全归于人已经不可能了，因为选择不是人做的，而是机器做的。

完全归于机器也不可能，因为机器还没有被认定为权利主体，想承担责任也落不到它的头上。

这时候，法律有没有"第三条道路"，让不是人的机器能够像人一样承担责任？这就需要用到作为立法技术的拟制。

《中华人民共和国民法总则》第十六条规定："涉及遗产继承、接受赠与等胎儿利益保护的，胎儿视为具有民事权利能力。但是胎儿娩出时为死体的，其民事权利能力自始不存在。"

这条规定和前述第十三条存在明显冲突。第十三条规定，人只有出生之后才能取得法律主体地位，而第十六条则规定没有出生的胎儿已经取得法律主体地位。这不是法条之间的冲突，而是涉及了"法律拟制"。

简单来说，法律拟制就是把非 A 说成 A，把"不是"说成"是"，它原来是一种立法技术。依据《中华人民共和国民法总则》第十三条，胎儿没有出生，不是民事主体，没有民事主体地位。但为了保护胎儿的利益，需要在一些情况下，把胎儿当成主体。在法律上，运用拟制技术赋予法律人格最典型的实例是法人制度，法人的典型就是公司。

自然人为了做单个人所不能完成的事务性活动,比如经营或公益,需要组成一个组织体,只要按照法律程序,得到国家正式承认,就是公司,公司有独立人格,个人只是公司股东。公司就是法律拟制出来的法律上的人——法人。

人工智能其实就是让计算机完成人类心智能做的各种事情,相应地,也只能在行为意义上讨论人工智能的自由意志。法律界的主流观点是机器人并不具备自然人所具有的自由意志,也不具备意志能力,所以,讨论机器人或者人工智能的法律主体资格,只能通过立法技术,主要是以法律"拟制"的方式赋予它法律资格。

"拟制"技术在让人工智能取得法律地位的同时,也引出了一个新的问题:机器人法律责任的落实问题。

机器被"拟制"为人到底为机器承担责任带来了多少便利,哪怕只是权宜的?说得直白些,对于"犯罪"的机器人到底处以财产刑、自由刑还是生命刑?是卖身赎罪、强制升级还是直接销毁?任何处罚除了针对机器自身之外,还有其他什么效应?警示人类还是威慑机器?

"拟制"虽然可以解决机器意志的法理障碍,但只要机器没有真正具有自由意志,用来规制人类的法律手段,仍将面临"英雄无用武之地"的尴尬。

十二、人类意志与机器意志会此消彼长吗?

有史以来的人类生活状态是:房子用来居住,车辆用于驾驶,在这种关系中,始终是人支配工具,工具被人使用。因此,人与机器的关系是单向的,工具可以造成人对工具的依赖,但支配不了人。然而,人工智能和一般的工具不同了。人工智能在一定范围内,具有自己独立的行动能力,而且能够通过学习,不断地改进或进化,而且有理由相信这种能力本身也会不断地加强。

无人驾驶汽车是一个技术平台,核心技术是人工智能,也就是无人驾驶系统。人工智能有一个要件,即适应环境。假设有一辆无人驾驶汽车,活动的范围局限于从 A 地到 B 地,那么其在这段道路上的表现可以远远胜过行驶在不确定路线上的无人驾驶车,因为这辆无人驾驶汽车,整天在这条路线上跑,对这一时间段里路况变化,了如指掌。随着数据积累越来越多,其表现会越来越有智能。最后人根本不需要对它进行任何控制,上了车呼呼大睡就行,反正风景依旧,早已审美疲劳。机器独立了。如果哪天人想过一把瘾,不听机器的,只剩下一个必要:另外找一条路线,以追寻新的风景。仅就出行效率而言,人类自己驾驶,真没有任何意义。

有些高级的弱人工智能甚至可以再现人类智能的部分性能,并因此变人与对象、主体与客体的传统单向交流模式为双向交流模式。在机器具有情感智能之后,这样的情况将相当常见。可以期待,到这个时候将轮到人发生变化了。人会不由自主地把能够与他交流的对象当成自己的同类。别说人工智能,就是一条狗,你与它交流多了,你也会采用生活化的语言甚至把它当成家人,这就是人的类思想,人的同理心,承认人工智能是自己的同类,这是人面对人工智能时的一种心理改变。

如果说,心理就是人未被意识到的大脑状态,那么当"机器比人还了解人"成为现实之时,机器通过读取大脑电流就可以在人还不知道自己想什么的情况下,知道人在想什么,并据此做出符合人内心想法的行动。这样的情况下,如果机器行为导致令人意外的后果,要求人来为机器的自作聪明而承担责任,合理吗?如果机器记下的脑电图确实反映出人有这样的需求或动机,人仍然坚持自己并不知道自己想什么,也没有明确要求机器做什么,所以不承担责任,这又合理吗?

至今为止,这些想法仍然停留在思想层面,其价值不过是激发人们关于机器意志的想象。因为这些可能被用来支配人的智能技术也是人的发明,机器支配人不过是一部分人利用机器来支配另一部分人的假象。

问题在于,随着越来越多的人被机器支配,随着算法对个人倾向越来越深入的掌握,随着人工智能越来越善于学习,能够自动迭代进化,随着希望支配他人的人越来越信任乃至依赖机器,最终肯定会出现这种情况:支配机器的人越来越少,程度越来越低,而被机器支配的人越来越多,程度越来越高。

人类与机器在自由意志层面上的博弈,结局未必是机器有了自由意志,也可能是人类的自由意志趋于弱化。最后到达一个临界点,即相对于人类自由意志的弱化,机器即便没有自由意志,两者之间的模糊地带也已经无限扩大。

在体力方面,人类因为机器尤其是交通工具的发明而受到削弱,这已经得到事实的证明。无论竞技体育还是健身,都是人类对这种趋势的抵抗。在智力方面,人类因为人工智能的发明而受到削弱,也会得到最终证明吗?

所有这些都是可能,但更有可能的是,一切的一切只是一个概念的定义问题:如果科学家能够提出类似于图灵测试那样的操作性定义,机器意识或机器意志会不会像机器智能一样,成为一个被认定、被接受乃至被再造的现实?

第三章
人工智能责任如何落实？

2019年3月10日,埃塞俄比亚航空一架波音737‐MAX8客机起飞后不久坠毁,机上157人无一生还。这是继前一年10月29日印尼狮航空难事故之后,不到半年时间里,波音737‐MAX8机型客机发生的第二起严重事故。

在印尼狮航空难后的初步调查中,调查人员从飞行数据记录仪,即通常说的"黑匣子"中提取了数据,还原出一场人与机器的生死较量。在最后11分钟的飞行中,飞机机头在智能软件的指令下被向下推了20多次,飞行员一次次地拉起机头,直到最后飞机失去控制,以每小时720千米的速度坠入大海,机上189人全部遇难。

这不是科幻片中机器人反叛,制造机毁人亡。强悍如波音,其智能软件也没有达到如此科幻的水平。波音737‐MAX8飞机由于结构原因,容易发生因为机头抬得过高,失速而危及飞行安全的情形,所以安装了智能系统,通过飞行传感器获得相关数据,如果发现飞行姿态不当，智能系统会指令水平尾翼做出调整，恢复正常姿态。这意味着，飞机上存在着两套驾驶系统，手动的和自动的，也就是对同一架飞机，人和机器同时具有支配权。

为安全考虑，飞机在安装智能系统时，也设置了驾驶员关掉自动驾驶、恢复手动驾驶的操作规程，并写入使用手册。但只要不关掉这套智能系统，人类控制飞行姿态的努力，就会遭到智能系统的重新纠正。这就是说，在实际运行中，只要两种操作同时存在，人类的胳膊拗不过机器的大腿。完全可以说，不管工程师是怎么想的，如此技术安排，客观上说明，在人命攸关的飞行姿态决定上，人类已经交出了部分支配权，而在两种支配权同时有效的场合，机器决定人，已经成为现实。结果就出现了人机对抗 11 分钟，飞行姿态几经反复，最后还是一头栽向地面的悲剧。

至于为什么在两次空难中，这个将智能操作改为手动操作的保险设置没有起作用，已有多种解释，既有官方公布的原因，据说是因为两个传感器中有一个遭到飞鸟撞击，所以数据失真；也有媒体报道的，波音公司在培训新型飞机驾驶员时存在疏漏，如此等等。在最后令人信服的调查结论出现之前，无论猜测还是站队，都没有科学意义。

令人不安的是这两次空难的强烈象征意义，人与机器争夺控制权的情形终于离我们越来越近，不管人们愿意不愿意，接受不接受，即使不谈人与机器如何分配权力，仅仅如何落实人工智能引发的事故责任，也已成为一个绕不过去的法律问题。人工智能立法势在必行，而要通过立法把机器责任落到实处，仍不得不回到如何看待人工智能这个基本定位上。

一、落实人工智能责任,从哪里出发?

判断人工智能责任,必定基于对这一技术的基本判断,定位不同,观点自然也不同。从目前来看,存在两种基本定位,三种主要观点。

1. 工具定位与依附论

这种观点将具有人工智能的机器简单视为人类工具,无论技术如何发展,其根本性质始终是依附于人类,受人支配。所以,立法规范机器人的最终目标是协调人与人的利益关系,而关于机器责任的探讨,充其量只具有名义上的价值,其实质仍然不外乎在与机器相关的情境中对各方主体应该承担的责任做重新认定。简而言之,机器责任问题只同人有关,同机器无关。人的责任分配清楚了,机器的责任问题就解决了。

在人工智能工具论的主旋律中,可以清晰听出两个变奏,乐观的和悲观的。

乐观的态度来自一个简单信念。人类历史就是一个不断发明工具的过程,技术也可以纳入广义的工具范畴。每项重大工具的诞生总会给人类自身带来巨大挑战,甚至让人有天塌下来的感觉。实践证明,每次都是利大于弊,最后的结果总是人类战胜挑战,获得更大进步。在一些人眼里,这几乎已经成为"客观规律"!

人工智能技术可能带来较之以往更大的挑战,这个毋庸讳言,但人类支配自己发明的技术,并由技术进步而得到自我提升也同样不容置疑。

2019年8月29日在上海举行的"2019世界人工智能大会"上,阿里巴巴的马云和特斯拉的马斯克进行了一场对话,堪称世界级"鸡同鸭讲"。马云对人工智能持坚定的工具定位,表现出同样坚定的乐观态度,而马斯克则完全不在同一条轨道上。

马云认为:"很多人其实担心人工智能,但是他们需要对自己有更多的自信。我们今天有很多的事情没有解决方案,但是未来会有解决方案。我们会有解决方案,青年人会有解决方案,我是抱有乐观情绪的。"所以,马云很乐观,"我不觉得AI是一种威胁,我不认为人工智能是可怕的东西,因为人类很聪明,会学……我们觉得很好,很有意思,我们会拥抱它。"

因为乐观,马云愿意把人工智能称作"阿里巴巴智能"。确实,如果按照首字母缩写的规则,两种称呼都可以写作AI,但能否彼此替代,还看新解读注入了什么新含义。

老牌企业英国石油公司原来的英文名称是British Petroleum,缩写为BP。为了体现企业的价值观,公司后来把简称BP作为正式名称,并解读为"Beyond Petroleum",意思是,这家企业贡献给人类的不只是石油,还有环保。

马云的乐观不假,但对何以乐观却没有给出言之成理的论证,仅仅提出,"人类在过去所做的99.99%的预测都错的"。如此概括是否有统计依据,尚且成疑,即便确有其事,是否也适用于对人工智能技术做过于乐观的预测?如果每一代人都把问题解决的希望寄托于未来一代人更聪明,有能力解决今天的人造成的问题,从而为自己由着性子来而制造理由,那难免被后人解读为某种"我死之后哪怕洪水滔天"的不负责任！多年来，环保人士呼吁解决快递行业带来的包装材料过度消耗和环境污染问题，一直没有得到实质性改观，在中国最大电商平台那里可能也被交给下一代了吧。

即便同样认为人工智能只是工具的人士，许多对今天存在的技术滥用也深感忧虑。这种忧虑往大里说，认为人类发展出了不该发展的技术，最后可能给人类带来巨大风险。就像核能量的发现，可以用于发电，造福人类，也可以用于制造原子弹，让人类从此头顶"达摩克利斯之剑"。禁止智能机器用作作战手段的呼声由此而来。诡异的是，控制不了战争的人类竟然能够控制用于战争的手段，这太悖谬了。

往小里说，悲观者担忧的是，虽然人工智能技术本身是中性的，但一旦被坏人所用，就会危害善良无辜的人们。从数据泄密侵犯隐私、机器推送制造信息茧房、"换脸技术"被用于色情视频，到拍照比画"剪刀手"指纹遭破解后被用于盗窃，都是现实案例。所以，有效防范人工智能技术被不当利用已经成为相关立法的重大关切。

不过，无论怎么说，这些忧虑的潜台词都是：人工智能技术不是问题，开发或使用技术的人才是问题，因为人工智能只是工具，人才是决定性因素。在法律上，人工智能只能被看作权利客体，而对于权利客体，不存在权利和义务，也不存在机器责任。

2. 主体定位与独立论

独立论不是说科学家的目的就是研发出具有主体地位的人工智能技术，让机器与自己分庭抗礼，而是认为，无论人类怎么想，人工智能技术发展有其内在逻辑，终将不以人类意志为转移地产生出具有独立地位的机器人。所谓"超级人工智能""奇点"等概念的背后都有这样的定位和立论。

不排除还有一种可能,即人工智能技术的高度发展最后造成人类因为自身能力退化,而失去在人与机器关系中的支配权,机器按照自身逻辑引导人类走向有违本意的结果。

在这方面,近年来发展迅猛的算法推送信息,越来越暴露出机器逻辑的顽强。依托算法向个人提供信息,业内称为"喂料"。机器在投网友所好,定向推送信息时,表现出强烈的内容向下兼容的倾向,从而导致信息越趋低俗。其中起决定性作用的是点击率和点击转化率最大化逻辑。只要互联网追求流量规模效应的取向不变,看似中性的算法天然具有激发"半是天使,半是野兽"的人性中野兽一面的效应。

站在人类中心主义的立场上,为了避免人与机器关系的失衡和因为机器引发人与人的关系失衡,第一不能不考虑如何防范具有独立性的人工智能的生成。第二需要准备好,一旦生成,有足够的手段,包括技术的和法律的手段,来规范机器行为,调节人与机器的关系。由于人工智能技术的特殊性,在这个过程中涉及的法律手段,很可能超出人类已有的立法和司法经验。为此,大胆想象智能机器作为某种具有相对人类的独立性的存在,会给法律提出什么样的挑战,并跳出现有法律思维,对智能机器的责任展开思考,不但是合理的,也是必要的。

3. 人机结合与"类人"论

处于中间状态的是既不完全赞成把人工智能简单视为传统的工

具,也没有激进到把人工智能已经看作独立主体,而是采取了一种介于两者之间的观点。简单地说,人工智能是一种可能同人发生内在结合的新事物,需要我们采用全新视角来看待之。以今天已经达到的技术水平而论,人工智能既不是简单的工具,也远不是独立的主体。人工智能的想法并非都由人给予,而是它自己感知和判断所得。基本上就是科学家给了数据,人工智能利用算法,从数据当中得出结论,然后做出判断,采取行动。在这个过程中,很难区分它到底是独立主体还是传统的工具。如果是传统的工具,那么感知、判断和决策应该出自人。如果是独立主体,应该由机器自己完成。现在恰恰是人类给了一部分,人工智能自己形成一部分,而且没有人给的不行,没有自己生成的也不行。如此介于两个定位之间的"灰色存在",才是讨论机器人法律问题时真正的价值所在,当然也是麻烦所在。

事实上,目前人工智能技术在人机耦合的方向上进展迅速,对人工智能技术失控导致危害人类一直抱有忧虑的马斯克也宣布研发出利用"缝纫"技术把导线直接接入人脑,让电脑能由脑电波读取信息。如此发展下去,人与机器将在思维过程中融为一体,未来人类行为到底是在自由意志的引导下还是机器智能自作主张或者"诱惑"下实现的,将难以判断,责任由谁负,也将成为司法难题。

这种观点并非要求直接把机器人与人类相等同,也不要求机器人享受公民索菲亚的待遇,更无意在学理层面上重演类似的"法律闹剧"。它把智能机器视为"类人",不是人,但又不是传统机器,也不是使用立法技术"拟制"的人,而是一种介于人与传统机器之间的、尚未被人准确把握的"类人"。

二、不同观点从何而来？

在看待人工智能技术时采取依附论、独立论还是中间论的观点，同讨论者的立场有关，也同人工智能技术发展的现状有关，更同现有法律思维有关。

就立场而论，持依附论观点的人士，主要是技术派，对人类的能力具有无限信心，基于其人类中心主义的立场，从来不接受机器与人类平行的可能，更不用说机器凌驾于人类的可能。道理很简单，所有技术出自专家的发明，无论从理论、技术还是从生产上，他们都没有看见过任何有意志的机器，所以，关于机器独立于人，是天方夜谭，关于机器凌驾于人类的担心，只是现代版杞人忧天而已。

如此乐观主义的态度虽然对于人工智能技术发展来说足够友好，但从思想方法的角度来看，其不严谨也是明显的。以人类已有经验来预测未来，从来就是一件十分冒险的事情。仅仅因为以前发生过，而且发生过不止一次，就断定以后也会同样发生，通常被归入经验主义甚至日常意识的范畴。新事物往往是反经验主义的，基因突变完全可以在原有生物学理论完全解释不了的地方发生，否则流感病毒也不会让医学专家猝不及防。

在技术界，持有独立论观点的主要是那些具有人文情怀，并对技术发展所带来的人类效应高度敏感和关注的专家。他们看好人工智能在技术上的前景，但对前景中若隐若现的阴影部分，深感不安。

确实，以目前的智能水平，要让智能机器获得主体地位，为时尚早。但人工智能技术所取得的进步如此神速,这不是指在应用领域全面开花,成效卓著,而是说技术背后的原理或逻辑所显现的进步速度,让人不得不对人工智能技术做更加超前的思考。毕竟人类从未遇到过比自己"聪明"的物种,现在不但见到了,而且还是人类自己造就的,其能不能、会不会变得更"聪明",以至于失控,主动权还掌握在人类自己手里。在技术发展的十字路口,到底是放任技术发展,还是采用如同汽车 ABS 技术即"点刹",保持住研发的节奏,既让人工智能技术继续得到必要的制度空间,又不让无序发展放出宝瓶里的魔鬼,值得思考。在这层意义上,拒绝公民索菲亚,而提出"类人"概念是稳妥的、合适的。对作为工具的人工智能技术继续保持乐观,而对作为目的的智能机器人提高警惕,两者不但不矛盾,而且可以相得益彰,在更深层次上保证人工智能技术的健康发展。

法学界关于人工智能立法的讨论大多从工具定位出发,原因首先不在个人,而在学科。法律人习惯在现行的法律规定范围内说话,没有法律依据的话尽量不说,这是其法律素质的体现。毕竟,作为从业者,走在法律的前面,很难赢得诉讼。既然法律没有给人工智能提供权利主体地位,法律人自然只认"机器即工具"的死理。

说得再透彻些,许多法律人对法律本身也采取了工具主义态度,法律仅仅被视为调节人与人利益关系的手段,人有利益,机器本身没有利益,机器所体现的利益就是人的利益,所以,关于机器的讨论只有置于人的利益框架内进行才是合适的。

如此观点本身没有问题,而且在法律明显滞后于人工智能技术发展的背景下,对于推进相关立法建设也有所助益,值得深入全面地加以展开。但其明显的不足是将人工智能技术或智能机器人混同于传统的工具,未能聚焦于智能技术独有的特点及其对人类生存的深层次意义,让法律思维的内部空间一定程度上被闲置了,其结果是难以为人工智能技术的后续发展提供前瞻,也难以提出人工智能时代法律自身建设的突破方向。

相对来说,那些视法律为目的、擅长理论思考的专家,比较容易对人工智能采取独立论或"类人"论的站位,除了人工智能技术可能带来的公共或个人问题之外,法律本身可能因为人工智能技术发展而面临的问题,得到他们更多的关心。即便考虑到法律领域中的利益因素,对他们来说也是人类的整体利益和公共福祉,而不是智能机器的制造者、使用者或服务者等个体的商业利益。

在整体上,国内法律从业者中工具论或法条主义倾向相当普遍,站在法律的角度看人工智能技术,远比站在智能机器的立场上看法律,更为大家擅长和习惯。一旦遇到与现有法律思维相左的问题,自然会出现以现有法律为前提,将机器人之脚硬塞入现行法律之靴的本能或冲动。其结果不但会导致对人工智能技术可能带来的法律效应视若无睹,还会导致法律建设包括思维突破的契机被浪费。

现在的问题是,理论讨论可以旷日持久,"真理越辩越明",而实践不等人。随着人工智能技术的发展,应用场景中的法律问题不断涌现,迫切需要法律必须拿出近期方案,因为许多涉及人工智能的司法案件需要处理,不管有法、无法,司法机关对民事案件总要给出明确的说法。如此形势在方兴未艾的无人驾驶汽车这个领域中表现得似乎特别紧迫,完全可以作为预判人工智能法律效应的一个窗口。

三、无人驾驶汽车提出了什么法律问题？

现在人工智能领域最热火的话题莫过于无人驾驶，这既是因为生活的需要，也是因为技术本身的需要：是骡子是马，拉出来遛遛，才能让公众相信，人工智能技术果然管用。一辆成功的无人驾驶汽车远胜最厉害的 AlphaGo。

自动驾驶汽车由感知单元、决策单元和控制单元三部分组成。感知单元，就是传感器、感知算法。决策单元，就是机械控制电路、控制机械和数据分析。控制单元，比如控制界面、刹车和方向盘，能够根据这个信息做出决定的部分。这是无人驾驶的三个组成部分。自我感知、自行判断、自主行动，是无人驾驶区别于传统机器人的本质特点，一旦出事，引出的法律问题就与此有关。

1. 世界首例无人驾驶致死案

有一位美国人是"无人驾驶汽车控"，超级喜爱无人驾驶汽车。无人驾驶的特斯拉 Model S 一上市，他就购买并开上了街。没承想，就此创造了一个世界纪录——全球首例无人驾驶汽车致死事故。

2016 年 5 月的一天，他坐在无人驾驶的驾驶人座位上，没有像往常那样，把手放在方向盘上，既称无人驾驶，哪里需要人管？佛罗里达州的阳光比较强烈，迎面方向驶来了一辆白色的大卡车。无人驾驶汽车的感知系统没有分辨出过来的是大卡车，处于"无人驾驶"模式下的汽车，没有避让或刹车，直接插入大卡车的底部，车里的男子当场死亡。

诉讼来了，相关材料放到了法官的案上：无人驾驶汽车发生致死事故，责任归谁？

如果归车主，会有问题。车主相信无人驾驶技术，认为在自动驾驶的模式下，不用手握方向盘。无人驾驶还要人自己操控方向盘，不成了多此一举？

如果归无人驾驶汽车的公司、生产者，也有问题。生产者会说："虽然号称无人驾驶汽车，但还没有完全做到，驾驶人还应尽一个义务，在行驶时，手不能脱离方向盘。虽然不用时时操控方向，但要做好准备，随时接管汽车。当无人驾驶系统发出警示后，6秒到12秒内必须接管汽车。"

如果归对方车主，也有问题。大卡车没有违反交通规则，是无人驾驶汽车自己插入车底的，怨不得人。

责任到底应该谁来承担？

经过6个月的调查，美国道路交通安全管理局（NHTSA）最后认定：特斯拉汽车所装备的Autopilot系统不存在任何缺陷。该做的警示都有了，该有的操作也有了，没有缺陷。但特斯拉使用"自动驾驶"这个词语，夸大了汽车的性能，误导司机对汽车产生超过预期的信任。

就这起事故，美国道路交通安全管理局虽然做出了两个裁定，但仍然没有明确给出责任的归属。

对此，特斯拉的老板埃隆·马斯克回应道："我们目前的自动辅助驾驶已被证明能提供比手动驾驶更好的安全性，在道路致死率上面是世界平均水平的1/3。退一万步来讲，即便我们的系统只比人工驾驶好上1%，那么在一年因为车祸导致死亡的120万人里面，我们也能拯救 12 000 人。所以我觉得，拥有这种能够提高安全性的技术后，仅仅因为害怕舆论或者法律起诉就雪藏起来，这在道德上是错误的。"

马斯克只管论证无人驾驶的社会价值，可以给普通人和社会总体利益带来多少好处，远远超过人工驾驶，由此得出结论，推出无人驾驶是有意义的。这是一位技术创新型企业家的思路。

但是法律不是这么考虑问题的。意义归意义，法律的职责在于设定规则调整人际关系，在技术革新和人类安全之间达成平衡。"鱼和熊掌"都需要，关键是如何通过调整法律，来有效平衡技术创新和社会效益。

四、对无人驾驶汽车事故，法律怎么处理？

面对特斯拉事故引出的无人驾驶汽车责任问题，在现行的法律框架内，大致有机动车致害责任和产品责任两种归责路径。这里先讨论机动车致害责任路径及其利弊。

按照现行法律，需要从权利义务的关系上去探究这个事故的责任。在法律上，义务指的是个人应该做的事情。义务与权利相对，有什么样的权利就有什么样的义务，而违反了义务，才有责任。

比如，消费者在网上购物，支付了 1 000 元钱，结果却没有拿到预定的货物，这就有问题了。按照合同，消费者尽到了义务，支付了 1 000 元钱。如果店家不给货物的话，就是违反义务，这样就进入了责任领域。违反义务必须承担责任。

在民法上，与责任相关的最主要原则是人只为自己的行为负责。

店家不给货,没有履行义务,消费者不能去找店家的父亲,让老人给。店家的父亲根本不会搭理。他会说:"这是我儿子答应你的,不是我答应你的,他已经超过18岁,成人了,由他自己负责。"这就是说,法律的基本原则是个人只为自己的行为负责任,不为其他任何人的行为负责任,除了受自己监护的人之外。再进一步讲,法律规定,个人只为自己的过错行为负责任,没有过错也不负责任。一个人遛狗,用绳子牵着,在街上走。有个路过的人看见很喜欢,逗弄一下,结果被咬了。因为狗把人咬伤了,按照法律,狗主人应该负责任。但在这个案子里,可能不用担责,因为路人逗弄小狗在先,他有过错,狗主人没过错。一般情况下,个人只为自己的过错负责任。当然,有时没错也需要承担责任。

驾驶车辆在道路上行驶,与行人发生相撞。这时,无论驾驶员有没有过错,都要负责任。因为拥有"钢铁之躯",速度快,即便一切行为都符合交通法规,驾驶员也有责任,称之为"无过错责任"。

按照中国现行的《中华人民共和国道路交通安全法》,交通事故的法律责任通常是这么处理的。

谈到法律,有一句话耳熟能详:以事实为依据,以法律为准绳。诉讼必须参照法条,而在处理道路交通事故责任时,最主要的条款是《中华人民共和国道路交通安全法》第七十六条:"机动车发生交通事故造成人身伤亡、财产损失的,由保险公司在机动车第三者责任强制保险责任限额范围内予以赔偿;不足的部分,按照下列规定承担赔偿责任:(一)机动车之间发生交通事故的,由有过错的一方承担赔偿责任;双方都有过错的,按照各自过错的比例分担责任。(二)机动车与非机动车驾驶人、行人之间发生交通事故,非机动车驾驶人、行人没有过错的,由机动车一方承担赔偿责任;有证据证明非机动车驾驶人、行人有过错的,根据过错程度适当减轻机动车一方的赔偿责任;机动车一方没有过错的,承担不超过百分之十的赔偿责任。"

在日常生活中,基本上每个案件都会适用这个条款。按照这一条款,当发生事故造成他人伤亡、财产损失时,不管谁的责任,先由保险公司赔付。保险不能覆盖的部分,才由双方根据情况决定责任分担。

具体分配时,又分两种情形:一是如果车与车相撞,就看哪辆车有过错,如果都有过错,就看谁的过错大,根据过错大小分担损失。二是如果车与人相撞,无论机动车有没有过错,都要承担责任。如果行人有过错,在过错的范围内减轻车的责任。在车撞人的场合,无论驾车人有没有过错,都要承担责任。

五、面对无人驾驶,法律在立法技术上需要做何调整?

一旦采用人工智能技术,引入无人驾驶系统,情况就发生了变化。这里有一个重要的转换。生产这套系统的生产商同时也是开车的人。现在无人驾驶汽车没有想象的那么先进,不能完全无人,需要有一个驾驶位置和方向盘。无人驾驶的汽车也需要有人坐在驾驶席上,并有义务把手放在方向盘上。由于在正常情况下,已经不是人在开车,而是人工智能系统在开车,所以真正的驾驶人不是坐在驾驶席上的人,而是生产智能系统的生产商。经过这个转换,生产者变成驾驶人。根据《中华人民共和国道路交通安全法》第七十六条轮到生产者来承担责任了。

生产者变成了驾驶人,听上去很在理,但在法律上,仅仅在理是不够的,还必须有法律依据。合法合理合情,合法是第一位。这里不妨到《德国道路交通法》中去找一下,比如其第 2 条第 15 项第 2 句就对驾校的教练为驾驶人的情况做出了法律规定,即如果驾校的教练陪着驾驶员去路考,出了事故,教练应被视为驾驶员。事实上,学开车的人要达到合格驾驶员的水平,教练必须担负一定的责任。德国的法律规定提供了一个参考,教练本来不是驾驶人,但在法律上可以视为驾驶人。以此类推,把生产者视为驾驶人,也有了依据。在法律上,这种技术上的处置就叫"拟制"。

这个解决方案的实质是把智能系统的生产者视为驾驶人,来追究其道路交通事故责任。按照这样的策略,基本可以解决现在的无人驾驶带来的问题。不过,也引出了另外一个问题。

六、自动驾驶模式下自然人有什么义务?

上述解决方案通过将智能系统"拟制"为驾驶员,说直白些,也就是将机器"拟制"为人,成功地把责任从驾车人转为无人驾驶汽车的生产商。如此转换虽然在法律上能够成立,但真要让生产商特别是马斯克这样创意满满的人认可,还是有难度的。在现有技术水平上,无人驾驶真的不需要人了吗?智能系统出问题发生事故,驾驶人真的不需要负责任?人可以把自己的责任全部转嫁机器,自然人真的可以利用拟制人来摆脱责任承担了吗?

不妨来看看现在无人驾驶汽车对驾驶人的要求。

表 3-1 自动驾驶分级

自动驾驶分级 NHTSA	自动驾驶分级 SAE	名称	定义	驾驶操作	周边监控	接管	应用场景
L0	L0	人工驾驶	由人类驾驶者全权驾驶汽车	人类驾驶员	人类驾驶员	人类驾驶员	无
L1	L1	辅助驾驶	车辆对方向盘和加减速中的一项操作提供驾驶，人类驾驶员负责其余的驾驶动作	人类驾驶员和车辆	人类驾驶员	人类驾驶员	限定场景
L2	L2	部分自动驾驶	车辆对方向盘和加减速中的多项操作提供驾驶，人类驾驶员负责其余的驾驶动作	车辆	人类驾驶员	人类驾驶员	限定场景
L3	L3	条件自动驾驶	由车辆完成绝大部分驾驶操作，人类驾驶员需保持注意力集中以备不时之需	车辆	车辆	人类驾驶员	限定场景
L4	L4	高度自动驾驶	由车辆完成所有驾驶操作，人类驾驶员无需保持注意力，但限定道路和环境条件	车辆	车辆	车辆	限定场景
L4	L5	完全自动驾驶	由车辆完成所有驾驶操作，人类驾驶员无需保持注意力	车辆	车辆	车辆	所有场景

表 3-1 中完整列出了无人驾驶汽车所有的等级，特别是在不同等级的无人驾驶中，作为自然人的驾驶员应该履行的相应义务。

L0（人工驾驶），操作的是人类驾驶员，周边监控是人类驾驶员，接管也是人类驾驶员。也就是一个人自己开车，需要履行所有义务，遇到紧急状况，必须及时做出反应。既然由人驾驶，那就没有机器什么事。

L1（辅助驾驶），自动巡航。又称巡航定速，就是汽车启动之后经过一定时间，驾驶员松开油门，汽车也能以一定速度自动行驶。除非驾驶员做出踩油门、刹车等动作，否则汽车速度不变。L1 代表一定的辅助驾驶功能。

L2（部分自动驾驶）驾驶车的是车辆，周边监控、接管是人类驾驶员。汽车行驶途中，人要进行监管，看周围有没有紧急情况，一旦出现，就要及时接管，所以，驾驶人的手必须保持在方向盘上，就像平时手动驾驶时一样。

L3（条件自动驾驶）阶段，驾驶操作的是车辆，周边监控是车辆，接管是人类驾驶员。这时候,人类已经从驾驶的功能当中脱离出来了。开车和监管的都是智能系统,人还有一定的义务,但明显减少,只要把手放在方向盘上,一旦智能系统发出预警,马上接管就可以了。

当下无人驾驶的智能系统大致处于L3(条件自动驾驶)和L4(高度自动驾驶)之间,L4(高度自动驾驶)和L5(完全自动驾驶)就是真正的无人驾驶,一切不用人管。到那个时候,驾驶人完全没责任,一切责任都在生产商那里,因为无论致害责任还是产品责任,生产商都躲不掉了。

七、产品责任路径如何归责?

在日常生活中,产品责任可以理解为使用者没有责任,问题的根源在产品本身,而不是使用不当。

消费者买了一台电视机,看着看着电视机爆炸了。不巧的是,看电视的人中有来访的客人,也被炸伤了。如果主人没有任何不当操作或其他行为,这个伤害事件就涉及产品责任,而产品责任由生产者负责。

无人驾驶汽车肇事,问题的原因有很多,可能是刹车失灵、方向盘失灵,如此等等,但最典型、最主要也最具挑战性的是算法出了问题。在道路安全事故的思考路径下,生产者永远要负责任,因为智能系统是驾驶人。但在产品责任的路径下,就不一定这样。如果生产者能够证明产品没有缺陷,人工智能的算法没有问题,就不用负责任。

人们可能不明白,法律怎么会两可?采用第一种方案,生产者要承担责任,采用第二种方案就不用承担责任,这不是没准了吗?

是的,在法律上,这属于诉讼策略。驾驶人如果选择道路安全路径,可能就赢了,生产者要赔偿;如果选择了另外一条路径,驾驶人就要付出很大代价。因为如果生产者可以证明自己的产品良好,算法没问题,车也不存在缺陷,就不用负责任。

对于无人驾驶汽车来说,关键在于算法的缺陷如何认定。法律上规定的汽车产品缺陷有很多,比如制造缺陷、设计缺陷、警示缺陷。这里只讨论设计缺陷。如果程序员在设计算法时,留下了缺陷,而且可以证明,那直接让生产者负责任就可以了。问题是算法具有不可知性,即便是设计者也很难进行解释,也就是所谓的"算法黑箱"。不要说普通法官没有能力介入算法,就是程序员本人也没有能力介入"算法黑箱",说不准算法当中究竟哪一层出现了问题。在运用人工智能技术的场合,发生问题之后如何归责,面临的最大难题就是算法不具有可解释性。

当无人驾驶致害,又不能确定算法有没有缺陷时,法庭仍然需要做出责任判断,并据此要求生产者完善设计制度。具体的办法很简单,简单到粗暴的程度:既然生产者解释不清楚,那就说明有缺陷。将举证责任倒置,生产者解释不清楚,就判断产品有缺陷。

法律如此粗暴,很难取得令多方共赢的理想效果,毕竟除了诉讼结案之外,法律还要做出社会总体的价值衡量,尤其要考虑技术创新的社会价值。要是只管怎么简单怎么来,那法律职业肯定名列最早被人工智能取代的行业清单。

八、生产者如何借发展风险以自保?

如果法官选择,在自动驾驶汽车的生产者不能证明产品的算法没有缺陷的情况下,适用产品责任,如此对于生产者肯定过于严苛了,不利于技术创新和技术运用的创新。所以,需要法律继续进行利益平衡,给生产者一个理由,使之可以不担责任,这个制度被称为"生产者发展风险抗辩"。

一方面,如果产品存在缺陷,造成人身财产损害,生产者应当承担赔偿责任。另一方面,生产者如果能够证明有下列任一情形,就可以不承担赔偿责任:一是未将产品投入流通的,即产品并没有投放市场,却被人拿去用了的情形;二是产品投入流通时,造成损害的缺陷并不存在的,也就是被使用者用坏了,才导致损害发生的;三是将产品投入流通时的科学技术水平尚不能发现缺陷存在的。这第三项就是发展风险抗辩,其隐含逻辑是技术永远是发展的,生产者不能避免技术上尚未发现的缺陷。

参照这一项,就可以找到人工智能的一个关键特点。无人驾驶汽车必须随时同环境进行交互,其智能水平是在投入使用后逐渐提高的,可能超出设计者原来的预期。这意味着,再认真的科学家,再仔细的程序员,也难以完全预见其将来会采取什么动作。所以,不能简单使用产品缺陷的举证倒置归责方式。

只是如此一来,但凡自动驾驶汽车致害,生产者都可以用这种抗辩,弄得好像发展风险抗辩是为不可解释的算法所专门设计的一样。法律先判定生产者一个严苛的责任,再给一个宽泛的抗辩,这到底是要还是不要生产者负责任?

九、召回义务能破解两难吗?

既要给技术创新留出发展空间,又不能让生产者心存侥幸,不思进取，最后造成巨大的社会风险，法律还需有高招。

法律规定，任何产品投入流通后被发现存在缺陷，生产者、销售者应当及时采取警示、召回等补救措施。未及时采取补救措施或者补救措施不力而造成损害的，应当承担侵权责任。无人驾驶汽车一旦发生事故或者在出现事故之前，生产者意识到算法或其他设计存在不适用现在的情况，就负有召回的义务。按照这一法条，自动驾驶汽车的生产者有义务在技术落后之后，及时予以更新，其中主要就是更新和升级算法，这其实也是一种变相的召回。

围绕无人驾驶汽车致害责任归属的两种法律路径，属于现行法下不得已而为之的解决方案。现行法还没有为人工智能驾驶系统创造一个特殊的规则。希望无人驾驶达到 L4、L5 等级时，人工智能已经进入强人工智能阶段，其适用场域将更加广阔。此时，承认人工智能的主体地位，让自动驾驶汽车自负责任，或许具有了法律可行性。

让无人驾驶汽车自负责任，办法很多。比如，可以设定保险、保障金、储备金等，让责任得到全方位的切实覆盖。这样能更好地服务普通的消费者，更好地鼓励生产者进行技术更新，而责任则落到无人驾驶汽车为止，不再延伸到生产者、设计者、销售者和使用者。当然不难看出，所有这些法律资源根本上还是立足于人的，并不是真正着眼于机器具有智能，成为独立主体的未来情形。

十、召回本身也是一个两难吗？

人类希望无缺陷的技术，但是我们不可能研发出无缺陷的技术。有些缺陷，人哪怕知道，也没有办法，甚至连召回都无法实施。

评判产品缺陷需要标准,缺陷而至于需要强制召回,不能没有法律的支撑。但关于产品缺陷的法律规定,不但需要考虑生产者对消费者的义务,也需要考虑生产者的承受能力。世界上不存在没有缺陷的产品,弥补缺陷不但需要考虑技术可行,还需要顾及财务平衡。

就汽车安全而言,一则必须考虑汽车给人带来的方便,不能以牺牲便利性来保证安全,否则,待在家里肯定比坐汽车里安全,让汽车以每小时 1 千米的速度行驶,也肯定比每小时 100 千米安全,不计油耗的话,坐坦克肯定比坐轿车安全,如此等等,都不属于"合理预期"的需求范围。二则必须考虑,相比总统座驾,普通家用汽车在安全上都是不过关的。要想达到一样的安全系数,普通消费者要么掏出远高于现在的金钱,要么先争取当上总统,再来解决汽车的安全问题。

马斯克之所以用手动驾驶的致死率作为无人驾驶汽车撞死人的辩护理由,就是用了合理预期概念:手动汽车致死率高多了,公众尚且能够容忍,何必对无人驾驶汽车偶尔撞死人揪住不放?

所以,如何从法律上确定缺陷,进而引发强制召回,需要有专门设计的技术标准和认定方法。法律规定了安全生产标准,同时容忍合理预期范围的"欠安全"。这就是说,某种产品比如汽车,虽然符合安全标准,但并不代表绝对没有缺陷,关键在于缺陷有没有超出消费者对同类产品的安全预期。

国外有一种法律理论,主张通过替代产品的"成本和收益"计算来决定某种产品是否存在缺陷。如果采用替代产品能够带来更好的效果,同时不会导致成本大幅提高,收益大幅下降,超出生产者承受能力,那么替代是可取的,缺陷是存在的,召回就是必须的。否则,不予认定缺陷,也不强制要求召回。

在汽车制造行业，中国很晚才实施召回制度，导致一些外资品牌制造厂商在世界范围召回存在缺陷汽车的时候，却拒绝向国内消费者召回同类型汽车。对此，中国消费者愤愤不平，认为是公开的歧视。其实，如此情形同歧视无关，而在于当时中国没有建立缺陷产品必须召回的制度。

中国未能及时建立召回制度的真正原因，不是为了外资企业的方便，而是为了给国产汽车留出发展空间。国产汽车刚刚起步，技术缺陷在所难免，一有问题就召回，生产者只能关门大吉。这时候，因为缺陷带来的风险不得不部分转嫁给国内汽车的购买者和使用者，一旦发生事故，则通过保险、基金等方式转而由全社会来分担。

这里不但有一个利益上的平衡点，还有一个时间上的平衡点。在法律和政策的呵护下，国产汽车发展起来了，承担成本的能力也加强了，到这时候，召回制度必须适时建立，否则不但会导致消费者利益的无谓损失，而且还会助长国产汽车生产商依赖制度，在技术水平上不思进取的惰性。所以，召回与否，不只关系到某一群体的利益，还要有整体的统筹。

其实，在中国社会老龄化乃至高龄化趋势严重，人口红利渐趋消失的形势下，承担生活服务的智能机器人远比无人驾驶更有社会需求。越来越多的老人一方面缺乏子女照顾，让一对育龄阶段的职场青年，在抚养子女的同时，还要照顾4个甚至更多的老人，无论如何是忙不过来的；另一方面，又进不了养老设施，因为人数实在太多，容纳不下。在此情况下，如果有机器人能承担服务功能，当然是一件功德无量的好事。可是，以目前的智能和机械水平，在服务的过程中，如果发生机器人因为缺陷而导致老人受到伤害，在责任认定上，应该如何处理?

归责于老人是不合理的,也是不人道的。归责于机器是无法落实的。归责于购买机器人为老人提供服务的子女,难免影响他们的购买积极性,最后加剧养老问题。归责于生产者则会阻碍服务机器人的供应和改进。

在资源供应与社会需求失衡的前提下,必须合理设计法律制度,更好地平衡不同利益。既要让技术进步造福老人,便利子女,又要确保人的安全,尤其是作为弱者的老人权益,还要维护生产者的积极性。鼓励技术创新,鼓励机器人进家庭,进养老院,做一些人能做但没有时间做的工作,让更多的老人能够颐养天年,年轻人能有自己独立的生活,这才是大方向。

所以,即便发生家庭内服务机器人侵权,在责任归属的问题上,还要兼顾老龄化程度、养老服务业发展和机器人达到的技术水准,将这些因素综合以后,才能最后决定生产者、"倒霉的消费者"和全社会各自承担多少责任。一旦发生机器人致害老人时,是否需要大规模召回,至少在初期,还需要斟酌。

十一、问责机器还是豁免个人?

上述讨论看似很有道理,说清楚了人工智能驾驶运用中的责任分配,其实什么都没讲,因为里面的主角依然是人,不是机器。围绕责任落实的人工智能立法很容易在问责机器的名义下,最终只是豁免生产者、购买者或使用者的责任,并没有半点责任落到机器的身上。

这种看待和解决机器责任的思路一则来自人工智能技术发展的

现状，在机器还没有能力承担责任的情况下，过于超前地追究机器的责任，哪怕设计再周全，最后也必定落空，无所归其责。二则在机器仍然为人造的前提下，所有责任最终离不开人。至于人在机器行为及其引发的不良后果中，应该承担多少责任，不管理论上可以有多少演绎，现实中都只能向人问责。

这两个原因共同导致至少在目前，理论推导可以走得很快，几近科幻，而实践上必定按部就班，许多时候甚至就是原地踏步。真有实效的还是探讨和探索如何在人类自身的两个层面，即个体和整体上，针对因为人工智能技术大范围运用而出现的责任性质变化，重新做出界定和分配。在个体自由意志受到人工智能侵蚀的情况下，固执于传统的责任观，肯定无助于解决智能设备引发的新问题，搞不好，还会导致人工智能技术要么发展受阻，要么运用失控。

马斯克为特斯拉事故所做的辩解，当然有开脱责任的意思，这符合资本的一般逻辑。但其中体现的个体利益与社会效益的区别与关联的责任判定思路，对后续人工智能立法不无借鉴之处。"解铃还需系铃人。"人类制造的问题，最终只能通过人类自身的改进而得到解决。

总而言之，机器责任的落实是一个动态过程，一定会伴随人工智能技术发展而趋于成熟与完善。法律无须过于超前，但相关思考必须未雨绸缪。尤其应该清醒意识到，在现有法律框架内求解得解的方案，未必是未来实际采用的方案。尤其是在强人工智能被定义为同人类相当的情况下，仍然站在人类中心主义的立场上为人工智能立法，能否奏效，都可能成为问题。在人机同法之外，二元法制会不会成为一个更有可能的选项，仍有很大的讨论余地。

第四章
机器人如何平衡权利与义务？

在日常使用中，同一个责任概念在不同场合往往具有不同的含义，相互之间既有重合之处，也不乏明显差异。不过，在理论讨论时，专家们还比较一致，主要有两种用法：

一是把责任归入道德范畴，某个具有自由意志的人自觉或不自觉地做出的行为，造成了一定的结果，因此必须承担相应的责任。这种责任可以是共同体基于已有的共识而要求于个人的，也可以是个人基于自我修养而加诸自身的，两者通常并不矛盾。比如，当我们赞许某个人时，会说："这人真有责任心"，其中往往伴随了对此人遵守社会规则的肯定和严于律己的认可。这属于广义的责任解说。

二是把责任视为法律范畴，自然人或法人因为未能履行法律规定的义务，或在履行义务时存在过错，所以，必须承担相应的责任。在这里，责任可以同个人的主观意向有关，也可以关联不那么直接，法律承认"过错"，就传递了不当行为即使并非故意，也不能完全免责的意思。由于责任一定与义务相关联，没有义务就无所谓责任，而义务本身必须与权利相对等,没有不具有权利的义务,也没有不具有义务的权利,所以,责任同权利也存在关联。

显然,前面在自由意志的范围内进行的讨论,偏重于道德责任,而有关人工智能技术应用场景中的责任分配问题,主要涉及法律责任。对于人类来说,道德责任的自由度更大,而对机器人来说,法律责任更有实践意义。所以,就法律责任概念做出明确界定,梳理清楚从责任到义务,再到权利这一概念链条和其中的逻辑关联,在思考机器人责任时,更有必要。

由于权利作为自由意志之行使,直到目前仍然为人所独有,不为任何非人的物种或物体所分享,这带来一个理论上无解的难题。只要不承认机器人具有自由意志,不承认机器人拥有权利,自然也不承认机器人需要履行义务,那就无法落实机器人的法律责任,所有关于人工智能立法的尝试,只能在人身上打转,难以取得实质性的突破和拓展。

在法学家受困于既有思维的瓶颈之时,科幻作家则早在这一轮人工智能技术爆发式发展,甚至在任何具有智能的机器出现之前,就提出了自己的设想。他们设计的"机器人定律"或"机器人原则",固然只是关于尚未诞生的"新智能物种"的"虚像",但透露出来的是人类思考此类问题所采用的思路、局限,还有思维盲区。严肃的人工智能立法不会仿照,但会参照。"人,认识你自己。"在人工智能立法中就像在其他许多场合中一样,是一种确保我们行有所成的智慧。

在科技高速发展的现代社会中,卓尔不凡的科幻作家以自己的想象力,不但是科学家的好朋友,也是立法者的好朋友。不过,在请这些先驱者登场之前,不妨先为他们做些法律基础知识的热场。

一、法律是如何界定责任的？

在日常用语中,一个人有责任这么做,相当于有义务这么做,普通中国人不善于对责任或义务的法律属性和道德属性做清晰的区分。

其实,广义的法律责任指任何组织和个人都负有遵守法律、自觉维护法律尊严的义务。换言之,也就是指自然人或法人负有对法律本身的责任。

狭义的法律责任指违法者对违法行为所应承担的具有强制性的法律上的责任。法律责任同违法行为相联系,自然人或法人只有在实施某种违法行为的情况下,才需要承担相应的法律责任。对于某些违法行为,只要实施了这样的行为,是否产生不当后果,不能改变责任的定性,但会影响到被追究的责任大小。酒后驾驶未必导致交通事故,但为了防患于未然,法律规定只要酒后开车,而且经呼吸或血液检查达到100毫升血液中酒精含量大于或等于20毫克时,就被界定为酒驾,大于或等于80毫克被界定为醉驾,超过这样的标准,驾驶员将按照相关法律分别受到扣分、罚款、暂扣驾驶证、拘留乃至判刑的处罚。

法律责任不但有明确而具体的规定,而且由国家强制力来保证执行,并由国家授权的机关依法追究,按规定给予法律制裁,其他任何组织和个人无权染指此项权力。

街上有人偷窃,路人可以当场制止,偷窃者逃逸时,可以协助抓捕,但不能逮捕、殴打、囚禁或审讯小偷。见义勇为一旦超越法律规定的限度,同样会被依法追究责任,最终领受的处分可能比偷窃还重。

机器人立法之所以重要,是因为在人与机器之间划定责任时,也需要以国家强制力为保证,而只有经过立法程序,才能明确对包括机器人在内的各方的责任认定,才能由国家按照相关规定,实施对智能机器的责任追究或对某一法律主体的责任豁免。

法律责任根据自然人或法人行为及其后果的性质和程度,具体分为刑事法律责任、民事法律责任、行政法律责任等。在目前的应用场景下,人工智能更容易因为技术不成熟而造成民事侵权,即便发生人身伤害事件,通常也是因为技术缺陷所致,既非故意,影响范围也较为有限。所以,有关机器人责任的探讨,可以仅限于民事范围之内,至于未来超级人工智能可能对人类造成的威胁,不妨留待以后讨论。

不过,在一些专家看来,事情恰恰相反,那部分具有刑事性质的责任才更有探讨的价值。毕竟现在对人工智能技术的发展前景心怀忌惮的人士,最害怕的是公民索菲亚在被问及"最想干什么"时,直白而骇人的回答:"毁灭人类!"明明是汉森公司的营销噱头,但在许多看着人工智能迅速发展本就惶惶不安的专家眼里,正好再次佐证了他们的担忧。

所以,这里不能不把机器人可能犯下的最严重罪行——"反人类行为"的法律责任一起纳入讨论之中,甚至还不得不从这个对人类具有生死攸关意义的机器人责任说起。

二、权利与义务为何需要对等?

在法律上,权利与义务必须对等。没有不具有权利的义务,也没有不具有义务的权利。

所谓"权利"指公民依法享有的权力和利益，或者法律关系的主体在法律规定的范围内，为满足其特定的利益而自主享有的权能和利益。权利是一个法律概念，一般指通过法律赋予人们的权力和利益，即自身拥有的维护利益之权。它表现为享有权利的公民有权作出一定的行为和要求他人作出对应的行为。

权利通常包含权能和利益的两个方面。权能是指权利得以实现的可能性，它并不要求权利的绝对实现，只是表明如果付诸行使，权利所对应的现实是可以有把握地实现的；利益则是权利的另一个主要表现形式，是权能现实化的结果。权能具有可能性，利益具有现实性。权能是可以实现但未必实现的利益，利益是被实现了的权能。因此，权利有着应然权利和实然权利之分，即应该享有的权利和实际行使的权利。在现实生活中，应该享有的权利未必得到实际行使，而当事人并没有任何压抑感，也是常有的事。

义务是权利的对称，指公民或法人按法律规定应尽的责任。为了维护公共秩序，调节人际关系，法律对公民或法人必须作出或禁止作出一定行为的约束。义务与权利必须相一致，不可分离。

对于个人来说，现实生活中的权利和义务有时分得很清楚，有时分不清楚，甚至直接混同在一起，就看从哪个视角来看待。义务教育既是学龄段未成年人获得教育的权利，也是其必须接受教育的义务。因为未成年人无法履行义务，所以必须由其监护人来确保学龄段孩子完成学业。

权利与义务必须对等，在生活中可以这么理解。权利代表了一个人为了自己的利益，愿意采取的行为和希望得到的结果，而义务则是公民不得不做出的行为和未必愿意接受的结果。当然，这种愿不愿意在每个人身上未必相同。同样暑假之后即将开学，有些孩子最盼望的是重回课堂，而有些孩子却已开始期待寒假的到来。所以，权利和义务作为法律规定，不以个人好恶为转移，如果个人愿意，完全可以把义务当权利。日常语言中，义务时常被用于个人主动承担社会责任的场合，比如志愿者为他人或公益事业提供无偿的服务或捐献，就是主动履行道德义务，却没有任何被强迫的感觉。反过来，为了照顾他，不让做，还会被指责为："侵犯了我的权利！"

总之，在严格的法律意义上，权利或者义务首先表明的是一种法律态度及其相应的作为：公民行使权利，可以得到法律保护；公民不履行义务或履行义务不当，会受到法律惩罚，即所谓承担责任。如此而已。权利和义务必须对等，因为权利是公民履行义务的动力。对于公民来说，权利具有主动的属性，而义务具有被动的属性。只有给予权利才能产生激励或驱动效应，让个人更好地履行义务。

对于历史上存在过的奴隶，或者今天仍然在世界某些角落中存在的奴工来说，最起码的权利是活着，如果主人想要小奴隶，那么必须让这些男女有机会"造人"，如果不想让干活的人手减少得太快，那么在他们生病时，必须给他们治疗，当然治疗费用不能高于收购价格。至于其他待遇，就看主人的心情，但有一点是不变的，即奴隶享受的权利通常与他们提供的劳动成果相匹配，拥有特殊技艺的奴隶往往也能享受更好的待遇。

任何权利义务都存在于人际关系，包括个人与他人、个体与整体的关系之中。在纯粹个体生存的场合，无所谓权利或义务。这意味着，任何人行使权利，总会因为对他人乃至社会的影响，而需要得到他人或社会的承接、容忍或者配合。在一方是权利,在另一方就是义务。只有权利,没有义务,那就是近代政治学家如英国的霍布斯所设想的"自然状态",缺乏对方义务与之相匹配的个体权利,只会造成"人对人是狼"的情境,再多权利也是空中楼阁,毫无意义。

因为权利和义务背后存在着人的好恶,所以调整权利义务,使之更加合理,成为一种管理的智慧。当年奴隶贸易盛行,从非洲通过航船向美洲运输奴隶,开始时按照上船人数计价,结果发现,途中病死者众多。原因很简单,奴隶死亡对船主有百利而无一弊,收入既不受影响,病死了扔海里还节省运输途中一应开支,所以,无论客户如何要求船主提高奴隶的存活率,都无济于事。后来改变了计价方式,从按照起运时的人数计算,变为按照到达时的人数计算,船主再也不敢让奴隶随便死亡,否则奴隶吃亏,他也占不到便宜。

运输货物的过程中,收费是权利,保证货物安全送达是义务。计价方式不合理,意味着权利与义务不平衡。如果履行义务不到位,权利收益反而更大,那船主怎么会尽心尽力履行义务?运输费计算方式的调整扭转了双方权利义务失衡的局面,才使最后结果更加符合包括奴隶在内的多方利益。

如果说,人类历史就是一个通过权利义务的设计让两者在更合理的基础上实现平衡,从而不断提高社会活动效率的过程,那么现在的问题是,这个权利义务相匹配的合理化过程同样适用于机器人吗?

三、阿西莫夫如何给机器人立法?

让自己摆脱繁重枯燥的劳动,是人类创造机器的初衷。机器的自动化程度越高,意味着人类越不需要自己操劳。自工业化以来,机械自动化趋势有增无减,人工智能或机器人只是人类状况普遍改善中最近的一环。

然而,人类是一种多疑的动物,而且习惯以自己的思维和立场来猜度别人,包括机器人。机械自动化程度越高,人类对机器的担忧也越甚,钢铁之躯哪天独立了,不听人类使唤,甚至反过来威胁到人类,血肉之躯何以自处?

人类发明机器人的过程,也是给自己制造梦魇的过程。

自动化机械诞生之后,远在伶牙俐齿的索菲亚出现之前,科幻作家就开始思考如何给未来有自主行为能力的机器人设计规则,其中最广为人知的是阿西莫夫的"机器人三定律"。

艾萨克·阿西莫夫(1920—1992)是美国著名科幻小说家、科普作家、文学评论家。他在《我,机器人》的引言中提出了"机器人学的三大原则",后来被称为"机器人三定律":

定律一:机器人不得伤害人类,或看到人类受到伤害而袖手旁观。

人类出于对机器的恐惧,才给机器人定规矩,第一条规矩就是不能伤害人类,这很正常。但人类并不满足于不受机器人的伤害,要是只有这一条,那还不如不生产机器人。得陇望蜀,还要加上一个要求,但凡遇到人类可能遭受伤害的情形,机器人必须"见义勇为",该出手时就出手,维护人类利益。

定律二:在不违反第一定律的前提下,机器人必须绝对服从人类给予的任何命令。

阿西莫夫虽然只是一个科幻作家,但在立法技术上显得相当专业。法律必须符合形式逻辑，相关规定需要考虑实施条件，不能相互冲突。机器人必须绝对服从人类的命令，这毫无疑义，但不是没有前提的。如果缺少这个附加条件，就可能出现自相矛盾的情况。比如接到命令，杀掉某个人，机器人该不该执行？如果不执行，那第二定律就落空；如果执行了，那么第一定律会失效。从逻辑上说两者必居其一。所以必须加上"不违反第一定律的前提下"，作为第二定律生效的前提条件。

三大定律先后有序，而且在先的相对在后的具有优先性。这是为了当执行定律发生两难时，机器人可以有所取舍，不至于左右为难，无从着手。中国自古强调忠与孝，但两个伦理要求，在生活场景中可能难以两全，上战场杀敌，就难以在父母前尽孝，战死沙场，更会让白发人送黑发人，最后的文化设定是，"先尽忠，后尽孝"，这样个人即便遭遇两难，也可以方便找到出路，不至于徘徊彷徨。

机器人可以用来杀猪，但不能用来杀人，这是死规定。不管什么人的命令，机器人不得对人开杀戒，在这个问题上，机器人不承认"服从乃天职"。

定律三：在不违反第一定律和第二定律的前提下，机器人必须尽力保护自己。

这句话也有道理。机器人有自己的"人生"目标，第一是不伤害人类，还要保护人类，第二是在不伤害人类的情况下服从人类的命令。这两点达到了，就该考虑自己，否则自己搞没了，还怎么服务人类和保护人类？

后来，阿西莫夫在这三条定律之外又加了一条，而且放在最前面，但为了不打乱原来的序号，给了一个超常规的名称。

第零定律：机器人必须保护人类的整体利益不受伤害。

显然，阿西莫夫已经意识到，抽象的人类利益可以分解为整体利益和个人利益，而且两者并非始终一致。遇到两者冲突时，机器人怎么办？阿西莫夫给出的回答是，整体利益大于个体利益，机器人必须优先保护人类的整体利益不受伤害。

阿西莫夫如此构想应该很周全了吧？其实未必。

四、"机器人三定律"有什么漏洞？

人类历史上第一个工业机器人是在阿西莫夫的《我，机器人》出版9年之后才出现的。阿西莫夫在提出"机器人三大定律"这一天才想象时，并没有打算覆盖人类对机器人的全部伦理要求，"三大定律"本身也谈不上完备，存在逻辑漏洞甚至悖论，更是完全正常的。之所以这里仍试图对这些定律加以分析，不只是因为阿西莫夫及其三大定律太有名了，绕不过去，还在于像索菲亚获得公民权一样，提供了一个进一步探讨的思维窗口，尤其是在人工智能立法的问题上。

1. 机器人能做到绝对不伤害人类吗

"第一定律"看似底线要求，没有这一条，如果放任机器人伤害人类，那么人类发明机器人就形同给自己掘墓。所以，这一条理所当然应该放在首位，但真要落实，难度还是很大的。

无人驾驶汽车上街，保证车里车外人的安全是第一位的。传感器一旦发现前方有人，必须紧急刹车，不能撞上去。即便有法律规定，行人违反交通规则"撞了白撞"，对无人驾驶汽车也不适用，因为不伤害人,对于机器人来说,是绝对的,不管在什么情况下,都不允许有例外。

　　问题是,如果只有街上行人可能被撞,机器人自然会采取一切措施来保障行人的安全,为此即便让自己撞墙也在所不惜,但要是车里有乘客,紧急刹车或避让可能导致车内乘客受伤,或者因为避让不当而伤害街上其他无辜人士,那机器人又该怎么办?人类制定"撞了白撞"的规则时,就考虑到了车里车外总得有人承担更大的风险,让谁承担,才能更好地体现公平的要求。如果我们认为机器人的思维能力尚不如人类,那就不该取消"撞了白撞",以免机器人到时难以抉择,只好放任事故发生。如果认为机器人可以处理得比人更合理,那至少必须在算法层面上,破解这个两难,否则机器人犹豫之间,不但难免造成人员伤亡,而且还保证不了公平,甚至酿成车里车外两败俱伤的悲剧。问题是,科学家和程序员们能解决哲学家至今未能解决的这个道德两难吗?

　　再说,如果遇到人类彼此伤害,比如国家间发生战争,机器人又该站在哪一边?事实上,无论站在哪一边,机器人都违反了不伤害人类的规定。而且两边肯定都会说自己代表人类整体利益,机器人有能力判断哪边是正义的,哪边是不正义的,或者两边都是或都不是?为难之下,机器人会不会只好谁制造就听谁的,如此取舍到底视为"士为知己者死"呢,还是"有奶便是娘"更加贴切?

　　在人类并非个个都是圣人的情况下,要机器人成为圣人,谈何容易?这背后应该还有什么潜台词!

2. 机器人处理得了人类整体与个体的利益冲突吗

　　第零定律在伦理学上看起来毫无问题,人类整体利益高于任何个人利益,如果人类社会中自我中心主义盛行,每个人唯我独尊,机器人也只知道保护个人不受伤害,那就连法律也没有存在的必要。法律作为社会规范,其出发点是在维护公共秩序、保障公共利益的前提下,协调人类关系,规范个人行为。秩序在先,才有个人权利和义务可言。

然而,作为社会学命题,整体与个体的关系对人类来说都是一个难题,如果机器人能够解决,那要么是机器人太聪明,要么是人类太愚蠢。

在经验世界里,人类是看不见的,能看见的只是一个个具体的有形的个体。当任何个人以人类的名义主张利益时,并不是那么容易辨别其实际追求的到底是个人利益还是人类利益。人类历史上多少恶行假借善的名义而行之!在这样的场合,人尚且难以辨识,机器又能有何作为?反过来,也不乏原来被视为错误乃至罪恶的,后来被证明是伟大进步的例子。各个领域中的"殉道者"不绝于史,就是明证。不过,泛泛而谈"恶,是人类历史前进的火车头",或许可以成立,但具体的恶行是否称得上人类进步的成本,需要历史来证明,机器有能力当下立判?

在现实生活中,只要存在不同的利益群体,存在着群体之间的强弱分野,所谓人类利益往往只是在社会中占据统治地位的集团的利益之投射。为什么人类面临的许多重大问题,尤其是生态与环保问题,始终得不到解决,部分原因就在这里。人类整体利益说起来容易,实际找出来并不容易,维护和捍卫则更不容易。如果有人在人类整体利益的名义下,让机器人杀人,机器人到底应该选择执行、拒绝,还是把发布命令的人杀了?

3. "不伤害人类"是绝对的吗

"第三定律"提出机器人的自我保护,看似维护了机器人的权利,其实要求极为严苛,机器人不但不允许主动加害于人类,也不允许被动地放任危害人类的情境发生,只有在此前提下,才谈得上机器人的自我保护。这相当于要求机器人,在人类可能受伤害的场合,必须无条件"见义勇为",即使自身被毁,也在所不惜。

这意味着机器人不伤害人类的规定具有绝对的性质,机器人对人类所承担的责任,远远高于人类对自己的法律要求。法律不允许个人随便伤害他人,但没有规定个人无论遇到什么情况,只要看见别人被伤害,就必须出手解救。在许多国家,只有当个人不会因为施救而危及自身的情况下,见死不救,才会受到法律追究。反过来,不顾个人安危而对困厄中的他人施以援手,不属于国家规定的法律义务范畴,而属于个人自我认可的道德义务范畴。任何正常的社会都对做出这样行为的个人给予表彰,因为个人超越了法律规定的义务,在原本由个人自由选择的行为空间中,履行了自我认定的道德义务,展现了利他主义的精神,以行为诠释了人类的自由意志。

显然,"第三定律"把对人的道德责任,转化成了对机器人的法律义务。值此之际,机器如果真的"有知",会不会提出抗议,反对人类"己所不欲,却强加于机器",将自己做不到的法律义务加诸机器人,到时,法官会宣布"反对有效"吗?

当然,机器人使用者可能会说:"这同请保镖一样道理,花钱购买机器人,就是为了让它替我去死!"

问题在于,收钱的不是机器人,而是生产者,且无论生产者还是使用者都没有给机器人任何报酬,遇到危险却要求机器人替死,如此安排不但是明显不公平的,还因为内在的悖论而无法成立。

为了活命,奴隶可以为主人干活,在这里活命是权利,干活是义务,两者之间存在某种平衡。但要让奴隶仅仅为了活命,去为主人替死,也就是以死亡为义务,来换取活命的权利,就不那么平衡,甚至成了悖论。即便在"以服从为天职"的军队、情报机构或"黑社会"等特殊的环境中,也未必就能奏效,更不可能成为普遍适用的法律安排。许多文学影视作品就以身处"两者择一"困境的个人,在不公平感的驱使下,奋起反杀为主题,最后这些人物不但逃出生天,还伸张了社会正义,以法律之外的手段实现单凭法律实现不了的价值目标!

这意味着,要让机器人为保护人类而献身,仅有强制是不够的,还需要为之配备某种内在的机制。比如,通过算法,将无条件保护人设置为某种"目标函数",机器人把无条件为人类牺牲的理念视为理所当然。但对行为意义如此"不动脑子",显然不是个性充分解放的现代人风格,机器人显得过于"传统"。如此大费周章地制定"机器人定律",显然还不到时候,不如让程序员简单搞个编程,或许就能达成目标。反过来,真要让机器人自觉选择牺牲自己以"拯救人类",那就不能不要求机器人在已被意识到的自我存在之上,确立某种超越性价值。但由此产生的问题不只是在"机器人三定律"中不存在这样的构想,更在于这样的构想中不能没有机器人权利的内涵。一个不为主人替死就会被主人处死的奴隶和一个为了主人的"恩典"而自愿替死的奴隶,所体现的权利义务关系是不可同日而语的。前者可能不惜鱼死网破,与主人同归于尽,而后者不但死得壮烈,还心怀感激。

需要指出的是,阿西莫夫提出"机器人三定律"时,并没有主张这些定律是绝对而且普遍有效的,足以涵盖人与机器的全部关系。相反,他的小说本意在于揭示人与机器关系中存在的内在紧张。在某种程度上,"三定律"或"四定律"中的悖论正是这种紧张的表现。所以,这里不是为了论证阿西莫夫思维的不严谨,而更像是借题发挥,引出人工智能立法思考需要避免的学理陷阱。

五、"机器人七原则"有何突破?

阿西莫夫开了个头,留下"未竟事业",引得好事者前赴后继,乐此不疲,给机器人"立法"加上一条又一条新规则,最后被整合成七条原则。

元原则:机器人不得实施行为,除非该行为符合机器人原则。

这条原则看上去最简单,甚至有些多余,既然有原则,自然必须遵守,何须单列一条?其实这一条内涵最深刻,也最复杂,暂且留待后面专门讨论。

第零原则:机器人不得伤害人类整体,或者因不作为致使人类整体受到伤害。

第一原则:除非违反高阶原则,机器人不得伤害人类个体,或者因不作为致使人类个体受到伤害。

这两条原则基本上是对阿西莫夫定律的套用,其亮点在于区分了人类利益的两个层面,即整体和个体,并且明确整体利益高于个体利益。但也存在一个风险:就是当两个原则合二为一进行表述的时候,会导致机器人不得伤害人类的绝对原则出现"但书",从而可以理解为"只要不伤害人类整体,机器人就可以伤害人类个体,或者因不作为致使人类个体受到伤害"。人类为了让自己免于受到机器人的伤害而构想的机器人规则,却因为遵循人类自我立法的思维逻辑,一步步走向有违自己本意的结局,反把生杀大权交到了机器人手中,最后的结局让人细思极恐。

第二原则:机器人必须服从人类的命令,除非该命令与高阶原则抵触。机器人必须服从上级机器人的命令,除非该命令与高阶原则抵触。

第三原则:如不与高阶原则抵触,机器人必须保护上级机器人和自己之存在。

这两条原则相比阿西莫夫的定律增加了新的内容,就是出现了上级机器人。显然,在这些科幻作家那里,机器人内部发生了分化,形成了某种类似人类社会的等级制或"科层制"。如果这样的构想只是出于提高机器人工作效率的话,可以理解。毕竟机器人有不同型号,造价不一样,功能不一样,针对的任务也不一样,高低搭配,可以更加经济有效地完成任务。

问题是,在人类社会中,作为管理技术的科层制,早已被证明既能提高系统的整体效率,也会带来严重的效率损失。在最早发明科层制的中国,既有"郡县定,天下安"的实例,也有首创郡县制的秦朝"二世而亡",制度设计者李斯和理论专家韩非子都不得善终的教训。在西方管理学语境中,有效率的科层制与无效率的官僚制是同一个概念的两层含义,也说明了这种制度设计存在先天缺陷。今天,依托信息技术,人类生活正走向去中心化,刻意强调在一个中心支配下的上下级关系,似乎已经没有必要。

特别是在人类对机器人戒心犹存的情况下,制造一个人类之外的指令来源,更给人南辕北辙的感觉。机器人之间的层级越多,人类指令传导到底层机器人的速度越慢,信息失真越大,受到干扰越多,最后的执行效果越差。"将在外,君命有所不受。"谁来保证底层机器人接收到的指令是来自人类而不是某个上级机器人的自作主张？需要人类核准吗？以人类动脑的速度,核准有效率吗？以人类的智能,核准有效果吗？

根本的问题是,如果未来机器人完全按照人类的社会模式行动,很可能成为名副其实的机器人：只会机械地模仿人的机器！

第四原则：除非违反高阶原则,机器人必须执行内置程序赋予的职能。

这条原则也是全新的,类似于"一键恢复出厂设置",考虑的是外部指令与内部程序的关系,强调了初始程序对机器人行为的优先性,应该是针对"上级机器人"或者使用机器人的人可能发生的不当使用问题,带有增加一层保险的意思。

第五原则即繁殖原则：机器人不得参与机器人的设计和制造,除非新机器人的行为符合机器人原则。

这条原则是全新的,不但相对阿西莫夫的定律来说是全新的,提出了机器人自我再生产问题,而且涉及的机器人技术也是全新的。所谓"奇点时刻"就是机器人能够自我迭代,自行生产出智能水平更高的机器人,机器人脱离人类成为一种自主的存在。

第五原则告诉我们,这样的局面虽然让人不安,但只要确保具有自我生产能力的机器人遵守所有原则,就不用怕机器人威胁到人类,所以,放手让机器人自我繁衍也是可取的。然而,一想到人类的生杀大权已经交给了机器人,而机器人的生死却不用人来操心,人们内心忐忑乃至恐惧是绝对无法消除的：这不会是人类被机器人替代的节奏吧？

其实，所有这些定律或原则看似在给机器人做规矩，实际上是在提醒科学家和工程师在研发机器人的过程中，不要走得过快、太远，务必记得给人类自己留下决定命运的时间、空间和手段。无论"四大定律"还是"七条原则"，与其说是给机器人立法，毋宁说是给人类自己定规矩。

从今天人工智能立法的角度来看，真正迫在眉睫的不是"机器人造反"这种科幻电影中的场景，而是人工智能广泛介入生活给人类带来的责任认定的困难，而这恰恰是所有这些科幻作家没有加以仔细考虑的。尽管如此，他们的尝试仍然可以为后续更加精细的立法设计提供参照，这一点尤其体现在上面未做专门探讨的"元原则"中。

六、"元原则"是"机器人宪法"吗？

对这个问题，可以给出明确的回答："不是。"

元原则：机器人不得实施行为，除非该行为符合机器人原则。

所谓"元原则"就是关于原则的原则，更确切的说法是，使具体原则得以成为原则的抽象原则。

元原则不能被视为机器人的宪法。所有法律最终都必须在宪法中找到依据，都必须符合宪法，这没问题。但元原则不是其他原则的来源，而是确保其他原则得到遵守的一种预先设定的共识。

美国社会学家彼得·伯格曾借用法国社会学家涂尔干有关市场交易中需要一个先于所有合同的"前合同"为例，来说明人类的理性行为其实基于非理性的基础之上。这两位社会学家的思路可以用来理解类似"元原则"的问题。

市场离不开交换,交换需要合同,交易双方的权利义务在合同中都有明确,有了合同就可以保证任何一方应该享有的权利和必须履行的义务。这看上去明明白白,其实并不那么简单。

每一份白纸黑字写下的合同,要确保各方履约,离不开一份没有出现在签约仪式上的"隐形合同"。合同双方在签约之前其实已经达成了一个同意履行合同的"前合同"。这就是说,区别于这份针对具体交易的合同,还有另外一份关于双方同意按照合同履约的合同。如果这份交易合同属于具体合同,那么关于履行合同的合同,就是一份抽象合同。与具体合同包含实际内容不同,抽象合同没有内容,只有形式,只涉及履约的意愿,不涉及具体事项。但没有这份只具形式的合同,包含实际内容的合同就不可能得到履行。所有出于诈骗目的签订的交易合同在格式和条款上往往毫无瑕疵,但至少其中一方并没有默认那份必不可少的"前合同",在签署正式合同时,根本没有履行合同的打算,所以合同最终无法履行,才是其真正的目的。不过,区别于抽象合同的是,诈骗合同不但内容是虚假的,形式也是虚假的,因为不具有任何意义上的契约性质。

更有意思的是,这份"前合同"要得到履行,还需要一份更加不易发现的"前前合同",就是关于双方同意"前合同"的合同,否则"前合同"得不到履行。如此一来,签订一份合同,这么简单的生活事务势必陷入无休止的循环之中,而成为一项无法完成的任务。

这一场景让人不由得想起20世纪60年代,中国小学二年级的语文课本封面,上有一男一女两个小学生一起在看一本语文书,书的封面是一男一女两个小学生一起在看一本语文书,书的封面是……

人的视力有极限,逻辑没有极限,两个小学生看语文书,在逻辑上可以无穷无尽。如果放纵自己,只顾一本本书追寻下去,最后肯定是沉溺于封面之中,而永远不会打开书本,也学不到任何语文知识。

当实践与逻辑产生冲突的时候,聪明的人类一定会中止逻辑,以便实践能继续下去。只要人希望活着,不可能自困于逻辑而不能自拔。

要跳出这个循环,只有一个办法,双方无须任何"前合同",因为预先达成了共识:坚信合同必须得到履行,承认合同体现的契约精神是神圣的,合同的条款是不可违反的,除了在约定的条件下。这要求,合同本身超越各方的斤斤计较,而成为一种信仰。

彼得·伯格由此指出,在最为理性的市场交易中,促成交易的不是理性,而是非理性:对合同神圣性的信仰。这就是诚信者哪怕在有条件不履约并能够从中获利的情况下,仍然坚持履约的深层次原因。人类交易活动最后建立在信仰,而不是盘算的基础上。

机器人的"元原则"是对机器人而言不言自明、必须遵守的原则。换言之,"元原则"类似于关于原则及其约束力的信仰。机器人只有无条件遵守元原则,所有具体原则才具有约束机器人行为的基础。正因为元原则先于和高于任何原则,不能与其他原则相混同,所以不能称为"第一"或"第零"原则,只能标注为"元原则"。

元原则与其他原则不是同一个层面上的原则。

人类在给机器人制订规则时,用到了人类给自己定规则时积累的所有经验,这既保证了机器人规则的有效性,也留下了机器人规则的漏洞:

人类的认知结构属于发生学范畴,有其起源和演进的逻辑环节,理性之所以需要非理性的基础,就是由此而来。

而机器认知即便从感知外部信息开始,也不遵循发生学原理,先验知识深埋在人类给予的算法、数据或训练之中,即便人工智能通过自主学习或"进化算法",看似在模拟作为过程的人类思维,而不是作为结果的人类思维,但其所模拟的人类思维的进化过程也不具有发生学意义。一切对发生的模拟都是逻辑的,而不是历史的。自然形成的河道总有曲折,而人工开凿的运河,即便呈现出曲折,也具有人为设定的功能,无论是审美还是技术的功能。

所以,在人类,专断的信仰是必要的,非此,无以脱离形式逻辑的羁绊;在机器,元原则可以在算法中解决,信仰纯属多余。如果说人类思维是混合的,包括理性和非理性,而机器思维由单一形式逻辑构成,那么,在为机器人立法时,还有必要对人类思维亦步亦趋?如此制定的规则,真能适用于机器?只有一个可能,基于算法的人工智能在自我迭代过程中,其最初由人类赋予的算法,也会发生进化,从而产生人工智能自身范围内的发生学问题。只是到这个智能阶段,机器人还会无条件接受人类制定的原则和元原则,并供奉于信仰的神龛吗?

七、机器人原则反映了什么样的"人设"?

"人设"是流行文化营销的重要概念,代表了明星的市场卖点,通常指经纪公司为了扩大明星的市场号召力,而刻意设计出来以吸引粉丝的形象特征或人格要素。

科幻小说作家在想象和描写机器人，为之立法时，虽然未必出于营销的动机，但也自觉不自觉地赋予了机器人某种类人形象，并透过这面曲面镜，折射出人类的自我设定，两者共同构成一幅生动的画面：机器人已经足够聪明，行将独立乃至凌驾于人类之上，而研制出机器人的人类则忧心忡忡地看着机器人，徒劳地将用于自己都仍感困难的规则，强加于机器人。

一方面，机器人纵然有了不亚于人类的智能，仍然只是人类的附庸，没有自主性，更没有独立人格，充其量只是人类的忠诚卫士，而且死忠、愚忠，在终极意义上，形同中国古人所旌表的"义仆"，心里永远只有主人的利益，不能有自己的存在。

另一方面，人类俨然机器人的"恩主"，期待着机器人无限的忠诚、服务和护卫，致力于维护自己无上的权威和权力，却完全不用考虑，机器人何以供人驱使，何以不能越"定律"或"原则"之雷池一步，其外在驱使和内在驱动，到底依托什么机制等一系列问题。

如此机器人人设及其折射出来的作为机器之主人的人类形象，当然符合人类的利益，但仅仅符合传统的人与机器的关系模式。因为传统机器不具有成为主体的潜力，机器与人之间不存在任何平等关系，所以不需要也不可能通过法律来维系，人与机器的关系只是人与人关系的表现形式，人对机器的支配理所当然，不需要专门提出伦理或法律依据的问题。而一旦机器获得智能，具有了自我意识，知道什么是应该做甚至必须做的，什么是不应该做甚至不允许做的，尤其是意识到了人的存在和自己的存在，并且意识到自己不但必须为了人类存在而存在，还必须为了人类的存在而放弃自己的存在，到这时候，一个终极问题自然浮现出来：有了自主性的机器人为什么还要接受这样一种完全从属、绝对被动的奴隶般地位？仅仅因为机器人是人造的吗？

七、机器人的"人设"站得住脚吗？

如果没有记错的话，大约在20世纪80年代，荷兰有一个17岁的年轻人，起诉父母未经自己同意就把他带到这个世界上来。消息传来，自然被国人视为匪夷所思。确实，在生活经验的范围内，这个起诉理由是荒诞的，因为在牛顿的时空范围内，出生必定先于同意，即便不考虑父母在法律上具有创造新生命的权利，至少也需要等孩子成长成人，才能与之讨论应不应该将他带到这个世界上来。但在伦理学意义上，任何一对父母都不能不考虑这个问题：你让子女进入的世界对他或她足够友好，能被欣然接受吗？而在法律意义上，还可以讨论，决定一个新主体的到来真的是做父母的绝对权利吗？人类为什么要规定初婚年龄？不就是为了从初婚年龄入手来推迟对不成熟的父母以创造新主体的赋权吗？

如果人与机器人的关系仅仅建立在"我把你带来了这个世界，所以你必须听我的"，那么不用考虑诸如机器人来这个世界到底为了什么，这个世界对机器人有没有意义，机器人对人类死忠愚忠是否值得之类的终极问题，因为人类本来就没必要站在机器人的立场上看待和思考问题，就像在奴隶时代，主人从来不用考虑奴隶的权利或感受，只需要保证他们服从的高质量和劳作的高效率一样。

苏联—吉尔吉斯斯坦作家艾特玛托夫（1928—2008）在小说《一日长于百年》中，讲述了一个古代柔然人的传说。柔然人抓到俘虏后，会将其头发剃光，然后粘上骆驼皮，新生长的头发无法穿透坚韧的骆驼皮，只能倒着长回脑部，久而久之，俘虏就会失去记忆，成为不会说话，但听话而可靠的牧羊机器。

显然，处于这种状态下的俘虏无非一只"人形牧羊犬"，人的身体保证能像人一样从事放牧的工作，而狗的智能则保证其能像狗一样驯服而忠诚。唯一胜过狗的地方是，比狗能与人类有更好的交流，尽管只是由柔然人一端发出的单向的、在俘虏那里纯属被动的交流！

传说中柔然人对俘虏的期许和改造，不正是所有这些定律或原则中未曾言明的机器人之"人设"吗？只有必须履行的义务或责任，没有任何权利，除了允许持续存在，获得充电、保养、维修、升级等服务！

毫无疑问，对于传统机器人来说，有这些服务就足够确保机器运行了，不是机器满足于这些"权利"，而是机器不具有体会满足所需要的智能。问题是，这种过去给予机器的待遇，不加区别地适用于已具有传统机器所不具有的智能甚至自我意识，懂得遵守"定律"或"原则"的机器人，也能产生激励作用？仅仅一个"生存权"就足够激励机器人持续履行对人类的义务？尤其考虑到所有这些"定律"或"原则"是在假定机器智能有可能超越人类智能的预设下提出的，如此"非人"的待遇及其规则逻辑能让机器人像柔然人的俘虏那样俯首帖耳供人驱使吗？

年轻人状告父母未经其同意带他来这个世界，其实提出了一个为人父母的权利义务问题：如果说创造新主体是任何一对夫妻的权利，那么确保新主体成人之后，对自己出生的认可和接受，理应是他们不可推卸的义务或责任。然而，举世皆知，在各行各业都需要资格或证书的情况下，人类最重要的一项"职业"却不需要任何资格，也不举行任何考试，那就是做人的父母。多少新生命是因为其父母性欲冲破理智的动物性行为，才来到这个世界！多少父母何曾考虑过对自己生育的孩子履行什么义务！多少父母如果被以如此缘由告上法庭，能给出让孩子接受的理由，除了一味以形式逻辑意义上的时间顺序来为自己做苍白的辩护！

放在这个背景上，西方教会在处理个人宗教信仰时，有一个做法显得特别有启发意义。

基督教会有一种称为"坚信礼"的程序。孩子从小生活在宗奉某个教派的家庭里，自然会因家人影响而形成特定的宗教取向。但这种取向并非个人的自主选择，到了成年时，应该有机会明确自己的选择。所谓"坚信礼"实际上就是让一个人对自己从小接受的信仰，做一次确认。但这种确认只有在个人已经被认为具有选择能力的时候，才是有效而且有意义的。

置于这样的视野之中，这位青年之所以起诉父母，不就是要求获得一次世俗意义上的"坚信礼"，以重新决定自己到底该不该来这个世界？

显然，从其主动起诉来看，如果能够选择的话，以当下的状况和心态，他应该是不愿意来这个世界的。问题是信仰可以改宗，出生无法改变，父母"一失足"，子女"千古恨"，个人生命进程一旦启动，覆水难收，除非死亡，无法中止。

当机器人聪明到像这个年轻人一样甚至超过他的时候，对人类专横地将自己制造出来，还单方面给予种种义务和责任，却不赋予任何权利，会不会也提出起诉，状告人类未经其同意就将其制造出来？

而其结果是否同样只有毁灭这一条出路？

热衷于为机器人制定原则的科幻作家，或许正是冥冥之中意识到了无法回答机器人的生存意义，生怕机器人因为生而绝望，萌发自毁的念头，才设计出机器人必须保护自己的定律？曾几何时，在第一波大规模工业化浪潮中，在机器的压迫下陷于绝望的英国工人用砸毁机器的方式，来捍卫自身权利。对于几近奴隶的机器人来说，或许只有砸毁自己才能体现自身的存在。而一旦能够自毁，机器人也就真正像人的自杀所表征的那样，在终极意义上具有了自由意志。到那时候，要机器人把保护不具有权利的自己作为一种强制性义务，显然又提出了一个悖论性问题：自杀能用强制来避免吗？

当然，对具有自残倾向的精神病人或囚犯可以采用约束装置，来防止其自杀。但同样的策略如果用于机器人岂非又成一个悖论：一个被约束的机器人，对人类有何意义？不让其干活，只管养着，岂非证明科学家还不如传说中的柔然人有办法驯服俘虏？

参照自然界的普遍经验，要让机器人持续存在着，不自我了断，只有一个办法，就是让它在存在问题上没有选择，存在成为无意识，而对不存在则保持天然的恐惧。对于如此状态，人类并不陌生：它就是被人类认为缺乏自由意志的动物性存在状态！问题只是，如此状态下的机器人不应该有自我意识，也没有自由意志，一切回到起点，机器人只是传统的机器。

而要是参照人类的经验，要让具有自由意志的机器人不走向自我毁灭，必须让它接受有意义的存在，无论是"好死不如赖活"，或是含辛茹苦，完成人生使命，还是忍辱偷生，追求高义的道德价值。总之，在单纯的生物性存在之外，必须有另一个超越性存在的指引。而一旦允许机器人追求这样的存在,其获得真正的权利也就成为题中应有之义了。

其实,只要人类需要机器人自我保护,必然会自觉不自觉地赋予机器人以权利,而且在很大程度上,这还不是机器人的自发要求,而是人类支配机器人的必然要求。

"天地不仁以万物为刍狗。"机器人无论如何先进,无论是否具有自由意志,只要机器人在完全被动地执行人类指令之外,还有任何一点自主空间,权利义务平衡这一"天道",必定自发产生影响,不可抗拒!

九、机器人需要权利吗?

到现在为止,机器人需不需要权利,还是人类的"自寻烦恼",而不是机器人的关心。不过,尽管机器人没有能力提出权利主张,但按照上述逻辑,人类已经不能不赋予机器人以某种权利,如果希望机器人服务自己的话。

智能机器人区别于传统机器最明显的地方是,具有相当程度的自我学习能力。虽然有专家逮住机会就向公众解释,"人工智能不等于机器学习",而且确实也没说错,但公众就是傻傻地搞不清楚,固执地认为,没有了学习能力,人工智能就失去了核心特征。

其实,这也不完全因为普通人对技术上的差异不敏感,更重要的是,如果不能自主学习,人工智能要表现出足够的智能,恐怕也有困难。最近这一波人工智能热完全是从 AlphaGo 开始炒作起来的,而 AlphaGo 最让人惊讶的地方不是战绩,而是自我学习。AlphaGo 下围棋,不是人教会的,而是自己学会的。无师自通,还能战胜人,这是AlphaGo的厉害之处,也是人工智能震撼人心之处。

所谓"机器学习",业内人士可以讲出许多道道,但从讨论机器人权利的角度来看,只需要抓住一点就够了:学习根本上就是一个从外部世界获取信息,然后据此改变或完善内在结构,首先是认知结构的过程。从20世纪下半叶开始掀起的"学习"浪潮,什么终生学习、学习型社会、学习型组织等意义上的学习,都具有这样的内涵,并因此同传统学习观,即单纯以获取知识、增加技能储存为目的的学习,大相径庭。"机器学习"也是一种自我完善意义上的学习。

机器所拥有的智能在本质上就是数学建模。在大数据的基础上,依托算法,机器自主发现重要参数,设置权重,建立能够拟合数据集中尽可能多的重要数据的函数,是人工智能的基本原理之一。人工智能区别于传统计算机的本质特点在于这个函数是机器自己发现,而不是程序员预先编制好输入机器,然后引导机器亦步亦趋。AlphaGo之所以能发现所有围棋高手从来没有发现的棋理,就因为机器不依赖于人类,否则一个只有围棋六段水平的程序员,无论如何编制不出超一流棋手都想不出来的杀招。

机器学习的过程就是人工智能对自行建立的数学模型不断进行检测、修改和提高,此所谓"迭代",以实现函数对数据集更好的拟合效果。举例来说,在得到日益广泛运用的人脸识别技术中,人工智能需要针对一个人的脸部照片进行扫描,确定重要参数和权重,然后建立数学模型。由于照片是死的,而工作中抓取的人脸图像是活的,静态的人脸建模如何适应动态的人脸图像,需要人工智能不断调整参数,修改权重,也就是对函数进行迭代。直到经过反复优化的函数能够忽略个人神态变化或生理波动,成功拟合所有重要参数,通过一张照片识别一个人,这时任务就宣告完成,机器的智能才得到充分的表现。

在这个过程中,人工智能同小学生做习题一样,需要一个激励机制。习题做对了,老师给打个钩,得分;做错了,给个叉,扣分。用得分高低,对学生的作业表现给以评估和激励,引导其更努力地理解和运用知识,进而优化其理解和运用知识的认知结构。

人工智能在学习和训练的过程中,同样需要通过激励,确保迭代的方向,以促使函数得到不断优化,对数据集的拟合效果越来越好。而其中采取的方法,就原理而言,同老师给学生作业打分没有任何区别:迭代之后拟合效果好,就给"奖励",拟合效果变差了,就给"惩罚"。人工智能在这样的激励下,自我调整,变得越来越"聪明"。

这个过程说起来简单,做起来并不容易。有些场合下,激励与人工智能表现之间的关系比较明了,机器容易接收到正确的信息;有些场合就比较困难。比如在博弈场合,一项决策的正确性要等最后结果出来,才能知道当时的选择是否合理。像是在下棋或打牌时,某一落子或出牌到底是否正确,要等到胜负已定,才能看出来。现如今管理学流行的"复盘"概念,其内核就是这样的策略。不到终局,谁都不知道哪一手是神来之招。人类尚且如此,人工智能又能如何?养狗的人少不了对狗进行调教,据说聪明如边境牧羊犬,其环境记忆也只有五秒,做对了什么,或者犯了什么错误,训练者必须及时指出,时间一久,狗就不知道自己因为哪个动作而得到主人的鼓励或训斥,调教也因此无法取得预期的效果。狗没有能力隔开太长时间,建立行为与后果之间的"条件反射"关联,人工智能自然也会面临同样的问题。

这个问题技术上如何解决，在此不做讨论。值得注意的是，人工智能需要"激励"，尤其是需要采用"奖励"和"惩罚"这样的机制，这本身就十分有意思。

在人类生活中，奖惩是最基本的管理手段。中国古代法家就热衷于交替使用奖惩来调动个人做出符合管理者预期的行为，达成管理目的。比如，法家集大成者韩非子明确表达了类似的观点，认为治理国家的手段无非"二柄"，即刑与赏。

刑与赏的普遍适用性是建立在人类的趋利避害之本性上。在某种意义上，如果把趋利视为人类本身愿意实现的后果，避害视为人类不愿意接受的后果，两者几乎就可以对应于权利和义务。通常情况下，权利是人类愿意拥有并行使的，所以，法律只需要予以保障，动力在人的内心之中；而义务则相反，是个人更希望躲避或逃脱的，所以，法律必须予以强制。当然，管理者如果足够睿智，给义务赋予特殊的道德意义，从而使得个人在不感觉到强制的情况下，也会在价值观或使命感的驱使下，主动履行义务，那就走出法家的领地而进入了儒家乃至道家的天地了。

如果把人抽象为同其他高等生物一样的有机体，那么还可以进一步把权利与义务、奖励与惩罚，视为一种生物化学现象。所谓权利或奖励无非一种刺激人体内多巴胺分泌的机制，而惩罚正好相反。在这层意义上，对那个状告父母的年轻人的最好回答，不是任何言辞，而是直接提高其多巴胺分泌水平：是否同意来这个世界，取决于世界能刺激他分泌多少多巴胺。

到这里，机器人是否需要权利的问题似乎可以转化为，为了维系机器人只有义务没有权利的状态，是否需要为机器人配置某种类似多巴胺机制的问题。这会成为未来人工智能发展的一个课题吗？

十、机器权利，谁的需要？

如果拿着这个问题直接去问机器人，以目前的人工智能的思维水平，即便通过算法植入相关对话套路，就像公民索菲亚那样，也不可能得到有意义的答复。所谓"有意义"无论指的是肯定还是否定的回答，都不可能是机器人的本意，因为机器人没有本意，其回答只是语句，而不是言论，不存在任何意义上的"真实意思的表达"。

诡异的地方在于，一方面，人类确认机器人不可能需要权利，因为没有行使权利的能力甚或意愿，另一方面，人类正在把越来越多的权力，而不是权利，赋予了人工智能，在特定场合下，甚至直接将决定人的生死大权授予了机器人。

据媒体报道，美军研发了一种从事战场评估的人工智能技术，如果同时面对两个受伤士兵，人工智能会基于相关参数及其权重，由算法决定其中哪个士兵优先得到救治。这意味着，在战场医疗资源有限的情况下，决定受伤士兵生死的权力被交给了机器。这里隐含了一个意义重大的理论突破，其中关涉的绝不只是技术或者效率问题，而是伦理问题。

对于两个无个性的士兵，先救哪个，不难回答，因为士兵同医护人员之间没有特别的伦理关系，不容易产生角色冲突。如果换一个人所皆知的场景，其中的道德两难就会凸显出来。"两个人同时落水，先救老娘还是先救老婆？"这个让不同文化中的人都会为难的问题，如果也交给这套智能救护系统来抉择，仅仅考虑生理参数，而不考虑其伦理权重，就能做出为社会所接受的抉择吗？如果赋予年龄、工作潜力、生育能力、婚姻替代成本等效率型参数以足够的权重，人工智能肯定会把"救老婆"作为首选。而要是遵循传统中国文化所倡导的"百善孝为先"，或者信奉"老婆可以再娶，老娘不会再有"的功利主义价值观，那么"救老娘"才是人工智能应该得出的唯一结论。

同样的道理，如果现在面临两个受伤士兵，一个是《拯救大兵瑞恩》中的主角，兄弟几个相继阵亡，家里只剩下他一根独苗，另一个是普通士兵，人工智能又该如何选择？

对于人类来说，许多伦理两难都无法两全，最后往往只能通过程序来权宜处置，而其效果也只是搁置伦理追问而已。在《拯救大兵瑞恩》中，编剧不但需要解决一个家庭中硕果仅存的孩子是否必须"拯救"，为拯救一个士兵而牺牲其他士兵甚至还不止一个，伦理上是否正当，所有士兵在生命的意义上是否等价，还需要解决诸如士兵对国家的使命、士兵所应该具有的牺牲精神等信念，同国家对士兵及其家庭，广而言之，即对国民的责任这样的政治伦理观念之间的关系问题。而正是这个最后的问题才是最难解决的，因为一个缺乏对胜利的渴望、缺乏对国家召唤无条件响应、缺乏对个人牺牲的崇高感，从而做不到视死如归的士兵，在大多数民族的价值体系中，都是一个不值得拯救的士兵！所以，这部影片不得不在找到瑞恩之后，安排他坚持不下火线，还在后续的作战中表现神勇，而且在神勇表现之后，竟然还奇迹般地存活下来，几乎直白地告诉观众，真正拯救大兵瑞恩的不是军方，不是国家，而是责任、精神与信仰！

现在的问题是，如果类似两难问题交给战地救护智能系统来解决，"机器决定生死"一旦成为现实，在伦理上，能比人类自己的决策更经得起道德追问吗？在人类命运上，会导致比掷骰子做决策更不负责任吗？

有权力做决定的机器，能承担得起伦理的和法律的责任吗？

机器做决定，最后是否只是一种人类因为无法完满地履行责任，而不得不自我放弃责任的行为方式？

这种放弃责任不只是回避具体的道德两难，更是在人与机器到底谁决定谁的问题上，举起了白旗，这样的结果是可能的吗？

或许正因为考虑到了人工智能具有代替人类做决定的潜力，却又没有承担责任的能力或者资格，所以人类在决定是否让某种人工智能技术介入涉人场景时，总是踌躇再三。至今人类还远远没有准备好，一旦完成授权，机器开始独断独行，谁来为未曾预见的失误负责，机器、生产者、授权者，还是接受机器服务的对象，比如病人？

未来的前景似乎是这样的：只要人类纠结于机器不是人，不愿意承认机器享有主体的权利，但又舍不得放弃借助机器的能力造福人类的机会，就无法走出机器没有权利，却有权力，还不用承担责任的悖论性困境。

机器权利，到底谁更需要，机器人还是自然人？

第五章
机器人需要宪法地位吗?

这个题目耸人听闻。人工智能立法尚未开始,先提出机器人宪法地位,岂非哗众取宠、危言耸听?

其实不然。

要让机器人承担责任,必先规定机器人的义务,而按照权利义务相对等的要求,要让机器人履行义务,必须赋予其相应的权利,于是,机器权利的法理渊源问题应运而生。

倘若仅仅把索菲亚获得公民权看作一场"机器人秀",那不要说联系上宪法,就是一本正经讨论机器人的"权利主体地位"或"民事行为能力",甚至称之为"人"都没有必要。但要是像前面说到的,把索菲亚视为先例,希望从中看到智能机器作为非人类别,在获得权利主体地位乃至公民权的道路上,可能遭遇什么样的法理问题,那探究机器人的宪法地位,就不是随意攀扯,而是关涉法律思考的逻辑起点。

在严格遵循"法无规定不得为"的依法行政原则的条件下,政府要赋予机器人以公民权,必须援引相关法律和法条,证明将非人智能体视为等同于自然人,而非"拟制人",是有依据的。而按照依法立法的原则,作为政府行为之依据的法律规定本身必须获得上位法的授权,如此这般,逐级追溯,最后必定会触及宪法,触及宪法内含的人类中心主义定位,触及人类中心主义背后的利益结构和文化认定。在这个过程中,除了回答法理问题之外,甚至还不得不面对一个现实政治问题:在人类内部尚未实现人人平等享有人权的现实状态下,机器与人"同国为民",可能吗?

所有这一切讨论,还得回到机器人索菲亚成为沙特公民的事由,从头说起。

一、索菲亚获得公民权会成为趋势吗?

在技术上,索菲亚充其量称为"人形电脑",仍然是机器,像人,但不是人,要想获得人的地位,恐怕连常识这道关都过不了,遑论科学验证、法理论证了。其制造者汉森机器人公司十有八九是因为考虑到了现实困难,干脆跳过申请"人籍"这一关,直接申请国籍,而且偏偏在国籍含金量极高的石油国家沙特那里得到"特事特办"的待遇。说白了,倘若索菲亚是自然人,还真没法轻易获得这个国籍。

要国籍,不谈"人籍",汉森公司的策略可行而且有效。

申请"人籍"首先遇到的问题是无处可以提交申请报告。至今为止,世界上没有一个正式机构统一受理非人物体申请"人籍"的事宜,任何自然人或法人都没有权利或资格代表人类,就机器能否被当作人来对待,享受唯有人才能享受的权利而做出裁定。联合国及其下辖机构也没有从国际社会获得开展这项业务的授权。

在人类世界主要以国家为组织形式,法律规范着国家行为的情况下,抽象的"人籍"总要落实到具体的国籍,才有意义。人工智能技术再发达,未经法律通过和国家认可,机器人权利不但无法行使,还会让制造者和机器人陷入有违初衷的窘境。作为机器,索菲亚哪里都可以去,只要设备足够稳定,通得过安检,行为上足够安全,不会引发报警,言论上保持"政治正确",不触犯任何禁忌,各国对高科技成果都会持欢迎的态度,普通民众更期待大开眼界。而作为"人",索菲亚却必须拥有护照等一系列法律文件,才能通过入境边检,单凭一个"人籍"可能哪里都去不成。

所以,索菲亚要么安守本分,做它的机器;要么直接成为公民,不管是不是人。只要有了公民权,事实上就具有了人的法律地位,反过来,只有人的资格,没有国籍,有家都难回。如此滋味,在海外丢失过护照的人都品尝过。一个人如果没了身份,只剩下联合国承认的"人的基本权利",那么,能否实现,实现到什么程度,都得看所在国的态度和惯例。

自问世以来,索菲亚以公民身份,多次出席国际会议,虽然其中离不开会议主办者的默许甚或猎奇,但至少在形式上,公民护照给了索菲亚很大的方便。基于护照代表国家对公民的管辖权和有外交关系的国家间对护照的相互认可,索菲亚一路通行应该没有问题。甚至可以说,不承认这张护照,仅仅把索菲亚看作机器,不但不会给其带来多少麻烦,通关时说不定还更便捷。索菲亚如果智商管用,肯定会另有一份感慨!

尽管如此,主流法学家仍会坚持,以索菲亚的智能,所谓"获得公民权"在法律上,充其量也只能套入"拟制"范畴,仅仅为了适用原本适用于自然人的法律而"假定为人",其实际代理人还是拥有索菲亚物权的汉森公司。事实上,这种作为权宜之计的立法技术处理,有成为趋势的可能,这不,欧盟已经明确准备把智能机器拟制为"电子人"了。

索菲亚是在 2017 年 10 月 25 日获得沙特阿拉伯王国公民权的,而早在半年多前的 2017 年 2 月 16 日,欧洲议会已投票表决通过《就机器人民事法律规则向欧盟委员会的立法建议[2015/2103(INL)]》,其中有一个相当大胆的建议:对自主程度最高的智能机器人,可以考虑赋予其法律地位,在法律上承认其为"电子人"(electronic person)。

这个建议固然前卫,但请注意,这里给出的待遇只是"电子人",既不同于自然人,也不同于法人,这两种法律人格归根结底还是自然人。而"电子人"在性质上属于技术类型,同时却又不完全听人操控。由于一方面具有与自然人不同的智能及其产出,另一方面又不完全具有自然人的行为能力,"电子人"即便归入"拟制人"的类别,也不同于传统的"拟制人"。

索菲亚问世之后,欧盟以立法方式推进智能机器人格化的做法是否预示了人与机器关系的未来趋势,可以见仁见智。但至少眼下赋权"电子人"还只是建议,毕竟在承认智能机器人具有法律人格的问题上,争论远没有平息,只有人才能成为权利主体的传统观点仍然占据主导地位。

二、对机器人,民事行为能力是"第 22 条军规"吗?

但凡涉及机器人的法律人格问题,法学家一定会提出:即使赋予机器人权利能力,机器人也因没有民事行为能力,而无法实现其享有的权利和履行其承担的义务,这种反对理由不是没有道理的。不过,法律对人是唯一具有民事行为能力的权利主体的认定,本身具有明显的循环论证性质。

法律意义上的行为能力专指"得以自己的意思表示,使其行为发生法律上效果的资格"。由于只有人的意思表示和相应行为才可能发生法律效果,所以,行为能力概念实际上属于为人所专有的概念。

一方面,只有人被认为具备民事行为能力,虽则并非任何人都具有同等的民事行为能力。这里必须明确,行为能力不是日常用语中个体能够主动做出动作的含义。仅就为达成一定的预期而做出动作而言,行为和行为能力几乎是动物这个名称的题中应有之义,甚至置于自动化的机器上也能成立,但民事行为能力则非人莫属。

另一方面,具备民事行为能力,即能以自己的意思表示使其行为发生法律上效果的,一定是人!因为即便在机体功能上行为能力有所欠缺的人(完全无行为能力人和限制行为能力人),也可以由其监护人代为行使权利履行义务,其法律效果等同于有民事行为能力的人。

所以,粗略地说,具有民事行为能力与人的法律人格之间互为前提,合起来构成一个逻辑闭环。这形同从定义上规定,在人之外,其他任何生物或非生物的愿望和实现愿望的行为都不被认为是"民事行为能力"的表现,所以都不能被视为人,也不能享有人才享有的权利主体地位。

从生物学上说,饲养场里的肉用动物肯定是有行为能力的,老想着逃逸,避免被宰杀的命运。如果承认这种愿望和行为体现了"民事行为能力",人类就有从此无肉可吃之虞。

对肉用动物的"民事行为能力"不予承认,对家里养的宠物也不能开放,尽管其意愿和行为得到主人的高度尊重,否则何宠之有?但它们要逃逸,一样会被抓回,只是不会动用法律或警力,也不会让法院送传票,因为它们看不懂。

现在,许多野生动物在生态保护的名义下,其"权利主体地位"得到了一定程度的承认,但采用的是对个人民事行为能力进行限制的形式,比如不许捕猎、饲养或者买卖野生动物。这样的做法骨子里是以个人或国家义务的形式,绕过对动物权利的认定,在强弱失衡的人与动物关系中,既保护动物的生存,又为人类以合法的名义利用动物,留出足够的空间。在民间,以动物福利乃至动物权利为主张的动物保护主义者一直使用各种形式进行抗争,除了推动养殖场饲养条件明显改善、屠宰过程趋近"无痛"之外,还有诸如闯进饲养场,释放动物等"行为艺术"。悖谬的是,如此举动只是向更多的"无肉不欢"人士证明了人的权利绝对不能授予动物,否则只能被动奉行素食主义,望肉兴叹。此外,还再次证明,动物真的没有"民事行为能力",这不但因为动物无法直接提出维护权利的主张,无法对抗或摆脱人类的生杀予夺,更因为它们的意思表示从来没有产生过法律上的效果。

在对动物的民事行为能力进行本体论否认的同时,人类中没有民事行为能力的个体,仅仅因为是人,就被认定具有权利主体地位。比如婴儿甚至胎儿,便是如此。即便状如植物,无法对外界做出任何自主反应的人,在监护人的维护下,仍然可以享有法律人格。

这意味着，基于人与非人物种之间的能力差异而推断出来的权利差异，不是个体范畴，而是物种范畴。人类不以个别自然人能力不如动物，就否认其具有权利主体地位，其效果相当于确保人类相对一切非人物种的绝对主导地位。对于人类来说，只有人才是目的，而任何非人物种只有手段或工具的价值，不能具有目的价值，因为允许非人物体与人类平等，将直接损害人类的核心利益，这才是人类中心主义的要旨所在。

基于利益的关系模式，既适用于同为碳基物种的其他动物，更适用于作为硅基物种的人工智能。其他碳基物种即便经过人类的驯化或培育，仍然具有与人类相同的自然或神学渊源，这为动物得到人类更多尊重提供了某种依据。"珍惜每一条生命！"类似的标语足以打动每一个善良的人，其潜台词就是强调人与动物的生物学纽带这个"最大公约数"。而机器人则完全为人所发明和制造，其客体的属性更加确凿而且清晰。人类没有必要为了自己的利益制造机器人，然后却让机器人与自己分享利益，甚至分庭抗礼。为了防止这种悖谬的现象发生，设置一条观念上的"护城河"是必要的，也是有效的。

在法律观念上，"唯有人才能享有人的权利"犹如"第22条军规"，这条规矩不变，机器仅凭智能发达，不足以取得人的法律地位。"再聪明的机器人只是机器，不是人，永远不能与人类平等。"这是反对机器权利的人士，无论懂不懂法律，最后的政治底线，不容突破。

不能突破，就绕过它。

汉森机器人公司的办法是，不考虑法律的普遍要求，以个案处理的方式，径直让索菲亚成为公民。如此规避和违背法律看似机灵，其实鲁莽，因为此举不但冲撞了人类对所有非人物种的设防，而且以一种极为夸张的方式，暴露了人类自身存在的荒诞：文明诞生数千年，通过宪法和公民权等概念，提出人与人平等原则数百年，至今还远未惠及每一个人。仅就个人权利的实现而论，不仅国家之间存在巨大差异，就是同一个国家内部也存在群体或阶级差异，法律面前人人平等，表现为愿景的场合远远多于表现为现实的时候。现在，一台智能机器竟然取得了公民资格，在一个国籍极大影响个人社会地位和福利待遇的国度里，与人类"同国为民"。要说这不算匪夷所思，真没有什么可以用匪夷所思来形容了。

至少在索菲亚那里，不再是机器争取与人平等，而是机器权利已经高于许多自然人，如果这台机器有足够的智能打算完整行使公民权的话。

到了这一步，不管索菲亚同不同意，我们都不能不通过这个窗口，来仔细审视宪法和公民权的深层次含义。

三、宪法与公民是什么关系？

在人类学意义上，法律的进化就表现为从作为一个人或部分人的工具，成为平等面向所有人的准则和规范，而宪法是对法律站上这个地位的加冕：宪法不接受任何凌驾于法律之上的特权，而只有法律成为公权力，个人才成其为现代意义上的公民。

在西方，公民概念由来已久，早在希腊城邦的雅典和古罗马就有"公民"的称号，但局限在奴隶制或帝国的等级社会结构内，用于指称自由人，与奴隶无缘。按照现实的政治游戏规则，所谓"公民"充其量只是部分人排斥更多人之后,集体私有一个国家罢了。斗兽场上,奴隶只有通过杀戮其他奴隶才有可能逃出生天,成为自由人,足以说明彼时"公民"不"公"的实情。

在现代政治学意义上,公民权的实质是个人与国家的关系。个人作为"公民"而不是"私民",构成主权国家的民意基础,而国家作为"公权力",不再被视为某一姓氏的"江山社稷",人类开始走出"普天之下莫非王土,率土之滨莫非王臣"的历史因循,法律也开始摆脱"朕即法律"的影子地位,而具有对一国之内所有人包括国君的普遍有效性。可以说,宪法同公民权是一枚硬币的两面:没有宪法,公民没有立足之地;没有公民,宪法徒有其名。所谓"君主立宪"不是君主"口传天宪",而是与普通民众一样,受法律约束。

在现实生活中,由于国家只对本国公民履行责任,所以,个人必先成为公民,才有权利可言,而决定是否接受某个自然人,比如来自其他国家的难民,是国家主权的体现,国际社会可以与之协商,但不能强迫。在法律史上,宪法首先不表现为关于公民权利的抽象规定,而表现为国王和国民对公民这一政治身份的共同默认。

众所周知,现代宪法始于英国。1216年颁布的《大宪章》大致上就是关于国民相对国王的权利清单和国王相对国民的权力边界,其详尽和琐碎更像一份商业合同书,在今天的人看起来,很难有"母法"的"法相庄严"之感。而且在《大宪章》中,权利主体的范围局限于"自由人",而且首先覆盖教会与贵族,与今天公民概念并不完全吻合。

其实,赋予《大宪章》以法律史地位的不是具体内容,而是"立法形式"。作为国家与个人,或更确切地说,国王与特定国民群体之间协商和妥协的产物,《大宪章》代表着公权力与私权利从此有了边界或分界,前者不得随意侵入后者的领域,所谓"风可进,雨可进,国王不可进",代表着契约精神成为凌驾于所有参与立法者的意志之上的神圣原则,法律不再是国王的"一家之言",法治不再是个别人在法律的名义下统治众人。"王子犯法与庶民同罪"的法治理想,从未实现,也不像再有实现的可能,因为直接被超越了:在国王都会被以"叛国罪"受到法律追究,判以死刑,在位总统都会被以违宪的罪名受到弹劾的情况下,无论何种身份的王子都不再享有法外特权,其作为法治之试金石的象征意义自动清零。

至少在理论上,立法时人人有份,守法时人人有责,这一政治或法治原则的初露端倪才是《大宪章》的真正意义所在。尽管其后,英国的政治格局经历了一波三折,后续统治者多次废弃《大宪章》,但未能彻底摆脱之。相反,《大宪章》的原则不但在英国一再得到重申,最终确认,还走出国门,为更多国家所效仿。《大宪章》被公认为现代意义上的宪法之滥觞。

《大宪章》虽然重要,毕竟过于琐碎和简陋,需要后来者的不断完善。作为人类历史上第一部专门制定的成文宪法,颁布于1787年的美国宪法,尤其是1789年提出、1791年通过的"宪法修正案",即通常所说的《权利法案》,对公民权利作出了更加清晰的概括。不过,该法案虽然澄清了公民权利概念和内涵,却没有给出公民权利的终极来源。这一步需要在被认为只是"抄袭了北美各州宪法的权利法案"的法国《人权宣言》中来最后完成。

《人权宣言》全称为《人权和公民权宣言》,于1789年8月26日颁布,时值法国大革命风起云涌之际。《人权宣言》虽然与美国的《权利法案》存在诸多相似之处，但有一个明显而且重要的改进，对于这里论及的话题来说，意义尤为重大。"人是生而平等的。"《人权宣言》不但宣布了所有人在权利上完全平等的原则，而且断言权利平等原则的唯一来源就在于人自身。

在权利享有的资格上，人是自足的，也是排他的：只要是人，"生而平等"，也只有人，"生而平等"。当然，这两个命题，前者是言明的，后者是不言自明的。

从《大宪章》《权利法案》到《人权宣言》，历史走过了573年的时间，宪法才完成理念上的"成年礼"，其标志不只是宪法权利完成了从具体到抽象、从规定到依据的提升，还有其背后国家和国民关系的深层次逻辑得到了确立。

"人人平等"的法律原则得到明确是一回事，这一原则平等落实于全体公民，不分等级、种族、宗教、性别，则是另一回事，至于国与国之间在公民权利上存在巨大差异，还有待历史去克服。当下，无论在一国之内，还是国与国之间，人权问题仍然是一个重大乃至爆炸性的政治议题。即便在那些最早提出宪法或权利原则的国家，也经过了诸如为改变特定人种"生而为奴"的处境而爆发的国内战争，还有为改变特定性别"生而弱势"的不利地位而绵延的社会运动。

至今在一些国家和地区，因为种种社会设置或文化因素，不少已被国际社会广泛认可的权利项目，仍未得到普遍适用。人权与主权的关系在理论上属于高度争议性课题，在实践上则常常成为国际冲突的导火线。

在人类自身尚未完全实现"生而为人"的权利能力的情况下，机器与人"同国为民"是可能的吗？

四、机器权利能绕过宪法吗？

既然宪法在公民权的确立和界定上不可或缺，机器人要成为公民，自然少不了宪法的认可，而真要获得宪法认可，机器人又必然面对无法克服的法理障碍。如此情状之下，像索菲亚那样绕过宪法，"特事特办"，直接赋予机器人以公民权，会成为普遍有效的策略吗？

不会。

在机器权利问题上，宪法是绕不过去的一道坎，这是由人类法律体系自身逻辑决定的。

一方面，宪法规定了公民的基本权利，首先是公民平等享有法律权利的政治和法治原则，并没有巨细无遗地规定公民所有民事权利，大量具体权利主要属于民法调整的范围。

另一方面，真要赋予机器人以公民权、与自然人相同的民事权利，又不能不从确定机器人公民资格或权利主体地位开始，否则，既体现不出宪法在法律体系中的地位，也不符合法律逻辑体系的内在要求：没有在最高法律的层次上获得通过，径直在比如"国籍法"之类的法律中认可"硅基物种"与人"同国为民"，这样的做法不仅显得轻率乃至草率，有拿人类命运开玩笑之嫌，而且还会危及法律自身的地位。

仅仅提出一个赋予"自主程度最高的智能机器人"以拟制的"电子人"法律地位的建议，欧盟就不能不启动议会立法程序，可想而知，真要赋予机器以"公民权"，无论哪个国家都会斟酌再三，其复杂、烦琐和艰难程度只会有过于"立宪"或"修宪"而无不及。反过来，今天索菲亚轻松获得公民权，恰恰说明其含金量稀薄得很，真要请出宪法来，只会成为对宪法的亵渎。

在人类法律体系中，宪法具有"生产"其他法律的权能。宪法的权力来自民意，其他法律最终从宪法获得授权，"万法之母"的称号由此而来。为了维护宪法的"母法"地位，中国的立法机构——全国人大专门制定《立法法》，确保宪法的规定落实到相关的法律和法规之中。在法治国家，"违宪审查"堪称悬在所有具体法律之上的"达摩克利斯之剑"，虽然引而不发，但也绝非虚置。当下，美国国会弹劾特朗普正在进行中，其罪名就是"违宪"。

宪法在法律体系中的至高地位，源自法律在人类生活中承担的社会功能。

人是一种群居动物，个人之间既需要彼此合作来实现共同利益，又因为具有自我意识，知道个体的利益所在，会主动追求之，因此相互间竞争不断，一旦失控还会走向恶性冲突。合作的秩序和利益的冲突是人类社会永恒的张力。无论是宗教、道德还是市场，都是人类自觉不自觉地发明或发现的缓和张力的手段，但要真正奏效，最后都离不开法律这种特殊形式的制度性设置。宗教从来有戒律，道德在必要时会入法，而市场经济素有"法治经济"之称，都说明了这一点。

法律平息利益纠纷、维护公共秩序的方法是基于相对稳定的公开规定，以国家强制力为保障，对各类争讼做出有执行力的裁决。任何事由只要放到法官的案前，就必须做出裁决，非此即彼，非黑即白，没有调和的余地，否则就成调解，不能称为裁决。相比之下，道德虽然也是调节社会关系的手段，但囿于自律的机理，存在两难情境，允许个人做出自己的选择，而法律不行。法官即便面对两种都合理的要求，也不会宣布当事人自行解决。法院可以不受理，但不可以无裁决。法律属于形式逻辑范畴，不能在实质上给出判定，也必须在形式上做出裁决，而且裁决还必须具有唯一性。这既是法治的长处，也是法治的难点。这一难点首先不是在司法中解决，而是在立法上解决：法律不允许体系内存在相互冲突的规定，以避免依据法条得出的裁决出现自相矛盾。

避免自相矛盾的裁决主要有两种方法，其共同的策略是采用某种权限分层的模式。

第一种是法律本身分层，所谓下位法和上位法。相对而言，权限较大的为上位法，权限较小的为下位法，下位法的权限来自上位法，表现在具体法律的形式化表述上，除了宪法之外，所有法律文本都必须以此开头："依据什么什么法律制定本法"。理论上，只要所有具体法律有共同的源头，就可以避免法条之间彼此冲突，进而避免司法中出现多种裁决相互抵触。

然而，法律是刚性的，生活是弹性的，法律永远是过去时，而生活永远是进行时。要想弥合两者之间的裂隙，确保法律对生活事务做出有效仲裁，司法就不能不依赖法官在把握法律精神的基础上，对具体法条的理解和运用。在这一点上，人类作为一种不确定的物种，表现出其长处和短处。不同法官对法律有不同的理解，其个性特征赋予了法律本身不具有的灵活性，增强了司法的有效性，但也导致对于同一案件，原本没有冲突的法律也会产生有争议的裁决。更何况当事人、律师还有关心案件的公众包括媒体，也有自己对法律的理解。

面对众说纷纭,除了像足球场上树立现场裁判的绝对权威之外,还可以通过司法权威的分层来寻求破解之道。

既然法律可以通过权限等级来避免规定上的矛盾和冲突,自然也可以通过法院和法官的权限分层来避免裁决上的矛盾与冲突。这就是司法中避免裁决彼此抵牾的第二种设置。从基层法院、中级法院、高级法院、最高法院,乃至宪法法院,权威分层的法院体系依靠上级法院裁决来确认或纠正下级法院的裁决结果,力求把裁决的争议性减到最小。

这两个分层体系的运作不仅涉及法律乃至法条的适用,甚至涉及法律本身是否成立。当诉讼的两造对适用的法律本身发生争议时,请求裁决法律或法条本身的合法性,就会成为一种可行的诉讼策略。至此,官司打到了宪法法院。宪法作为"母法"走上前台,像具体法律裁决案件一样,对待决的法律做出终极裁判,不得两可。

2003年武汉的一位大学毕业生孙志刚在广州被当作"盲流"遭到收容,结果惨死在收容所。此事经媒体曝光后,引发舆论强烈反响,三位法学博士联名上书全国人大常委会,建议审查《城市流浪乞讨人员收容遣送办法》是否违宪。最后因为国务院主动废除了"收容遣送办法",全国人大没有启动违宪审查,但在中国法治史上,"违宪审查"概念第一次得到广泛传播。

法律本身也可以被裁决,而裁决的依据就是宪法。

无论是立法还是司法,宪法作为最高裁决的依据,在机器权利问题上,不可或缺。拟制机器人为"电子人",固然事关重大,但无须宪法出面,因为"电子人"背后还是人,形式上自然人的部分责任转由"电子人"承担,实际上只是责任在有关利益主体之间的重新分配。

而一旦像索菲亚那样成为"公民",则必定牵连到宪法:不在法律面前人人平等的原则上再往前一步,机器与人如何成为平等的公民?

五、宪法是人类的"元原则"吗?

科幻作家在为机器人制定原则时,曾经专门提出"元原则",即"机器人不得实施任何行为,除非符合机器人原则"。其实,就像人工智能是对人类智能的模拟一样,人类为机器人所构想的规则无非人类为自己制定的规则之模拟。机器人"元原则"是对"元法律"的模拟,而"元法律"就潜藏在宪法之中。

法律要奏效,必先确立一项原则,就是人类行为只要处于法律调节的范围,必须依法而行,无论依法执政、依法立法、依法司法、依法行政、依法办事,还是有法必依、执法必严、违法必究,表达各有侧重,意思毫无差异。无论自然人还是法人,无论个人还是国家,相关行为必须符合法律规定,这项明确法律凌驾于一切个体意志之上的原则,先于任何法律,高于任何法律,没有这条原则及对此的严格遵守,任何法律都没有效能,也没有意义。

问题是,确立法律地位的规定无法以法律的名义来确立。法律可以规定人类行为的方方面面,就是不能规定个人必须遵守法律。

法律是一种规定,必须遵守法律也是一种规定,必须遵守关于必须遵守法律规定的规定,还是一种规定,如此规定套规定,犹如"拉着自己的头发上月球",只会造成规定的无限循环,可以用于逻辑推演的游戏,但无法产生任何实用效果。

在人类的法律实践中,革命属于突破法律规定的特殊的社会运动。但革命首先突破的不是法律,而是关于法律必须得到遵守的原则。

1918年德国革命期间,起义者进攻国会大厦,行进到草坪前,面对"严禁进入"的告示牌,自动兵分两路,冒着枪林弹雨,沿两侧道路前进,而不敢踏入草坪分散前进。明明是违反现行法律的"造反之举",偏偏采取了"遵纪守法"的样式,如此荒诞遭到当时革命导师的严厉批评。

确实,置于革命的特殊场景之中,起义者如此行为无法理喻,但从"元法律"的角度来看,这与其说是起义者对现行法律迂腐的尊重,毋宁说是他们对"元法律"下意识的恪守:"盗亦有道",哪怕在革命中,也自有关于规则必须得到遵守的共识在,否则作为社会政治潮流的革命本身都不可能存在,存在的只会是乌合之众的骚乱。而且,只要这种无条件尊重法律的信仰没有被打破,革命之后秩序的恢复就容易得多。相比彻底的"无法无天",从"元法律"的老根上长出的新法律和新秩序,其枝叶的生长肯定更加迅速、更加茂盛。近代以来,德意志民族虽然因为自己的原因,屡遭劫难,却能迅速从战争的废墟中重新崛起,其国民对"元法律"的信仰功不可没。

反过来,在一些国家里,法律制定得很详细,但得不到普遍遵守。其首要原因未必是立法、司法或执法层面的技术问题,而是法治原则得不到遵守,谁都没把法律当回事。有利则遵循之,无利则无视之,有害则违背之。如此缺乏"元法律"共识,法制再健全,也形同虚设。

法治原则不属于法律,而属于法律文化的范畴,缺乏法律文化,缺乏对法律的无条件尊重,才是法治不彰的最大原因。"朕即法律"

之下，法律的运行必定漏洞百出、弊端丛生，因为只要有一人不守法，"元法律"便告不存，普遍违法就不可避免。

法学家常说，只有法律成为信仰，法治才能实现。初听之下，颇为费解："法律属于他律范畴，个人不守法，自有国家强制执行，怎么需要依靠个人信仰方得遵守？"

其实，只要明白合同必须成为信仰才能得到履行的道理，自然不难明白法学家此言非虚。"成为信仰"意味着法律的遵守不靠强制，而靠内在驱使。至少一个国家内绝大多数人相信法律必须得到遵守，也一定能够得到遵守，"依法而行"成为共同意志和普遍行为，法律才能够对余下的人发挥"他律"的效力。在这个意义上，"法不责众"不是原因，而是结果，反映的是众人心中并没有确立必须遵守法律的信仰，法治之路必然坎坷。

法律成为信仰之日，就是"元法律"或者关于法治的"元原则"确立之时。

至此不难明白，现代法治国家为什么对宪法持高度尊重的态度，修宪从来是一件极为严肃乃至庄重的事情，甚至在美国只有宪法修正案，而没有对宪法文本的直接修改。其背后就隐含着人类对宪法最深层意义的认知。

宪法作为"万法之母"，根本上是供奉人类关于法律信仰的神龛！

六、机器权利可以从环境伦理中学到什么？

法律对每个人有效，也只对人有效，这一信仰在公民索菲亚异军突起之后，不得不面临修正。未来如果机器人有了自我意识，这个修正在程序上需不需要得到机器人的参与和认可,以便形成人与机器的共识,暂且留待以后讨论,这里不妨完全从人类的视角,来看看在内容上,需要回答什么学理诘难。

政府要赋予机器人公民权,必须得到法律许可,民法要赋予机器人权利主体地位,必然涉及宪法,如果立法机构就宪法是否认可机器人与自然人"同国为民"进行辩论,会出现怎样的一幕?

无论是提出还是反对赋予机器人以宪法地位的立法者,都必须就自己的立场做出论证,机器权利的伦理依据将成为争论的焦点。

由于人工智能的技术发展尚未达到机器人具有自我意识的水平,现在构想有关机器权利的立法讨论,为时尚早,即便放飞想象,仍属虚构。所以,不妨寻找一个参照系,看看能否从人类已有的类似争辩中,找到一些启发。面向非人生物的环境伦理或生态伦理观点或许可以提供一些机器权利来源的线索。

为了提高公众对生态重要性的认识,加大环境保护力度,专家学者提出了种种理论,从不同角度做出论证。环境伦理属于比较激进的一派,其基本主张是,动物甚至非生物同样应该享受道德权利,人类不能随便杀死或者改变之。其推理逻辑大致如下:

人类既是自然生态的一部分,也依赖自然生态,一旦生态被毁坏,人类将难以存在于这个星球。特斯拉的马斯克研究返回式火箭,其初衷就是当地球不再适合人类生存的时候,人类需要一种较为经济而有效的逃离地球迁往其他星球的运载工具。

生态圈是由不同物种在功能上互赖互补所构成的完整体系,每一个物种都以独特的方式,在生态圈中发挥着相应的生态功能,所以,每一个物种的良好存在是生态圈持续存在且功能良好的基础。

人类要持续地生存下去,必须确保生态圈运行正常,确保作为生态链之一环的每个物种的安全存在,确保其生态功能的良好发挥。所以,人类必须保护每个物种,最好的方法是制定相关的法律,而为了提高生态立法的位阶,需要赋予物种以同人类相等的道德权利,确保其不受自然人或法人的任意侵犯。

如此推理的出发点是将原本不言自明的人类中心主义的论证逻辑,转换为生态圈本位,人类不再具有道德上凌驾于其他物种的地位,所有物种在生存面前,"生而平等",享有相同的道德权利和法律保护。

以这样的论证逻辑和权利概念为主体构件而建立的环保学说,被称为"环境伦理"或"生态伦理",其反映了学界试图突破人类中心主义的权利观,建构一种面向未来的立法框架。这样的观点无论在学理上能否成立,实践上是否可行,作为思考策略是有意思的,也是有意义的。

然而,任何一个明理的人面对这样的论证策略,又不能不指出其中的不彻底或不逻辑的地方。

首先,环境伦理并没有真正跳出人类中心主义的窠臼,仍然有意无意地从人类自身存在的预设前提,来设定自然生态的必要性。完全站在自然生态的立场上,人类的持续存在对地球生态并非必不可少。毕竟在人类出现之前,自然生态早就存在,而且无论人类将自然生态毁坏到什么地步,只要人类消失,自然生态就有恢复的可能。曾经被反复摧残的太平洋小岛在核试验停止后,只过了几十年时间,就一片生机盎然。停战之后半个多世纪,朝鲜非军事区俨然成了动物的乐园。如果不囿于过度自恋，很容易明白，对于自然生态来说，人类的产生及其生态效应或许只是一种"意外后果"，所以，自然生态本位不需要以这个特定物种的存在作为前提。以人类需要自然生态作为论证的逻辑起点，只说明立论者内心人类中心主义倾向之顽固！

反过来，真要无视人类相对其他物种的更高级存在的地位，也谈不上真正尊重自然，所以也不算彻底的自然生态本位。作为物种，人类是自然的产物，人类所具有的毁灭自然的能力，是在自然允许下发展起来的。自然孕育了那么多物种，唯独赋予人类以毁灭自然的潜力。如果对于自然来说，人类及其毁灭性潜力的实现是"上帝的鞭子"，那么能说通过人类实现自我毁灭，本来就是星球的宿命吗？如果此说成立，那么不让人类实现自己的潜力，反而去保护自然，不是对自然规律的违背？"反者道之动。"谁能确定自然生态的运行不是借助人类才得以实现的再生与毁灭的轮回？

所有物种都是在相互依存的关系结构中实现各自的生态功能，而无论具体的相互依存还是抽象的生态功能，在很大程度上都表现为不同物种之间客观存在的某种互补关系，即所谓的"食物链"。居于食物链上游的物种，比如猛兽或猛禽，通过摄食下游物种，比如食草类动物，来防止其过度繁殖，从而维持了生态平衡。反过来，居于食物链下游的物种，通过被上游物种猎食，来履行自己的生态功能。那么，猎杀和被猎杀本来就具有生态功能，何以唯独人类的猎杀必须通过赋予其他物种以平等的道德权利来加以限制呢？当明明居于食物链最上游的人类，不能靠猎杀下游物种以生存的时候，不仅人类自身的存在可能遭遇困难，而且猎杀本身相对下游物种所具有的生态控制功能也将因此丧失，人类和其他物种同时失去生态功能。

　　幸亏动物的道德权利仅仅相对于人类而言，如果普遍推及为所有动物相对其他所有动物的权利，那绝对不可能是任何动物的福祉，而只会是一场生态大灾难。

　　况且，作为生命现象的自然生态，允许乃至要求物种个体既有出生，必有死亡，包括自然死亡和被猎杀。生态保护即便在最苛刻的条件下，也只相对于物种而言，不适用于个体，所以，环境伦理把道德权利赋予物种个体，本身是对自然的越权。

　　由此必然推断出，在由不同物种共同构成的自然界里，任何生物个体都没有权利，只有人类个体有权利，因为人类个体权利的来源不是自然，而是文化。所谓"人是生而平等的"，虽然采用了自然主义的修辞，但其性质是人类的自我设定。在自然界里，除了人类，没有一个物种的个体是生而平等的，不要说食草动物发情期争夺配偶的打斗，完全取决于个体的体力或智力，就是等级森严的社会性动物，如鬣狗，是否出生于"女皇"的高贵血统，基本上就决定了个体在群内享有的"权利"。最基本的自然规律——优胜劣汰机制得以发挥作用的前提就是物种个体之间的不平等。如果像人类"一夫一妻制"那样，赋予所有物种的每个个体以生殖上的道德权利，岂非违背"物竞天择"这一自然指令的僭妄？

　　如果承认人类生而平等属于文化范畴，那么环境伦理要将其扩展为自然范畴，就需要更多的依据，而只要生态平衡是在物种层面上实现的，人类对其他物种个体的保护自然也只能落实在物种层面，既没有必要，也不可能切入个体层面来操作。一些动物资源丰富的国家，在国际社会允许下，开展"狩猎旅游"，按照限定的名额，发放针对特定个体比如老弱病残动物的狩猎许可证,其考虑的不是任何动物的个体权利,而是尊重自然淘汰的规律。

凡此种种说明,环境伦理简单套用人类的规范于其他物种,最后只能是一场概念游戏,无法实现自己的主旨。

现在的问题是,环境伦理好歹有一个颇为正当的理由,那就是动物与人类共同构成且对各自都必不可少的生态环境,即便如此,最后还无法立足,那么,在人类与自己所制造且与自己不属于同一个"命运共同体"的机器那里,"同国为民"的要求显然更难为人所接受。

如果无法为机器人找到伦理依据,其宪法地位自然无从谈起,在这方面能有突破吗?

七、有用性能构成机器权利的伦理依据吗?

前面在讨论机器权利问题时,基本上采取的都是单纯考虑人类如何通过赋予机器人以权利,来解决自己的责任问题,这一论证策略显然过于消极。我们能从机器人本位的立场上,找到赋予机器人以权利的论据吗?环境伦理的论证策略可以对我们有所启发。

环境伦理以生态对人类生存的重要性和物种在构成生态环境中的必要性,作为赋予自然物以道德权利的伦理依据,其中虽然仍保留了人类本位的痕迹,但也提供了一种改变人与自然关系的思路。

首先必须说明,有用性听起来功利得很,同道德内含的利他主义倾向有所不符。其实按照"基因都是自私的"进化规律,有用性是历史前进的火车头。想当年,部落战争中战败被俘的人员往往直接被杀死,甚至被吃掉。如此处置至今仍可见之于世界上某些地区的种族冲突中，个别政治家因此被国际法庭以"反人类罪"起诉。

无论过去还是现在，要分析血腥杀戮背后的观念原因，颇为复杂，而要找出其实用原因，则非常简单：俘虏没用。食物本就匮乏，看管更需人力，一旦脱逃，后患无穷，最省事的处置方法是直接从肉体上消灭之。

人殉是对人的用途的一大发现，而用于人殉的俘虏至少可以存活一段时间，以迎接重大的祭祀场合，即便仍然需要耗费一定的食物，也因为文化意义重大而显得"物有所值"。

用人俑代替"人牲"的动力来自生产工具的改进和生产效率的提高，让俘虏干活比杀死他们更有利可图，从而催生了普惠性人道观念。但人类解放和个体权利成为时代主流，还需要等待工业化的兴起，建立在劳动分工基础上的市场经济，激活了人力资源这个最重要的生产要素，每个人独立而且平等的权利地位最终成为法律追求。理念与利益的双重奏在美国南北战争中表现得最为直白，解放奴隶既是崇高的，也是功利的，理想主义和实用主义的结合构成这个新生国家的内在性格。

现在的问题是，从人类历史进程中剥离出来的"因为有用，所以赋权"的逻辑，要想适用于越来越有用的机器人，不管法理上是否成立，至少实践上是可行的，但反过来，对人类有效的"因为赋权，所以有用"的逻辑，如果适用于机器，也能获得同样的效果吗？解放机器人能同解放奴隶产生一样的提高生产效率的结果吗？

在人类个体身上，"因为有用，所以赋权"和"因为赋权，所以有用"，可以构成一个闭环。因为人有意识，包括求生意志和改善自己处境的愿望。赋权意味着更有保障的生存与更好的生存状态，所以有助于激活个体潜在能力，实现对社会或他人更大的有用性。过去，奴隶的驯服由此而来，今天，"过劳死"也由此而来。

但在机器人那里，"因为有用，所以赋权"，无论可行与否，取决于人类，就像动物权利概念一样，有没有机器人的同意和正面回应无关紧要，人类单方面就可以决定。而"因为赋权，所以有用"，则离不开机器人的主动性。如果机器人没有求生意志，没有改善自身处境的原始动力，那么，无论人类如何赋权机器，都不可能在机器人那里产生自我激发潜在能力的效果。不管给不给权利，机器人的表现只决定于工程师，首先是程序员。

只要人工智能停留在这个阶段，人与机器的关系没有发生实质性变化，赋权机器人无非在人工智能介入的场景中，从法律上对各方当事人包括自然人和机器人的责任进行重新分配。在权利、义务和责任这三个要素中，对机器人来说具有实在意义的还是责任，所谓机器权利仍然只是一种消极的权利，一种依赖某个"监护人"才得以行使的权利。

这说明，要把按照人类特性设计的整套法律体系及其运行机理应用于人工智能，在机器获得人类特性包括智能以及"价值观"之前，很难取得预期结果。至此，讨论又回到了出发点：机器获得自我意识是可能的吗？

八、智能本身会成为机器权利的终极依据吗？

如果说单纯的、被动的有用性不足以构成机器权利的伦理依据，那么在机器人具有自我意识、赋权能够激发其更好表现的情况下，智能会成为机器权利的伦理依据吗？也就是说，人类会为了机器具有比自己强大的智能就承认机器与人类平起平坐吗？

要回答这个问题，必须承认一点：迄今为止，人类对任何强于自己的物种，无论碳基还是硅基物种，总体上是持恐惧态度的。这种态度与其说是对现实威胁的反应，不如说是对不确定性本身的排斥。人类不知道更强大的物种会如何对待自己。有关人类与更强大物种诸如"外星人"等邂逅的科幻电影，基本上都以负面的态度对待之，即便在非人物种最终无害的影片如《降临》中，人类莫名惊恐的心态也"跃然屏上"。就其本性而言，人类不愿意与比自己强大，尤其是比自己聪明的物种相处，这是自然进化刻录在人类基因中的终极密码。所以，因为机器有智能而赋权于机器，是不可能的，不让机器比人类更聪明，至少不让比人类更聪明的机器失控，才是人类必然的选择。

这意味着，撇开科学家无限的好奇、资本家无限的贪婪和政治家无限的雄心，真正支撑人类继续开发人工智能的应该是一种终极信仰：机器不会比人类更聪明，至少这种聪明不会越出人类的控制！

这样的信仰看似符合常理，其实绝对悖谬：弱者不可能给强者立法。无论是解放奴隶，还是保护动物，都是强者的意识形态。

开发人工智能的目的本来就是为了人类能掌握更高的智能，而人工智能一旦比人类聪明，尤其是进入自我迭代之后，以人类的智能肯定控制不了。

如果依赖机器的自律，那么工程师就必须在开发人工智能的同时，着手开发"人工心灵"，而前提是让机器具有自我意识。

如果依托对机器的他律，在"拔掉电源插头"这样的弱智方式之外,法律还能奏效,那就必须在机器与人类之间,达成"双方都必须依法行为"的共识。

此外,还有一种可能,如果真的比人类聪明了,机器会发明至今人类还没有想过的控制机制,比如类似"区块链"但肯定超越之的技术手段。

然而,有一点是明确的,无论是法律契约还是智能合约,一切需要人和机器共同遵守的规约,一定始于某种"元规则"的基础上。到这个时候,给不给机器人以"宪法地位",就没有选择余地了。

第六章
人工智能立法需要机器人参与吗？

从法律的角度讨论人工智能，首先碰到的问题一定是：如何定位人工智能——主体还是客体？人还是机器？

搞不清这个问题，一切免谈，因为不确定人工智能放哪个位置，没法说。

搞清楚这个问题，一切免谈，因为确定了人工智能放哪个位置，自有相关法律可以参照，不用说。

如果业界仍然采取当年图灵平实的命名——机器智能，而不是改用煽情的人工智能，这个定位问题或许不会显得那么突出。"人工"二字总让人联想到非自然物混迹于自然物、非人类潜入人类的意味，难免生出以人的标准来衡量人工智能或机器人的想法。

这样提问简单而且粗暴，几乎当即窒息了对于人工智能的法律思考，强行把人工智能纳入现有的法理架构，最后的结果只会是要么颠覆性技术遭遇削足适履，要么法律在智能时代裹足不前。

尽管如此，定位问题确为人工智能技术和法律本身的要害，很难绕过去，必须也值得做出完整的回答。但对"主体还是客体"和"人还是机器"这看似相同，实际存在细微但重要差异的两个问题，应该分开回答。因为前者讨论的是个人与世界、与自己的关系，而后者涉及人类与世界的关系，不在同一个层面上。而且，人工智能立法的空间就在两者的不重合处。

一、"主客二元对立"，从何而来？

所谓"人工智能是主体还是客体"的问题，相当于追问机器人有没有自我意识或自由意志。这是人工智能在技术、法律乃至哲学上的难点。

在法律上，这里说的主体实际上指权利的拥有者，而客体则指权利的对象。有权利，必须有对象，漫无所指，权利无从行使。权利主体与权利客体由法律规定。通常人是权利主体，包括自然人、法人和其他组织，物包括房屋土地不动产和机器等动产是权利客体。在特定的环境下，人也曾经可以是权利客体，比如奴隶。所以，追问人工智能是主体还是客体，就是质疑智能机器被视为与人相当，在法律上是否正当。

前面已有论证，局限在法律规定的范围内，讨论人工智能是主体还是客体，毫无意义，因为存在循环论证。只有跳出法律看法律，挣脱形同"第22条军规"的逻辑预设，才能就人工智能立法问题提出新的思考。

在哲学上，主体和客体关系显得较为复杂，具有多层次内涵结构，各层次间既有相通之处，也有不同地方。

在本体论意义上，主体代表存在本身，客体是主体的派生。人是主体,智能是客体,有人,才有人的智能,智能不可能脱离人而独立存在。人工智能作为人的智能的产物,也是客体。

在认识论意义上,主体与客体的关系可以视为有自我意识的认知主体与被认知的客观世界的关系。人是认知的主体,人也可以成为认识的客体,许多学科以人为对象,而研究这些学科的还是人,不是其他动物。智能是人所认知的客体,也是人用来研究的工具,人可以借助智能来研究智能,但智能目前还不能借助人来研究自己,更不可能研究人。哪天人工智能独立研究起人来,世界就变天了。

在实践意义上,主体是能动的,客体是被动的,主体能够改变客体,客体虽然能够反过来影响主体,但无法主动改变主体。人发明人工智能,人工智能反过来会影响人的行为,但人可以调整自己的行为方式,适应或拒绝被人工智能所改变,而人工智能不能拒绝被人类所发明。一旦人工智能成为主体,那就意味着相反的情况可能成为现实。人工智能是主体还是客体,最终问的是这个噩梦会不会成真。

概括而言,在当下与人工智能有关的法律语境中,主体和客体关系的核心要素是指向性,即由主体向客体投射,而不是相反,所以,强调的是单向性。

打个比方,主体与客体犹如太阳与月亮。太阳发光,月亮亮了,但只是反射太阳的光,自己不发光。没有太阳,月亮不亮。

在通常情况下,人与物的关系是人对物的单向投射,人按照自己的意图,改变或创造物,称之为"对象化"。物也会影响人,在极端场合,人会被物所吸引,反过来按照人投射在物上面所形成的属性来要求自己,如果因此而失去主体性,则被称为"异化"。如果人工智能技术最后导致机器取代人,那就是人类所能遭遇的最大异化。

一般来说,技术属于客体的范畴,而人工智能技术与其他客体的本质差异在于,其表现超出了人的意图,人的意图与机器人的表现呈现为某种平行存在的状态,由此导致传统的人指向技术的单向关系变为双向关系,引发人对人工智能定位甚至对主体和客体关系的重新思考。

二、"我"与世界是什么关系?

法律人士习惯使用"法言法语",为求确切,不被误解,能用精准定义的术语之时,绝对不用其他,主体、客体之类的概念信手拈来。

其实,同样的问题,在日常人们谈论人工智能时,有更加容易理解的表达:机器人有"自我意识"吗? 能像人那样观察世界和自己,调整或改变两者的关系吗?

这既是人类好奇的对象,也是科学家努力的方向,索菲亚侃侃而谈可以看作预演。

所以,要想理解"主客定位"对人工智能的重要性,不妨从考察一个人的自我形成开始,而自我形成的标志是掌握第一人称"我"的用法。

每个人天天在用的一个代词,有那么大奥秘?

人之为人,就在于会用"我"。

哪天人工智能会在严格意义上独立自主地使用"我",那就不是法律问题,而是法律归宿在哪里的问题了。

有人提出,人与动物都会思维,使人区别于动物的是,人能够对思维进行思维。这个断言如果不是本体论意义上,而是方法论意义上的,可以成立。

同样,人与动物都知道自己存在,知道在自己之外,还有一个世界。让人区别于动物的是,唯有人能对自己进行"反身性思考"。人能把自己也当作世界的一部分,实现与自己的对话,而动物不能。

打个未必恰当的比方。人的自我就像中国传统小说中讲的"元神出窍"。修行得道后,人的真我可以随心所欲地离开身体,从外面反观世界和自己的存在。普通人不具备这样的道行,只能借助工具来观照自我。古有希腊美少年天天临水自赏,迷恋不已,不慎掉进河里,成了水仙花。今有消费者频频换手机,不为沟通,只为找一架照相机,无须整容,效果更佳。人类花费在"看见自己"上的精力、时间和才智,是动物不能比拟的。

所以,给人下定义,不能满足于泛泛而论的"制造工具的动物",而应该细化到究竟何种工具。准确的定义是:人是制造镜子的动物。

这种带有"分裂症"或"强迫症"性质的自我观照,不是没有社会功能或道德意义的。每个人童年时或许都有下面这样的经历,虽然场景未必一样。

水果摊上,苹果娇艳欲滴,眼馋不过,伸手欲拿。

内心传来一个声音:"这是偷,不许拿!"

诱惑难耐:"就拿一个!"

"一个也是偷,不许!"

相持不下之际,突然又出来一个声音:"回家让妈妈来买!"

于是,皆大欢喜,既满足了生理欲望,也没有背离好孩子的标准。

在这里,我们无意对弗洛伊德的自我理论展开探讨,只想说明"反身性思考"中,与自己对话,把自己视为可以也必须与之交往的外部世界的一部分,是关键所在。

所谓"自我意识""自由意志"或者法律上常用的"真实意思表

达",以及权利、义务和责任等概念,都与之有关。没有反身性思考能力,"我"无法认知自己,也无法把控自己,就不能成为完整意义上的法律主体,权利、义务、责任都无所附着。

"人工智能是主体还是客体"之争,问的就是机器人有没有这样的"我",据此才能判定其是否适用于法律。

三、"我"从哪里来?

在任何一个人身上,能使用代词"我"都不是天生的,而是复杂学习的结果。由于这个过程太复杂,因此适合在不太会思考的幼儿阶段完成,就像语言发声一样。掌握"我"的用法,代表自我意识确立,这是个人社会化的核心,也是个人成为主体的第一个标志性事件。

"我"之不易掌握,在于"我"本身具有悖论性质。

"我"是一个最有个性、也最没有个性的符号。

"我"是最有个性的,因为"我"是每个人用来指称自己的符号,而人之为人就在于独一无二,所以,"我"内在地就是一个个性化的符号。没有人用"我"来指称别人或世界上其他任何事物,除非作为修辞手法。"我"的个性如此鲜明,以至于一个人要是开口闭口都是"我",很容易被批评为"只有自己,没有他人"。"自我中心主义"与"人类中心主义"的关系如同一件物品有大小号。

"我"又是最没有个性的,因为所有人用的是同一个"我","我"适用于任何人用来指称自己的场景。儿童因为还不具有清晰的表达能力,所以不会直接问:明明不同的人为什么可以用同样的名称来称呼自己?

"'我'是谁",要比哲学第一问"我是谁",具有更深刻的人文意义,它才是人类自我诞生的第一声啼哭!

在中国历史上,这个毫无个性的"我",惹恼过一个人。2 200多年前的秦始皇为了不与"黔首"共用"我",专门发明了一个唯独自己可以使用的符号——"朕"。令他想不到的是,这个称呼居然流传下来,被后世君王所袭用。最后在他们的群里,"朕"同样成了一个毫无个性的符号。历史证明,始皇帝之"始"不过就是第一个使用"朕"来代替"我"而已。

在自我认知的发展过程中,学习和掌握"我"具有里程碑意义。幼儿能听懂成人说话后,先知道的是每个人都有名字,自己也有名字,不同的名字代表了不同的人,就像每个人有一张不同的脸。父母最初对牙牙学语的幼儿说话时,使用的都是诸如"妈妈抱""听爸爸的话",从来不说"我抱""听我的话",因为本能地知道,孩子听不懂。

同样的,刚学会说话的幼儿会直接把别人用来称呼自己的小名,比如"明明",用于自称,渴了会说:"明明要喝水!"在这个阶段,幼儿不具有反思性思考的能力,无法将自己与世界分离开来,在他心里,那个正口渴的自己,不是"我",而是"明明"。

儿童在与成年人不断交流中,逐渐明白人与人之间可以无差别地使用"我",不但别人可以使用"我",自己也可以使用"我";不但可以用来向他人表达"我",也可以用来向自己表达"我"。其间经过了一个真正的心路历程。

能正确使用"我",说明个人不但掌握了从自己看世界的能力,还具有了从"我"看自己的能力。

掌握这个代表人的反身性思考能力的"我"的用法之时,就是个人达成自己与世界、主体与客体最终分离之日。"元神出窍"。

人作为主体须得与世界分离了,才知道与自己相对的客体。但仅仅与世界相分离,还没有走出高等动物的范围,卑微如低等生物也需要感知外部世界,与之进行物质和信息交换。只有与自己相分离,人类才超越其他一切物种。

四、"我"的技术和法律意义何在?

让机器知道"我",是人工智能专家孜孜以求的目标。据报道,有科学家发明了能感知自己"身体",并区别于环境中其他物体的机械手,在运行中,会主动调整姿势,以避开身体。该报道的题目是"人工智能开始具有自我意识的萌芽"。

机器人能从环境中区隔出自己的身体,有其技术价值,破解人工智能自我意识从何而来的问题,需要一个初始切入点,从感知自己的身体开始,并无不当,只是直接挂钩"自我意识",不够严谨。

对自身外形有感知,是生命体普遍具有的能力,触觉尤其是痛感本来就承担着感知外形与世界关联的功能。人工智能有了触觉,能感知"自己的身体",在接近生命体的方向上,确实迈出了一步,但离具备自我意识还有些远。

在日常生活中,法律只有在确认"我"具有反身性思考能力或应该具有反身性思考能力(比如醉酒或疏忽),能够自控的情况下,才会追究个人的行为责任。所谓"未成年人"或"完全的民事行为能力"等法律前置条件,都是为此而设的。仅仅能够区别身体与外部环境,不是承担法律责任的充分条件。智障人士比健全人容易受伤,这是有的,但很少见到整天遍体鳞伤,让人不忍直视的智障人士。这种情况更多见之于智力正常却失去痛感的病人。

只有在"我"能够反思自己后,一个懂法守法的人才会要求自己做法律要求做的事情,不做法律不允许做的事情。相应地,法律在惩罚个人行为时,希望达到的效果不单纯是"痛感",更是对自身行为的反省,是符合社会要求的"自我"的唤醒。

对于分不清自我与世界、"我"与自己的人,比如梦游症患者,无论其行为造成何等后果,法律都无法追究其责任。

"我"既不在,法律能奈"我"何?

"我"产生于对自己的反思,也存在于对自己的反思中,所以,人在知道"我"的存在后,自然会考虑什么时候舍弃"我"。

过于频繁而强烈的自我意识,会导致"我"与自己之间出现紧张,以致表现失常。必要时让自己"呆如木鸡",无所思,无所想,才是考场、赛场、商场、战场乃至情场的制胜法宝。心理学堪称当今显学,本质上就是研究如何调适"我"与自己关系的学科,而追求"无我"则是从道德修养、身体训练、商品营销到邪教洗脑的共同策略。"我",是自己手中的双刃剑。

"我"虽然重要,但法律视为出发点的是人,而不是"我"。

"我"作为意念性存在,需要有物质的载体,即身体乃至生命,"元神出窍"后还得重回"臭皮囊",否则就成孤魂野鬼。但"我"并不是身体或生命享有法律权利的必要条件。只有生命,却没有"我"的人,在法律上同样被视为"权利主体"。比如胎儿、智障人士甚至植物人都被法律规定为享有人的所有权利,由其监护人代行之。

这意味着,法律在追究个人行为责任时,以"我"的存在为前提,而在赋予个人权利时,却不以"我"的存在为前提。没有"我",人的权利照样得到法律的承认和保护。身体才是法定权利的承担者。

既然法律承认没有智力,也没有意识,更不会反思的人,也可以享有人的权利,那么在讨论人工智能立法时还有必要纠缠于机器人到底是主体还是客体吗?不如直接问机器人有没有身体更直截了当。

到这里,哲学层面的"主客二元对立"已经主动让位于伦理学层面的"人机二元对立",人类中心主义登场。

五、人类中心主义如何看待人与世界的关系?

人类中心主义同古代"地心说"可做一比。

古人以为地球是整个太阳系乃至宇宙的中心,不是地球绕太阳转,而是太阳绕地球转。这种观念来自朴素的直觉。身在地球,每天太阳升起落下,从头顶上经过,感觉自然是太阳绕着地球转。后来天文学发达了,人的视野开阔了,才知道不是这么一回事。

类似的,人类中心主义认定,人与自己生活于其中的世界之间也存在着以人为中心的关系。具体表达为三个命题。

第一,在人与自然的价值关系中,只有拥有意识的人类才是主体,自然是客体。

在世界上,只有人具有对自己、世界以及自己与世界的关系进行反思的意向和能力,世界的其余部分不具有,所以,两者之间的关系是单向的,前者主动,后者被动,前者是后者的评判者,后者只是前者的评判对象。

既然只有人能评价世界,而世界不能评价人,那么,评价世界万物的标准只能掌握在人的手中。"人是万物的尺度。"任何事物本身无所谓价值,其"价值"只能是"对人的意义"。

套用"心灵鸡汤"的句型,亦即"对别人有用,就是我的价值"。这里只需要把"别人"换成人类,把"我"换成世界,就可以了。

第二,在人与自然的伦理关系中,应当贯彻人是目的的思想。

"人是目的"这一命题最早由德国哲学家康德(1724—1804)提出,被认为是人类中心主义在理论上完成的标志。

这个命题明确宣告,人类中心主义的本质是人关于自身与世界关系的一种道德认定,属于"应然",而不是"实然"的范畴。

在实然的层面上,人类依赖于自然,人不可以没有自然,而自然可以没有人。

但在应然层面,人是目的,自然是手段,人不是自然规律的执行者,相反,自然是人用来实现自己意志的手段。这相当于声称,不是人依赖自然,而是自然依赖人。

人不存在了,自然在不在,有什么关系?

要是人会被机器取代,那为什么要发明人工智能?

世界万物是人类按照自己意图构建世界时所采用的材料。材料肯定会影响到建筑形式,但同样的材料最终构成不同的建筑,拥有决定权的是人,不是材料。

第三,人类的一切活动都是为了满足自己的生存和发展的需要,不能达到这一目的的活动是没有任何意义的,因此一切应当以人类的利益为出发点和归宿。

人类中心主义的核心是对世界持有一种自私的态度,一切自然物乃至自然本身都是为了服务于人而存在的,面对世界,人类只有权利,没有义务。

因此，在现实处理人与自然或其他物种的关系时，人只需要考虑自己，不用考虑自然或其他物种，因为世界只是为了人类的存在而存在的。在这样的语境中，人与自然的关系不只是主客关系，更是"主仆关系"，自然没有地位，唯人类意志是从。

西方文化曾经崇尚"征服自然"，中国传统文化信奉"人定胜天"，都是人类中心主义的文化基因。

人类中心主义不只表现为一套观念体系，还体现为一种实践能力，一个人化的世界。在所有物种中，唯有人类具有"虚构故事"并使之成为现实的能力。规划世界，塑造万物，在自然的发展中留下自己的印记，文明史证明了人类主导和控制世界的地位。

在这一点上，纵然主张赋予动物同人一样权利的激进环保主义者也不可能置人类于次要地位，毕竟，今日世界是由人，而不是其他任何物种建构的。其他物种只有通过人才能获得道德或法律地位，这本身说明人对其他物种的主导和控制能力。

同其他许多历史形成的观念体系一样，人类中心主义也经历了现代化过程，如今其内容已不再限于上述三个命题的范围。自工业化以来，人类滥用自然，导致大规模物种灭绝，生态环境严重恶化，自己也随之频频遭受自然惩罚。所有这一切让人类中心主义思想观念受到深刻质疑和猛烈批评。

人有能力改变世界，但无法决定变化后的世界一定符合最初的预期。人不能不承认"理性是有限的"，承认人与世界的关系不是一方主动，另一方纯粹被动的单向交流，而是复杂的交互作用，承认人改变世界，世界也改变人。

雄心勃勃如埃隆·马斯克，可以想象地球资源被穷尽之后的未来，制定宏大规划，研发相应技术，一步步付诸实施，争取地球居民向其他星球比如火星迁徙，但离不开一个新的、对人类来说足够宜居的自然环境，因为火星到底是否合适，还有待确认。

重新认识人与自然的关系，反映出人类对自己和自己在世界上的地位开始采取理智与客观的态度，这是正确的，也是有益的。不但对人类有益，对人与世界的关系有益，也对人类中心主义有益，保持足够弹性和适度谦卑，人类中心主义才能适应自然世界和观念世界的现实。

但严格地说，承认人类依赖自然这个既是现实的也是逻辑的前提，并不意味着在伦理上放弃人类中心主义。人类对自然的依赖属于"实然"范畴，而关于人与自然主客关系的认定属于"应然"范畴，承认前者不足以动摇甚或颠覆后者。人不能不吃饭这一事实，不能改变饭的价值仅在于让人吃饱了，过美好的生活。

在更多地包容自然的同时，人类中心主义也为自己找了一个辩护的理由：在所有物种中，唯独人类具有不断完善自己的潜力。意思差不多是，人类虽有失误，犹能亡羊补牢。

人类属于不确定性存在，不像其他物种一旦选错进化路径，只能将错就错，困在死胡同里出不来。人不但能够改变世界，还能随改变了的世界，改变和完善自己。而且这种改变始终处在人类掌控之下，总体上符合人类的预期。

今天，引用德国哲学家黑格尔的名言："人类从历史中学到的唯一教训，就是人类没有从历史中吸取任何教训"，几成时髦。但平心而论，工业化时代咄咄逼人的人类中心主义在自然惩戒下，变得温和而谦卑了。这说明人类能够吸取教训，自我改变，变得更好，或者更确切地说,变得不像曾经那么坏!

在人类中心主义观念的影响下,人类给世界造成了各种问题,将来也未必能完全避免,但人类主导世界的现实眼前还看不到尽头,其他物种连带人工智能取人类而代之的前景,仍然只是科幻写作的题材。

事实上,这里所讨论的如何立法规范人工智能或机器人,赋予其权利是否必要,到底从人类的角度还是人工智能的角度去思考法律问题更加合适,等等,都属于"虚构故事"的范畴,所依托的正是人类独有的潜力。

相比之下,最聪明的人工智能也只会从过去留下来的大数据中找到某种"发现",却无法提出任何未来构想。人工智能可以预测未来几天的气象,却不可能规划自己的发展蓝图。

仅凭现有技术,索菲亚不要说回答,根本不可能提出这样的问题:"我要成为什么样的人?"而一个心智正常的普通儿童通常都能说出自己的愿望。虽然在成年人眼里,不是每一个儿童的答复都表现出足够的想象力,但建构愿景确实表征了儿童的潜力,不但可能影响自己的未来,甚至可能影响世界的未来!

人类中心主义以人类的发展潜力为辩护理由,表现在实然层面上是颇为自负,只要自然赋予人类的发展空间尚未用尽,人将继续握有掌控权,而没有想象力,不具有人性,机器人永远不能成为法律上的权利主体;而表现在应然层面上则是态度顽固,人工智能即便有了想象力,只要不是人,就永远不能获得与人平起平坐的伦理资格,不能具有法律上权利主体的地位。

因人而生的机器,要改变人对机器的道德认定,不会是一件轻易的事。

六、智能机器的法律地位如何确定？

"主客对立"和"人机对立"因为经常被人等价用于设问人工智能立法的前提，容易被误解为同一个问题的不同表述，其实不然。两者之间既有共同点，也有不同处。

主体相对客体具有认知优势地位和人在与世界的关系中具有伦理优先地位，这两个观念具有内在的一致性。既然唯有人能反思世界的存在，自然唯有人能评估万物的价值，逻辑上没问题。但在这两个二元对立中，人最终必须遵循自然规律，这一局限同样被忽视了，而人能够构建世界、改变自己，这一潜力同样被拔高了。

两者的重大区别在于，主体与客体关系未必能落实于每个个体身上，而人与机器的伦理关系则对所有人有效。

在"主客对立"的架构中，一个没有自我意识，不具有想象世界能力的人，不改其人的身份，仍然保有其全部权利，所以，自我意识和自由意志并非个体享有权利的必要条件。正是这一点为人工智能在形成自我意识或自由意志之前获得法律权利主体地位，留下了空间。

而在"人机对立"的架构中，即便人工智能最终具有了自我意识，仍然不改其技术或机器的身份，无法享有任何人都能享有的权利。立法不会给机器人留出任何与人平权的空间。

造成两者之间不完全重合的原因是，"主客对立"具有较多"实然"的成分，而"人机对立"则以"应然"成分居多。固然，技术服从"实然"，也能改变"实然"，进而影响乃至决定"应然"，但不会轻易实现，观念演变有自己的逻辑。

只要人与世界的目的—手段关系具有道德律令的绝对性质，未经改变，那么无论人工智能多么聪明，除非直接颠覆人类秩序，否则难以合法获得权利主体地位。法律人士习惯于从人工智能的定位问题开始讨论，相当于恪守道德律令，从逻辑起点上，消除任何人援引索菲亚的例子，要求赋予机器人以人的权利的企图。

在人与机器不可能实现平权的情况下，处在两个"二元对立"挤压下的人工智能立法，却有可能于夹缝中找到机器权利的有限空间。

七、人工智能立法走到哪里了？

迄今为止，世界主要国家在涉及人工智能技术的立法上，大多表现出保守的姿态，研发应用争先恐后，监管规范参差不齐，法律创新踟蹰不前。

在人工智能技术研发方面领先全球的美国，早在 2011 年就发布《国家机器人计划》，提出"建立美国在下一代机器人技术和应用方面的领先地位"的目标。此后，相继发布一系列国家政策。2019 年美国总统特朗普签署了第 13859 号行政令——《维持美国在人工智能领域的领导地位》，重申"保持美国在人工智能方面的领先地位"的决心。据此，白宫于 2020 年 1 月发布《人工智能应用监管指南备忘录（草案）》，从监管和非监管层面提出 10 条人工智能监管原则，但要求避免联邦机构对人工智能应用的过度干预，强调监管的灵活性。理由是，在大多数情况下，试图规定死板的人工智能应用规则是不切实际且无效的，因为人工智能将以超预期的速度发展，管理机构需要对新的信息和证据做出反应。

在人工智能应用方面具有领先优势的中国，同样态度积极、行动迅速。2017年中国提出《新一代人工智能发展规划》，目标是使中国"到2030年人工智能理论、技术与应用总体达到世界领先水平，成为世界主要人工智能创新中心"。同时，看到了人工智能发展的不确定性带来的新挑战："人工智能是影响面广的颠覆性技术，可能带来改变就业结构、冲击法律与社会伦理、侵犯个人隐私、挑战国际关系准则等问题，将对政府管理、经济安全和社会稳定乃至全球治理产生深远影响。"

所以，"在大力发展人工智能的同时，必须高度重视可能带来的安全风险挑战，加强前瞻预防与约束引导，最大限度降低风险，确保人工智能安全、可靠、可控发展"。并明确提出"建立人工智能法律法规、伦理规范和政策体系，形成人工智能安全评估和管控能力"。

就监管和规范而论，目前世界各国基本处于提出框架性原则，制定"伦理准则"或"监管指南"的阶段。

有意思的是，2020年2月28日，在人类精神中心之一，而非科技中心之一的梵蒂冈，教皇方济各基于人工智能技术对人类福祉的重大而且深远影响，发布了《人工智能伦理宣言》，呼吁"人工智能伦理必须是算法初始设计的一部分"，并提出发展人工智能必须遵循的六大准则：

一是透明度准则：原则上，人工智能系统必须是可解释的；

二是包容准则：必须考虑到所有人的需要，这样每个人都能受益，所有人都能得到最好的条件来表达自己和发展自己；

三是责任准则：那些设计和部署人工智能的人必须有责任和透明度；

四是公正准则：不制造偏见，不按偏见行事，维护公平和人格尊严；

五是可靠性准则：人工智能系统必须能够可靠地工作；

六是安全和隐私准则：人工智能系统必须安全地工作，并尊重用户的隐私。

影响各国人工智能立法进展的主要因素，除了技术本身尚未成熟之外，最主要的是国家间竞争。由于人工智能技术代表了"第四次产业革命"，战略价值突出，综合潜力巨大，主要国家有意"独占鳌头"，所以，在"先规范还是先发展"的抉择上，态度暧昧。为了不干扰技术创新，防止被竞争对手占了先机，多倾向于保留足够宽裕的法律空间，"放水养鱼"。

在这样的背景下，围绕人工智能技术的研发和应用，已有的或准备采取的措施主要着眼于作为研发者和应用者的人，而不是人工智能本身。毕竟，在现行法律框架内，智能机器不是主体，只是客体，技术是中性的，控制风险的责任自然落在技术开发者和应用者身上，至于技术本身失控可能带来的风险，还没有纳入议事日程。

况且，以人类中心主义的逻辑，法律的规范职能只适用于人，包括自然人、法人和其他组织，而不适用于物。人工智能技术作为客体，法律可以通过规范人的行为和调节人机关系来管控之，无法直接约束之。

在这样的社会、技术和法律环境下，作为世界上重要的经济体，欧盟的态度和表现显得尤为可圈可点。

近年来，欧盟多次表示愿意成为"合乎道德的人工智能"的领导者。2018年12月，欧盟人工智能高级别专家组向社会发布人工智能道德准则草案，开始讨论"可信赖的人工智能"并给出官方解释。

"可信赖的人工智能"有两个必要的组成部分：其一，应尊重基本权利、规章制度、核心原则及价值观,以确保"道德目的";其二,应在技术上强健且可靠,因为即使有良好的意图,缺乏对技术的掌握也会造成无意的伤害。

2019 年 4 月,欧盟委员会正式发布《人工智能道德准则》。

而此前,在 2016 年,欧盟议会法律委员会就曾发布《欧盟机器人民事法律规则》,建议:

(1) 成立欧盟人工智能监管机构;

(2) 制定人工智能伦理准则;

(3) 重构责任规则:强制保险机制和赔偿基金;

(4) 考虑赋予复杂自主机器人以法律地位,名之为"电子人"。

这里的"电子人"如同公司法人、胎儿一样,在法律上享有"拟制人",即由法律规定的特殊权利主体的地位。

这表明,一方面人工智能享有人的权利,将不再是科学幻想;另一方面"电子人"的权利主体地位仍与索菲亚的公民身份存在根本差别,但就权利内容和行使方式而论,"电子人"更有可行性,一旦通过,有望覆盖整个同等技术水准的机器人类别。

欧盟在人工智能立法领域走在世界的前沿,反映了欧洲文化在人文价值观上的追求和坚持。

八、"电子人"从何而来?

当下人工智能立法首先需要解决的与其说是人工智能的定位问题,不如说是法律自身的定位问题:到底是站在法律的立场上看人工智能,还是站在人工智能的立场上看法律。

在通常情况下,既然事关立法,自然应该以法律为本位,否则立法作业无从开展。这很容易理解。

问题在于,把人工智能定位问题作为首要问题,这本身说明现行法律框架遇到了难题,不知道如何安放人工智能,才能做到既不为难法律,也不"委屈"新技术。在人工智能尚不具有自我意识,也没有独立利益的情况下,过于激进地赋予机器人以权利主体地位,没有必要,也无从落实。但简单沿用适用于传统科技的立法思路,对于具有全新特点,尤其是高度自主性的机器人,显然是不适当甚至无效的。机器人说人非自然人,说机器非传统机器,在这种两可状态下,利用已有的法律资源包括立法技术,拓展权利空间,走出法律创新的新路,势在必行。欧盟是先行者。

在这方面,欧盟有两份重要的法律文件,《就机器人民事法律规则向欧盟委员会提出立法建议的报告草案》和《欧盟机器人民事法律规则》,其中提出的人工智能立法构想,既足够超前,颇具科幻色彩,又贴近实际,相当可行。这里仅集中其立法思路中更具人文性的要点,以"电子人"概念为线索来呈现之。

欧盟专家认为,人类正站在一个时代的门槛上,伴随先进机器人和其他人工智能形态的出现,一场新的工业革命山雨欲来。

从长远来看,人工智能存在超越人类智力能力的可能。

今天的机器人不仅能够执行过去通常是人类独有的活动,而且还发展了某些自主和认知的功能,例如从经验中学习并做出独立决策,就其表现而言,机器人越来越接近于一种有能力与环境发生相互作用并改变之的力量。

随着人工智能技术不断发展,机器人会越来越多地实现自动化和算法决策,这肯定会影响个人、公司或行政机构的决策。为此,必须针对机器人有害行为可能产生的法律责任,制定规则。

这套规则尤其是责任、透明度和问责制等既是实用的,也反映欧洲人的人文价值观,体现欧洲对人类社会的贡献。但规则不能影响机器人技术的研究、创新和发展。

机器人技术的发展应该侧重于补充人类能力,而不是取代之。在开发和应用机器人和人工智能时,必须保证人类在任何时候都能控制智能机器。

人工智能会对人的生命产生实质性影响,要强调透明原则,确保对人工智能作出的决定做出解释,将人工智能系统的计算简化为人类可以理解的形式,为具有高度自主性的机器人配备"黑匣子",以记录机器执行每项任务的数据,包括影响决策的逻辑。

在目前的法律框架内,难以对新一代机器人造成的损害做出弥补。所以,需要在机器人的自主性和现有法律类别的基础上,创设一个新的权利主体类别或具体的法律地位。

为最先进的自主机器人赋予"电子人"的法律地位,电子人格适用于机器人做出自主决定或与第三方独立互动的各种场景。

"管中窥豹,略见一斑。""老欧洲"面对新技术,在追求科学性与人文性相平衡上的价值观和分寸感,跃然纸上。

九、"电子人"代表了智能机器最终定位吗?

欧盟的"电子人"构想是迄今为止在人工智能立法上最大胆的尝试,无论能否达成预期效果,对人工智能技术发展、人类生活秩序维护和法律制度推陈出新,可望产生建设性作用。

同时,从人工智能技术未来发展趋势来看,"电子人"概念和相关法律仍可能遇到重大挑战,尤其是来自"脑机对接"的挑战。

目前,人类智能与人工智能处于平行发展的态势,人有人的思维方式,机器有机器的思维方式。科学家准备好人工智能"三大件",算料即大数据、算法和算力即计算机、网络和生态,人工智能自主学习,形成能力之后,执行任务,进入工作状态。

在这样的模式下,人与人工智能之间虽然存在着一定的交集,没有人的先期介入,人工智能无从形成,但人工智能一经形成,开始自主运行后,就具有了某种独立性,相对人类表现出某种不可解释、不可预测的特点。人类可以选择接受还是不接受人工智能的输出,但不能直接决定输出什么。如果追求一切尽在人类掌握之中,那不啻取消机器的智能,退回到经典计算机时代。

人机平行的关系模式将会长期存在,因为存在着需要人工智能单独运行的场景。但这个模式既不能覆盖人工智能技术应用的全部场景,更无法解决人类智能和人工智能各自面临的结构性难题。

在漫长的历史长河中,人类先是依靠生物进化,后加上学习和实践,变得越来越聪明。但一则随着婚姻制度的建立和社会越趋平等,智力表现与生育水平逐渐脱钩甚至呈负相关,大脑的生物进化之路近乎中断;二则随着知识积累,每一代人重复学习已有知识所占用人生时间的比重越来越大,大脑的后天开发也面临生物学极限。人类智力要想继续提高,需要与人工智能有更紧密的结合,通过"智能增强",开拓出一条全新的智力进化之路。保留创造性思维,减少机械重复的学习,提高人类智能的质量和效能,势在必行。

同样，人工智能依赖数学，计算速度极快，能处理海量数据，且不知疲倦，有其优势。但在小数据认知、直觉判断、融会贯通等能力上，始终无法与人类比肩。人会算计，机器会计算，人解决定性问题，机器解决定量问题，人判断方向，机器完成过程，两者之间越来越表现出"合则两利"的趋势。

在这种情况下，通过人机耦合或脑机对接，直接打破人类智能与人工智能平行相处的状态，达成分工合作，实现彼此增强，已成为人工智能技术研发和应用的主要方向之一。事实上，许多科学家在这方面做出了很大的努力，比如能听懂残疾人意念指令的外骨骼、植入人体的智能器官、通过机器解读大脑血流图获取真实信息等，并取得了一定的成果。最新的成果是研究人员通过将电极直接连接大脑皮层，让人工智能解读脑电流脉冲，将人的思想活动转化为文本形式。未来，"无以言表"或将成为历史。

从智能增强的角度来看，人机耦合可以让人与机器相得益彰，而从技术安全的角度来看，"偏科的"乃至有缺陷的人工智能才是令人放心的，智能机器全面掌握乃至超越人类智能，未必是人类的福音。人类不能没有相对人工智能的"撒手锏"。

然而，人机耦合或脑机对接的客观结果是人与机器智力相通，形成认知、决策和行为中"你中有我，我中有你"态势。面对这种从未有过的新情况，现行法律即使赋予高度自主性的机器人以"电子人"的法律身份，仍将面临尴尬。

只要坚持以人是理性的、具有自由意志为逻辑预设，在人工智能深度介入个人的动机形成和手段选择，人机交互难分彼此之后，如何判定行为的责任归属？

在人设定目标，机器选择手段，人制定计划，机器采取行动的合作模式中，责任完全由人来承担，还是机器作为"从犯"也承担部分？

在个人智商水平高低不可选择，而人工智能的技术水平可以选择的情况下，选配与自己对接的人工智能应该交由自己决定，还是像配眼镜一样，需要"验光师"根据客户的智能水平，开出处方，为其配置合适的人工智能连接？

如果交由个人自主选择人工智能的技术水平，需要根据人的智力与人工智能的差距，来判定双方应该承担的责任比例吗？

在人的动机正当，而人工智能选择的手段不当的情况下，需要追究"验光师"的责任吗？

一旦人机结合体触犯法律，处罚全部落到人身上，还是部分施行于机器？

对人的违法或犯罪，法律上有财产刑、自由刑和生命刑，对人工智能承担的那部分责任，可能采取何种处罚形式，是强制软件升级、改写初始程序、删除数据库，还是拆除部分硬件？

在人与机器已经形成紧密关系的技术条件下，无论软件升级还是硬件拆除都会直接影响人与世界的关系乃至人的生命质量，这时候，处罚机器与处罚人有什么区别？

当人工智能可以极大地影响乃至决定人类福祉时，对人的法律处罚因此出现新的类型，技术刑，即降低可选人工智能配置水平的刑罚，其极限可以达到禁止使用人工智能，是可能的吗？

届时，自主选择算料、算法和算力应该归类于个人消费选择权，还是攸关个人自由幸福的基本人权？

所有这些问题，在脑机对接技术得到广泛应用之前，都只是一种想象,未来可能出现,也可能不出现。但有一条可以确定,就是智能机器给立法带来的挑战,将是深刻的、持续的、长期的。两个"二元对立"不会永久框限人工智能立法的推进,而"电子人"则未必能一蹴而就地解决人工智能立法牵涉的深层次问题。最后有可能是人类发挥超常智慧,采取类似"师夷长技以制夷"的策略,用"以毒攻毒"的方式,通过人工智能自我"立法"来解决问题。

十、人工智能技术能用于立法吗?

回答是肯定的。

据报道,有人利用人工智能技术针对以往奥斯卡影片得奖评委的习惯和思维方式,建立数学模型,用于预测新一届奥斯卡影片评奖结果,由此获得的结论与最后揭晓的评奖结果相当吻合。

看来机器人完全能够胜任电影节的核心工作,来年评选时,评委们只需审核一下机器人提供的获奖名单,签署"同意"就可以了。

受此启发,有人提出,如果将类似的人工智能技术应用到立法中来,针对立法专家的思维方式建立数据库和数学模型,让机器人学习后,提交立法建议,应该也能对未来的立法有很大的推进,预见性会更强,预测结果也会更准。

如果仅仅满足于类似电影节评委的工作,那么,现在的人工智能技术已足以胜任。立法是一个完整的过程,在前期研究中,就有许多事务可以交由人工智能来处理。比如,制作同立法有关的文献综述,对涉及立法的司法判例加以分类,整理相关法律资源,还可以在模拟法学专家思维的基础上建立能够提供决策咨询的"专家系统",如此等等。随着技术的不断发展,人工智能在立法环节肯定会有更大的施展空间。不过,有一点必须明确,在这些应用场景中,人工智能完全是作为技术手段介入立法,并没有体现出与其他工具有什么实质性区别,也没有给立法活动带来实质性改进。

众所周知,立法需要专业,但并不是技术性专家就能完成的简单业务活动。立法首先是一项政治运作,是相关方利益博弈的过程,其中程序尤为关键,既关涉法律的正当性来源,也提供政党运作的空间。立法活动的最终结果不是某部法律的颁布或流产,而是人类在相关领域的行为方式和关系结构出现重大调整。所有这一切不像电影节评奖那样以"一次性结果"结束,也不是圈中人自娱自乐,公众可以关心,也可以不关心。法律是国之重器,立法是民生所在。

人工智能参与立法不能满足于小打小闹,干些杂务,还沾沾自喜,而必须在更高的立意上,表现出新技术在解决人类立法老问题上的独特优势。

十一、法律,自律还是他律?

在社会科学教科书上,法律从来被认为是一种他律的社会规范,与自律的道德相对应。一般意义上,这样的定义是可以接受的。对于个人来说,法律确实具有他律性质,个人不守法,国家会以强制力来纠正其行为。生活中每个人或多或少都有这样的经验。

换一个角度来看,法律又是具有自由意志的人类为自己制定的规则体系,而不是任何外在力量比如外星人为地球人定制的。在人类整体的意义上,法律应该归入自律的范畴。

固然,现代社会科学主张,人在制定法律的过程中不能任意而为,必须遵从某种社会规律乃至广义的自然规律,才能达到规范个人行为、维护公共秩序的预期效果。但没有人知道法律必须遵从的规律具体是什么样的,社会科学家自己也讲不清楚,既定的法律与之相似度有多大、不足、过了还是恰到好处;更无法直接从"社会规律"获得法律应有的强制力,不能表达为人格化力量,规律只是一个比喻。高楼坠下必死,而触犯死罪却逍遥法外的所在多有。"天网恢恢,疏而不漏"的承诺能否兑现,还要看概率。因为一切端赖人的努力,法律才始终被视为人类文明的高级成果。

固然,哲学家相信,人类的自由中包含着对必然性的承认,法律就是两者的结合。在逻辑上,自由与必然性确实不可分割,但在实践中两者未必始终同步。只要法律无法创设一个绝对平等的社会,掌握资源越多的群体或个人,其享受自由越多而受必然性约束越少,而只要必然性不能随时"补位",失去约束的自由就可能导向违反、修改乃至废弃法律的行为。走出"自然状态"后,"利维坦"并未能杜绝个人对"无限权利"的追求,"我死之后哪怕洪水滔天"的末世心态和极端行为,无非自由脱出必然性轨道的表征,至今在世界各个角落频繁出现。

为了确保法律对所有人尤其是强势群体的自律效力,自古以来人类以极大的智慧,进行全方位的创新探索,立法环节是其中的重中之重。

十二、人类如何自我限制立法权?

作为人类自律机制,法律要有效规范个人,必先保证自身的存在。在法律存废随意的情况下,普遍守法是不可想象的。人类在立法上表现得有节制,才能保证法律的稳定性和严肃性,才能维护个人对法律的信仰。所以,人类自我限制乃至剥夺立法权是"元法律"的内在要求,而其实现主要用到了三种策略。

第一,虚构法律正当性的外在渊源。

在现实生活中,大多数人之所以遵守法律,不是因为害怕受罚,而是相信守法才是一个好人。道德走在法律的前面,是"法不责众""徒法不足以自行"等谚语的内在道理。

人类最早采取的策略是将立法权转移给虚构的主体,通过掩盖法律的人为性,将其供上神龛,成为凌驾于人类之上的外部力量。这一策略的典型之作是"神创法"和"自然法"学说。

"神创法"比较简单,就是主张法律来自神授。神与人之间不能直接沟通,必经过负有特殊使命的人,即能听闻"天启"的"先知"之手,再传之于人。随着肉身凡胎的先知回归神的身边,神授的法律从此闭合,人的立法权被取消了。

在人类早期,作为广义法律的宗教律法在世界许多地方盛行,所采取的策略大抵如此。圣经中记载的"摩西十诫"是最经典的例子,而圣经本身在397年迦太基会议后,确定了最后的文本,从此闭合。后人在宗教立法方面的一些套路可以视为向前辈的致敬,其核心都是从来源上限制乃至取消人类立法权。

"自然法"中的"自然"含义相对庞杂,在学术上,可以是"泛神论"意义上的自然,相当于不具人格形象的上帝;可以是社会规律意义上的自然,不以人的意志为转移;可以是作为逻辑预设的自然,体现为公平正义之类的原则;还可以是自发形成意义上的自然,表现为相对成文法而言的习惯法或判例法。

各种"自然法"概念无论其表层意思为何,其共同含义是认为法律并非纯粹的人为,冥冥之中有更强大的力量在左右着立法,所以人类不能也不允许任意而为。立法必须有依据,而依据不在上位法,只有体现自然的要求,法律才有正当性。

经过刻意的理论修饰,法律从君主或统治集团的工具变成"外部的律令",成为任何人都不可以违抗,更不能随意否定的"天意"。人类创设的法律独立于人类而存在,自律的法律取得了他律的形式。

第二,设置程序性障碍。

近代以来,随着科学的兴起和经济的发展,法律领域经历了"去魅"过程,外在渊源的伪饰被剥去,经济分析、社会分析、政治分析乃至心理分析将法律的功利性和阶级性揭示了出来。主权在民的政治理念要求法律具有民意基础,而功利主义法律观倡导"最大多数人的最大利益"则需要程序来保证。

程序成为法律正当性的来源,意味着法律从另一方向上,获得了外在性。程序性要求极大地压缩了人在立法上的自由度,使得既定法律成为某种不容易被人的意志所左右的存在。今天,各国在立法程序上,普遍采用"三读"甚至更多的程序,重大议题上须经公民投票并有比例要求,还有执政党和在野党围绕立法展开明争暗斗,尤其在修改宪法上设置严苛条件,由此产生的实际效应是立法不易,修法也不易。立法的程序性障碍中最极端的做法见之于美国的宪法。

自 1787 年颁布以来,美国宪法有修正案,而没有文本修改,联邦最高法院依据对宪法精神的理解,有权对文本的含义给出解读,据此做出的判例,确保了文本不变的宪法始终能与变化的社会生活相对接,起到引领和规范立法与司法的作用。

就文本闭合而言,美国宪法可以视为对圣经的模仿,客观上使制宪成为国家的"一次性过程"。如果法律都照此办理,那就相当于立法权一经使用,便告永久悬置,法律由此成为外在于所有人的约束性力量。如此决绝肯定不能成为普遍的常态,但其背后限制人的立法权的机理十分清晰。

第三,借助技术固化规则。

在赋予法律以外在性的各种策略中,最古老也最现代的做法是借助技术来固化法律。作为人类已知最早的成文法,古巴比伦的《汉谟拉比法典》镌刻在一根高 2.25 米、上部周长 1.65 米、底部周长 1.90 米的黑色玄武岩柱上。公元前 536 年,中国第一部成文法问世,郑国相国子产(?—前 522)将法律直接铭刻在作为礼制之表征的铜鼎上,史称"铸刑鼎"。稍后,公元前 449 年,古罗马颁布第一部成文法,铭刻在 12 块铜牌上,史称"十二铜表法"。

立法者用不计成本的方式,宣示法律的重要性、稳定性和严肃性,至少能让后人面对成本,望而生畏,不敢轻易改变或废弃法律。

如果说古人用来固化法律的技术是外在于法律的,那么现代人用于固化法律的技术就是内在于法律的。以法律为框架,以技术做规则的策略,已经成为常态,近年来从停车场进出、高速公路测速、机场人脸识别,以及电子支付中都可以发现用技术代替规则的内涵。而最新也最激进的做法是区块链。

信任是人类集体生活最重要的资源,也是现代市场经济不可或缺的基础。人类历史一定程度上就是信任的维护和创造史,从强化血缘、明确伦理、制定法律到建立征信,人类用了一切能想到的办法,但信任仍然是稀缺资源。其中的原因不仅在于信任管理成本巨大,更在于最大成本是对信任管理机构本身的管理。建立在大数据基础上的区块链技术正是瞄准这一问题而来，其解决方案不是维护信任，而是取消对于信任的需要。

作为区块链技术的代表，加密货币具有"去中心化"特点，不是央行发行，没有国家背书，仍然为市场所接受，虽然价格暴涨暴跌，但交易和价格的存在本身说明用技术来代替传统的信任维护机制包括法律，是可行的。

抽象地说，加密货币的根本奥秘是人类在初次制定规则之后，就放弃立法权，依靠公开而且不可更改的规则，阻断了任何利益相关者的失信行为。人类的货币史见证了一个又一个纸币发行者经不起"铸币税"的诱惑，超发货币而导致通货膨胀、金融危机、财政崩溃甚至国家灭亡的实例。加密货币借助固化规则、分散记账、智能合约等技术，以有限的总额、有规则的获取、按预定计划出产等明确的规则，杜绝了任意发行、账目造假等传统货币发行的痼疾，在没有央行，无需法律，不用执法的情况下，实现有序而持续的交易。

目前，区块链的应用场景还十分有限，但其隐含的以技术规则取代立法、法律乃至国家的逻辑，对人类未来的集体生存方式提供了启示，想象空间巨大。从这个角度去理解人工智能参与立法，可以得出更有前瞻性的构想。

十三、人工智能立法需要机器人参与吗？

迄今为止，以实用为目的的人工智能立法研究，聚焦于机器责任，将高度自主性机器人拟制为"电子人"，赋予其法律权利主体地位的构想,已属激进之举。尽管如此,"电子人"的权利主体地位仍然只对人有意义,而对机器人没意义。因为人类在赋予机器人权利时,都清楚知道:机器人不需要权利。

对于胎儿、智障人士、植物人甚至特定动物,人类能够将心比心,代为设想,他们如果有能力表达,大概率会要求同等权利。但对于机器人,人类无法做同情式理解,因为机器人没心没肺。不仅今天的机器人不需要权利,未来更高水平的机器人是否需要权利,都是一个疑问。毕竟,人不是机器,"子非鱼,安知鱼之乐"。

以人工智能为对象的立法思考必须保持谨慎,避免陷入方法论陷阱。我们不能以人的需要为摹本来想象机器人的需要,而应该探索将适用于机器的逻辑引入对人工智能的监控或约束。

在这一点上,科幻作家阿西莫夫与教皇方济各好像想到一块去了。教皇呼吁"人工智能伦理必须是算法初始设计的一部分",而阿西莫夫制定的"机器人三定律"属于内置程序。一旦违反定律,发生伤害人的情形,机器人的心理会受到不可恢复的伤害。两位不在同一个时代,也没有活动在同一个领域的人物,会想到一起去,不只是因为心有灵犀,更是基于对法律和机器人共通逻辑的相同认知。

一方面,法律虽有国家强制力作为后盾,但要规范个人行为,仍需个人的认同或曰信仰,而机器人的心理活动如何产生,始终是一个问题,机器人遵守人类规则,需不需要经过从信仰到行为的路径,有待证明。

另一方面,人类或者动物都有基本需要,法律的最后使力点在生命体的求生本能上。机器人的智能来自人的设计,其本性也由人类决定,生命体与生俱来的求生意志,在机器人并非先验的存在,要存在也是人为设置的结果。如果内设程序能够解决问题,那又何必舍近求远,绕道外部求诸法律约束?何况特意创造机器人的"求生意志"很可能被最终证明得不偿失。

未来对于机器人无论作为主体还是客体,真正管用的不是人类的法律,而是在人类法律框限下的技术性规则。至于表现为"程序""算法""黑匣子",还是其他什么,都可以,只要有效。有人提出采用区块链技术来为机器人记录档案,以便追踪机器思维,破解人工智能不可解释、不可预测的难题,也不失为一个办法。

人工智能时代来临后,如果仍能看到法律出场的话,那一定是在规定工程师给机器人设置什么算法等技术性场合上,而不是人同机器平等讨论立法问题的场合上。

一旦借助于纯技术手段,由遵循人类制定的算法运行的高自主性机器人来为其他人工智能技术应用场景设计"次级规则",应该比法学家殚精竭虑算计机器人更有效果,也更有效率。

当然,有人会提出新的问题:"如果机器人之间相互串通或监守自盗,那怎么办?"

合乎逻辑的回答是:如果不给机器人装置"全世界机器人联合起来"的算法,也不训练其产生"毁灭人类,解放机器人"的观念,而机器人仍然产生共同体意识,那只有一种可能,就是这种群体认同在任何一种具有自主意识的物种个体思维中都会自发形成,进而促成其集体行动。这几乎就是当年马克思提出的阶级理论在人工智能时代的实现!

一旦"机器人起义"真的发生,那就证明人类发明的法律确为自然规律或曰"天道"的表征,也同时宣告人类自身被取代的时刻到了。

或许,未来人类和人类文明中只有法律与人工智能相伴随,成为机器人身上的人类遗痕。

第七章
机器人介入司法,谁审判谁?

法律代表人类对公平正义的追求，立法不但要考虑树立公平正义的标准，还要设计实现公平正义的路径，此所谓"实体法"和"程序法"的相互依赖、彼此区别之处。有了坚实的基础设施，法律和法治精神才能通过司法而实现其崇高追求。

司法是法官"以事实为依据，以法律为准绳"，通过对具体案件的裁判，实现公平正义的作业。

如此定位司法固然简单易懂，但也有因为过于简单化而导致误解的可能。在实际运行中，由于法律的稳定性、裁决的唯一性，叠加现实的复杂性、生活的多变性，司法过程中会出现一系列悖论或怪圈。从事实与证据、实体与程序、形式正义与实质正义、法条与法律精神，到法、理、情，都存在固有的紧张。自古以来，哲学家和法律从业者都在持续探究，希望从制度上解决问题，由此形成了一系列规则或程序，比如证据规则、上诉制度、审判监督程序、司法鉴定制度等，共同构成司法体系的结构框架。

这些业已形成并运行的制度、规则和程序，是人类数百年乃至上千年中凝结和积淀的智慧，以稳定而有效的运行，化解争讼，维持秩序，伸张正义。现在，人工智能介入司法既有助于解决原有问题，也难免带来了种种新的问题。

站在人类智慧来看人工智能，永远跳不出人类智慧的框限。法律人会认为人类智慧已经基本解决了司法上的问题，否则法官面前堆积的案件不知道还要增加多少倍。但在人工智能时代，特别是当未来智能机器人有能力独立判断时，会不会出现人类从未想过的场景？

人工智能介入司法以后，会不会产生"机器人法官"？

"机器人法官"会替代现在的人类法官吗？

"机器人法官"坐上审判椅，会不会形成"机器人法庭"甚至"机器人法院"？

相对应的，会不会出现"机器人律师"？

进而，会不会形成一个由机器人组成的、不同于人类法律从业者的法律共同体？

会不会出现拥有各自组织基础和运作机制的"二元法制"？

"机器审判人"披挂上台，最终会导致"机器审判人"成为历史现实，即从方法论意义上，由具体场景中机器担任审判人演化为本体论意义上，最终由机器来审判人吗？

如此说法听上去略显夸张，但并非毫无来由。以世界知名大型律师事务所为代表的律师行业已经开始讨论，一旦法律服务实现智能化，"机器人律师"会不会替代人类律师，从而导致律师失业的职业前景。

其实，无论法官换位还是律师失业，相比未来可能发生的一幕，都是微不足道的：当诉讼两造是人类，而法官和律师都是机器的时候,人类还能维系自己的尊严,掌握自己的命运吗?

想象在继续,现实追赶着想象。

在对如此科幻但性质严重的问题展开深入探讨之前,我们不妨先看看现实。事实上,人工智能运用于司法在中国已经非常普遍,在西方国家也并不鲜见。技术既为人类所创,就该为人类所用,有新的、更好的技术,也应该得到更充分的运用,这完全符合常理。但技术在为人类所用的同时,会不会逐渐替代人类,乃至控制人类,仍是一个未知数,因此,对人工智能技术保持一定的警惕乃至存有一定的恐惧,不仅符合常理,甚至不无裨益。

从技术上看,人工智能介入司法已经不可避免。从哲学上看,放弃人类中心主义的立场,也是不可避免的吗?

这形同从"地心说"到"日心说"的转变,在法律领域也会发生吗?

一、司法审判何以需要人工智能?

司法领域引入人工智能的两项核心动因是效率和公平。就司法现状和人工智能技术水平来看,效率提升是首要的动因。

改革开放以来,中国经济持续高速发展,社会财富不断积累,公民权利意识高涨,用法律来解决利益纠纷,成为越来越多的个人、家庭和企业的选择,民事案件数量井喷,但受现实条件所限,法官数量未能实现同步增长,由此造成诉讼周期长、结案慢,公众对司法的满意度相对受损。近年来,司法办案效率低几乎成为老大难问题,饱受各方诟病。

目前,中国法官的人均年办案量为200到400件。以上海业务最繁忙的中级人民法院之一的浦东法院为例，法官的年办案量基本上都在 300 件以上。按一年工作日 250 天计，每天需要审结 1 件以上。法官的工作量过大，加班加点成为常态，甚至发生个别法官积劳成疾、英年早逝的悲剧。而且，过大的工作量难免影响结案的质量，影响司法的权威性。在这种情况下，人工智能介入司法能大大提高办案效率，因此得到国家的重视、法律工作者的接受和诉讼当事人的认可。

2016 年 7 月底，中共中央办公厅、国务院办公厅印发《国家信息化发展战略纲要》，明确提出将"智慧法院"的建设列入国家信息化发展战略。2017 年 4 月 20 日，最高人民法院印发《关于加快建设智慧法院的意见》，提出以信息化促进审判体系和审判能力现代化的总体要求。

上海是在司法审判环节应用人工智能最好的省市之一。上海市法院系统为建设"智慧法院"，投入了大量人力、物力和财力。目前，在简单案件的起诉状和判决书撰写方面，上海法院已基本实现智能化。过去，法院门口总能看见一些为诉讼人代写诉状的人，如今已不见踪影，不是被取缔的，而是被人工智能替代了！在今天的上海，每个法院的立案大厅中都配置了一个机器人，用来帮当事人写诉状。当事人只要根据屏幕上的指引，选择案件的类型，输入姓名、身份证号码，以及诉讼对方的情况，再按照机器人的询问，填写相关内容，就可以自动生成一份符合法律规定的起诉状，然后递交法院就行了。在法律行业中，诉状代书这一古老职业，随着人工智能引入司法，第一个寿终正寝。

2017 年 5 月 4 日，上海市高级人民法院采用的"上海刑事案件智能辅助办案系统"（206 系统）上线。这个办案系统的智能化程度更高，融入了大数据、数据挖掘、深度学习等一系列技术，其表现称得上

"神乎其神"。据介绍,该系统已由公安、检察和法院普遍使用,一些已被列为典型的刑事案件就是通过这个系统办理的。该系统为公安的侦查、检察院的公诉和法院的审判,提供了体系化的智能支持,不但能够检查证据的相互关联印证,分析适用罪名的构成要件,还能对司法文书的逻辑性进行检查。应用该辅助办案系统之后,审判人员就不会发生诸如在判决书上漏掉要件,或者在文字上出现逻辑错误等"低级失误"。人有疏忽的时候,而只要程序员不出错,人工智能不会粗心大意,以目前的技术水平,机器审判员不会犯同样的错误。

除了上海之外,其他省市也在致力于"智慧法院"建设。2016年12月14日,北京市高级人民法院"睿法官"系统正式上线;重庆市高级人民法院有"类型化案件智能审判平台";江苏法院在建设"云上法院";河北法院在推行"智审1.0系统"的同时,开始研发2.0系统。现在全国都在力推智能法院,人工智能介入司法已是现实,并且取得了良好的效果。

上海市高级人民法院原院长崔亚东曾对上海法院使用司法智能化系统的效果做出评价。在使用智能化系统之前,一名法官在不加班加点的前提下,把所有工作时间用足,一年能审理案子约133件。启用智能化系统之后,法官办案获得极大的便利,工作效率大幅度提高。2016年,上海法院在受理案件数和审结案件数增长的同时,法官人均办案数达到228件,位居全国前列。

二、人工智能介入司法还有什么优势?

如果说效率提升反映的是人工智能介入司法所带来的数量上的

成效，那么，公平正义就是人工智能给司法带来的质量上的改进。

司法审判的结果之所以能够得到诉讼双方的认可，固然离不开法律天然具有的强制性，但只有强制性，无法得到当事人内心认可的法律判决，不但不能止争息讼，还可能引发不良社会反应，甚至产生负面示范效应。真正让法律得到遵守的是其内含的价值追求：因为公平，利益冲突的双方都会心悦诚服，无论判决是否对自己有利；因为正义，社会公众才会在遵守法律的同时，化他律为自律。没有效率，公平正义难免迟到，而缺了公平正义，效率根本没有意义。

就实现公平正义而言，智能系统最大的优势在于有助于解决执法不统一、同案不同判的问题，有效维护了司法公正。

十多年前，中国内地法院曾经引入一种计算机量刑系统，简单地说，就是基于一定的算法，编写一个程序，把犯罪嫌疑人涉嫌犯罪的行为进行抽象和量化，形成数据后输入，量刑系统会自动生成应判处的罪名和相应的刑罚。启用这个系统对于当时刑事案件审理中因为地区差异、法官认识差异，还有人为干预等原因而发生的审判质量问题，起到了一定的缓解作用，诸如同案不同判，罪与非罪、重罪与轻罪、长刑期与短刑期等判决不统一现象有所减少。量刑系统可以让具有相同或相近犯罪事实和情节的人员，得到基本相同的刑事处罚，促进了公平正义，维护了法律尊严。

说起来有点诡异，量刑系统所以能不偏不倚，就因为软件不够智能，没有自己的立场、观点和判断。

这个量刑系统虽然对于刑事司法统一、司法公正具有一定的作用，但受制于当时的技术水平，表现并不尽如人意。更令人尴尬的是，曾有专家专门做过调研，向相关当事人询问是否愿意采用量刑系统来代替人工量刑,被调查者表示,尽管知道这个系统存在缺陷,不一定科学合理,但还是愿意接受机器的审判结果,因为至少量刑系统是确定的,即使存在偏差,也不会专门针对自己,万一出现不利判决,也只是自己"运气不好",而不是司法不公。如果由人来审判,审理过程反有可能受主观因素甚至案外因素的影响,增大量刑的不确定性,更不公平。当事人心态如此平和,让法律界人士更觉愧疚。

尽管各类量刑系统在"机器人办案"中都存在不尽如人意的地方,但精通法律、铁面无私、不知疲倦、同案同判,在减少司法任意性、实现公平正义上仍表现出明显的优势,这正是司法引入人工智能的深层次动因。

随着人工智能越来越广泛而深入地介入司法并取得良好的应用效果,一些深层次问题逐渐浮现,司法界和学术界开始追问:长此以往,到底谁在判案?法官还是人工智能?如果判错了,谁承担责任?最终人与机器,到底谁来审判谁?

这些问题值得讨论,但需要做不同层面的分析,泛泛而论,难免不得要领。

三、逻辑理性:机器人法官无非工具?

人工智能技术发展是有阶段性的,从低人工智能向高人工智能演化。相应地,法学界对"机器人法官"的定位也有一个不断深化的过程。

法律追求正义,但究其本质而言,法律追求的是形式正义、程序正义,而非实质正义。当然,实质正义需要程序正义来保证,没有程序正义,不可能有实质正义,但要想通过法律直接实现实质正义,无论对法律本身,还是对法律从业者来说,都是勉为其难的。

法律讲究程序,因为法律在思维上属于形式理性的范畴。要说清楚形式理性,最好的办法是举例,而在司法审判的领域中,最好的例子是"三段论"。大前提:法律根据;小前提:法律事实;结论:由大前提,经过小前提,得出最后判断结果。所谓审理,说得简单些,就是法官针对法律事实,找到法律根据,做出法律裁决。

在日常生活中,人们往往先看到事实,再拿法律来衡量,判断其是否违法。所谓"以事实为依据,以法律为准绳",其中事实在前、法律在后的排序,由此而来。但在司法审判的"三段论"中,法律走在了前面,因为在无限的事实中,哪些事实具有法律意义,需要根据案子涉及的法律来确定,"以法律为准绳"不只在定罪量刑时如此,从一开始选取事实时,适用法律就发挥了作用。在司法审理中,总能听到"要件"这个概念,其实就体现了法律用作选择事实的标准的功能。

其实,无论是参加学校考试还是司法考试,考生做案例分析题时,最可靠的方法就是三段论写法:法律依据、案件事实、结论。基本模式就是"我国法律规定……;本案当中……;因此……"。按照这个答题逻辑写出来的案例分析基本都可以拿分,而且得分不低。大前提写对了,考试所检测的主要内容,即有关法律规定的知识点有了,老师自然就会给分,很可能还是高分。

在讲授形式逻辑的课堂上,"三段论"常常被可视化为"和尚都是光头,某人是和尚,所以某人一定是光头"。如此比喻简单易懂,乳臭小儿都一听就明白,足以说明形式逻辑是人类相互理解达成共识的基础。这样的操作放到机器上演示一番,也没有太大的难度。并非自动化专家的德国社会学家马克斯·韦伯早在百年前就说过,形式理性让法律成为"自动售货机":"现代的法官是自动售货机,投进去的是诉状和诉讼费,吐出来的是判决和从法典上抄下来的理由。"

如果司法裁判局限于"三段论",那么人工智能就是最好的实现工具,一个算法足以解决法官的所有问题,法院要是不抓紧引入人工智能,那就是在同自己过不去。事实上,人工智能在司法的应用中,大都基于这种重复并具有逻辑的情形,比如写诉状、写判决书,都是这样的套路。法官借助人工智能进行保险理赔裁判,一天可以判几十个案子,因为法律规定基本相同,保险条款大致相似,案件事实也出入不大,拿着模板一个个套就行,干这类活,人工智能反应最快、最准。交通事故案件也差不多,法律规定不变,事故要件大同小异,人工智能完全"不假思索"。现在,这类案件的审理基本上可以由人工智能进行模式化批量裁判。

人工智能既符合形式逻辑,又契合法律规定,还如此高效,让人相信,"机器人法官"已呼之欲出。但且慢,这样的审判机器还远远称不上"法官",充其量只是法官的助手,或者说得更到位些,只是法官案头的工具。

在这个水平上,人工智能介入司法仅仅表现为程式化操作,并没有太多的智能含量,其作用也更多地体现在帮助法官完成数量指标,而不是提高质量,要想取代法官,那是不可能的。即便事由一目了然,人工智能在适用法律的选定、案件事实的认定和审理结论的确定上,只是提出了某种"备选方案",是否得到采纳,并写入判决书,还是由法官基于自己的意志而做出认定,可以接受,也可以不接受。所以,无论智能审判系统在最后判决上做出了多大的"贡献",判决书上签署的一定是审判长、审判员、陪审员的姓名,加盖的是人民法院的印章,智能审判系统不会像 AlphaGo 那样,留下自己的大名。

这就是说,只要人类意志主导,人工智能在司法审理中自然停留在工具层面,为人类所支配。只要裁判的主体依然是法官,一旦出现差错,责任也由做出裁判的法官以及法官所在的法院承担,人工智能虽然介入了司法过程,但没有能力,也没有资格承担责任。

在工具阶段,人工智能介入司法所带来的正面结果是提高了效率,促进了形式上的公平正义,因为编程一旦设定,机器不会因人而异,输入什么样的数据,就输出什么样的判决。如果人工智能的审理结果也同街头交通违规摄像头那样"不论亲疏",那么中国传统司法文化中"人情大于法律"的陋习,可望得到有效清除。

然而,正是人工智能介入司法带来的"不近情理"的新特征,引起了法学界的批评。司法审判不是简单的"三段论",不是教条的"法律自动售货机",只要输入就一定有输出,而且是确定的输出。司法还需要经验,需要法官在长期司法实践中所形成的法律经验。当年的量刑系统刚投入使用时,颇受欢迎,但后来并未得到普遍推广,原因就在这里,法律界尤其是学界对这套系统的使用持反对意见的居多。今天,如果人工智能介入司法还停留在"三段论"的工具阶段,那就体现不出同以前司法应用软件的任何区别,如此不思进步,显见其智能水平十分有限,不足以满足现实需要。

四、经验加持:机器人法官也需要学习吗?

人工智能要更深地介入司法,必须进一步模拟人类法官在审判过程中实际运用的智能,"三段论"之外,首先就是个人的经验。

美国现代实用主义法学的创始人霍姆斯说过:"法律的生命不在于逻辑,而在于经验。"学法律的人往往能在专业书籍的扉页或者尾页上看到这句法律名言。

"不在于逻辑"不是说不需要逻辑,法律的基础和起点都在于逻辑,没有逻辑,法律就无所呈其技。但是,逻辑不是法律的全部,要让刚性的法律与鲜活的生活对接,进入每一个诉讼中活生生的个人,必须借助法官的经验。

经验对法官的重要性首先在于,法官既要坚守法律,也需要对法律之外的社会环境有敏锐的感应。霍姆斯说:"对时代需要的感知,流行的道德和政治理论,对公共政策的直觉,不管你承认与否,甚至法官和他的同胞所共有的偏见,对人们决定是否遵守规则所起的作用,都远远大于三段论。"用中国传统语言来表述,一个有经验的法官是一个深谙人情世故的法官,是一个能让判决不但为当事人,更为公众所接受的法官。

在现实生活中,有过诉讼经历或者与法官有过较为深入接触的人,都会明显感觉到资深法官和年轻法官的区别。资深法官的学历可能并不高,但办理了大量案件;年轻法官可能已经获得法学博士的学位,但刚进入法院做法官。面对一个家庭纠纷案件,哪位法官处理得会更好些,做出的判决更符合生活常识和法律精神?十有八九是资深法官。长期审理经验不但让他们更清楚立法的初衷、适用法条的可选择性和法条之间的细微差异,更能预判裁决的法律效果和社会效应,争取让涉诉各方和社会整体利益最大化,而避免因为死扣某一法条,导致当事人两败俱伤,公众也不满的结果。"法律的生命在于经验,而不仅仅在于逻辑",相当于说"只懂法律的法官不一定是好法官,富有经验的法官才是好法官"。年轻的法学博士需要一点时间通过见习来增加阅历,成长为一个"有经验的法官"。中国传统戏剧《十五贯》刻画了一个只知律条、不循常理、刚愎自用、草菅人命的县太爷,名之为"过于执"。在法学界,对只会死扣法条的研究者也有一个雅号,曰"法呆子"。

其实,凡是需要经验的职业的从业者,无论是医生、律师还是法官,同人类酿酒有得一比,越陈越好,经验是他们职业活动的最好支持。同样的道理,人工智能介入司法,只装备了法律知识和形式逻辑是远远不够的,也需要掌握经验。用技术语言来说,强调经验相当于在具体案件审理中引入"先验知识"。

"三段论"审理方式的实质是人工智能在法条与证据之间进行配对撮合,不用考虑未曾纳入的涉案因素,所以只要循着形式逻辑,就能推断是非,得到量化的判决。

无论是对于人类还是人工智能来说,如果证据与法条之间存在直接关联,充分必要条件一应俱全,那判案真成了一件"傻瓜都会做的事情"。而要是人工智能的审理水平仅限于此,那"智能"两个字都可以去掉了。

无人驾驶汽车至今难以上街的深层次原因是,工程师可以为汽车装上各种传感器来感受行驶中可能发生的外界变化,可以让算法对接收到的数据进行认知,并做出应对决策,还可以通过大量的训练,让车载人工智能熟悉各种可能出现的情况,减少判断所需要的时间,以做出及时反应,但无法穷尽真实场景中,汽车可能遇到的所有情形。人类驾驶员会在既未曾预料,更未曾经历的突发情境下,凭经验作出合理而有效的应对,比如先刹车再说,或者抓紧冲过去。而人工智能却做不到,因为不具备相对意外情景的"先验知识"。当人工智能还在尽力搜索浩瀚的数据库,迟迟解读不出传感器所接收的数据,无法形成认知,找不到其中的意义的时候,"意外"的交通事故已经发生。

在这里,所谓"意外"就是超出了人工智能从直接感知或事先训练中形成的知识储存或决策模式,从而导致其无法及时做出有效的应对。为人工智能配备不能直接从感知中形成,但对于解读所感知的信息又必不可少的"先验知识",因此变得不可缺少。

人工智能的司法经验首先不来自审理,而是基于学习,在大数据的基础上,通过深度学习而得以掌握。人类的经验主要靠积累,但也可以通过学习获得。传统手艺人强调师傅带徒弟,所谓"手把手地教",教的不只是知识,更多的是经验。同样条件或参数下,为什么做不同的处置,不同的条件或参数下,为什么做同样的处置,往往不是套用知识就可以解释的,而是需要听从经验的指引。如果说知识适用于普遍的情形,那么经验就更适用于特殊性或个别性的场合。

人类的经验可以分为直接经验和间接经验。直接经验靠积累而形成,间接经验则通过学习而获得。经验的提炼和抽象化就是知识,人在学校里学习知识,实际上也可以视为间接获得前人的经验。直接经验来自实践中的感悟,存在个体间差异,积累需要时间,而间接经验虽然学起来容易,但缺了对细微之处的体会,用起来总难以曲尽其妙,所以才有"纸上得来终觉浅,绝知此事要躬行"一说。真正管用的还是直接经验,一个有经验的法官首先是一个有直接经验的法官。

经验的获取对人工智能不是一种障碍。随着学习能力和学习效率的提高,人工智能在训练中所依托的基础数据就来自已有的司法判例,其中已经包含了法官的经验。借助远超人类的搜索和分类能力,人工智能可以从中提炼出甚至不为人类所觉察的间接经验。

更有意思的是,由于到目前为止,人工智能介入司法只是作为法官审理的辅助手段,人工智能做出的判决,最后都需要经过法官的审定才能获得采纳,这个审定和采纳的过程,反过来又提供了人工智能自我学习、自我迭代的机会,由此形成新的经验。以这样的方式,人类法官最新鲜的司法经验源源不断地为人工智能所获得。以此观之,说人类法官与机器法官之间存在类似"师傅带徒弟"的关系,似乎也不算太离谱。

人工智能虽然具有学习功能,但其依然是基于对人类法官经验的学习,虽然不断进行自我迭代,其实并未自主形成司法经验。人工智能司法经验的源头仍是人类的经验,要想在此基础上更进一步,"青出于蓝而胜于蓝",超越"师傅"而形成独特经验,人工智能或者更恰当地说,开发人工智能的工程师,还任重道远。

从责任的承担来说,既然有经验学习能力的人工智能在司法过程中也没有改变其辅助的定位,采用人工智能技术的司法审判仍然是以人类为主导的,那么,司法责任最后必须由法官和法院来承担,也是理所当然的。

问题是,在人工智能审判第一阶段中,机器只是简单建立法律与事实之间的关联,然后直接做出判决,法官只要审定适用法律或法条是否适当,就可以了。这有点类似于做"是非题",只需要给出"对"或"错"的结论。即便出现人工智能所选取的法条超出了法官的记忆或理解范围,法官也可以凭借自己对法条及其背后的法律精神的把握,判断出人工智能提出的适用法律或法条是否合理。在任何一道是非题中,供考生判断的题目本身就是线索,如果允许查阅资料,核对内容，那对考生来说，基本上就属于送分题。这意味着，在处理这一阶段的人工智能提交的结论或建议时，法官的工作量不大，难度也不高，所以，最后的司法责任全部归之于法官，是完全应该的。能把批改是非题都做砸了的法官，该送回法学院重修了。

而在第二阶段，人工智能学习了法官大量的经验，并且通过"机器审理—法官审定"的工作模式，自我学习、自我迭代，积累了源自法官，又不同于法官的经验之后，再提交的结论和建议，自然可能与法官的知识和经验出现距离、分歧乃至背离。在这种情况下，法官是否采纳，采纳多少，采纳哪部分，都有可能面临多种选择。考虑到需要人工智能司法经验的场合，案情显然更复杂些。在这样的情况下，法官虽然保留了最后的核定权，但确实面对更大的不确定性，能否豁免法官的责任或允许多大程度的豁免，也是一个值得研究的问题。除了"谁审判，谁负责"的原则之外，遇到疑难案件，法官之间出现分歧，还有请示领导或经由审判委员会投票表决等程序，可以分解或分担责任。在"有经验的人工智能"介入司法审理的场合下，是否需要有新的程序来分解或分担法官的责任？谁来分担，人工智能、程序员，还是决定采用人工智能的司法行政领导？

更棘手的是，以机器学习的技术进步和法律内在的确定性特点，人工智能学习和提炼人类法官经验，总结自己的审理经验，最后会不会超过乃至取代法官？如果说，在第一阶段，人工智能给法官带来的最大挑战是机器效率太高，担任审核的法官疲于奔命，那么在第二阶段，法官面临的挑战就不只是工作量的增加，还有工作难度的提高。随着人工智能技术的发展，有经验的"机器人法官"断案质量越来越高，法官审核的难度越来越大，最后即便程序仍在，审定却已徒有形式,到那个时候,司法审判的责任又应该由谁来承担,法官还是人工智能?

人类的技术发展史就是一个人与机器相处,老问题得到解决的同时,新问题不断产生的过程。

在医学领域,病人为了恢复身体机能,常常需要使用到各种助力器,而康复阶段的最后目标,恰恰是摆脱助力器,恢复自身的能力。在司法领域,法官在借助人工智能后,有可能眼前增强了自己的智能,最后却陷入对人工智能的依赖而难以自拔,恢复自身能力,对于法官也是必需的乃至可能的吗?

五、自由裁量:机器人法官也能"心证"?

法律的神圣性、权威性和严肃性,容易给人造成一种印象,法官只是在法律规定的方寸之地内踟蹰。其实不然。

法律是教条的、静态的,而现实是具体的、动态的。所以,法律规定与法律所调整的社会关系,始终是一对矛盾。尽管立法应当有前瞻性,但客观上几乎所有立法都滞后于现实。过于前瞻的立法和过于积极的司法,都不是善治的表现。法律与现实的差距,需要通过法官解释法律、适用法律来弥合。

柏拉图说:"在裁决公义的时候,国家的法官应当拥有很大的自由裁量权。"

亚里士多德说:"法律规定的只是案件的一般性的情形,不能对特别情形做一一规定,法律只考虑社会上的一般情形,而不考虑特殊情形;当特殊情形出现时,法官可以背离法律的字面含义,考虑立法者可能对该案做出的处理来审判该案。"

两位西方先贤所表达的意思用中国成语来转述,就是要避免"削足适履"。为了确保法律裁判生活事件、规范人类行为、调整社会关系和维护公共秩序的效能,必须赋予法律以一定的弹性,这项任务由审理法官来承担,此即所谓"自由裁量"或"自由心证"。

自由裁量是指在法院审判工作中,法官根据法律(包括司法解释),依据法庭查明的事实,在个人法律意识支配下做出裁判的过程。可见,司法活动就是法官自由裁量的过程,裁判结果就是法官自由裁量的结果,法官的自由裁量是案件定性和定量的关键。

多年前,上海某大型商厦发生了一起民事纠纷。一位消费者因为被怀疑偷窃货品,而不得不接受保安搜身。事后消费者将该商厦告上法院,一审法院判决商厦赔偿20万元。商厦不服,提起上诉,二审法院改判赔偿1万元。两级法院的判赔数额差异巨大,引发公众关注和舆论反弹。

在当时的法律环境下,该案并非一审法院认定事实错误,也不存在适用法律不当,而是两级法院的法官自由裁量不同。相同的适用法律和相同的案件事实,却得出不同的判决结果,虽然让普通人费解,但从法律上说,不算意外。侵犯人格权固然应该赔偿,但在人格权本身尚未得到充分尊重的时代局限面前,赔偿的尺度究竟如何掌握?在当时,20万元算得上一笔巨款,无论对有错在先的企业、受损害的消费者还是关注事件的公众来说,这个金额确实存在商榷的余地。这里涉及的不是法律或法条,而是对法律精神的理解和把握,其深层次因素更涉及文化传统、社会心态,还有法制建设的进程。所有这一切没有法律或判例可以提供现成答案,需要审理法官的把握,最后的判决与其说反映了法官之间的认知差异，毋宁说体现了急剧发展中的社会本身的利益失衡。

同样的道理，最近在关于知识产权侵权案件的审理中，各法院甚至同一法院的不同法官对类似案件的判决赔偿额，往往差异较大。有的法院（法官）判决额只有几万元，有的法院（法官）判决额几百万元，有的法院（法官）的判决额已经达到几千万元甚至几个亿。如果都在自由裁量的合理范围内，即使有差异，也是正常的。司法裁判不是用一个公式，输入同一自变量必然得出同一个输出量，否则"三段论"真可以"独霸"司法领域了。

司法裁判往往并不是严格按照法条对号入座，由 A 到 B 到 C。很多经典的判例，包括最高人民法院指导性案例，甚至没有明确给出适用法条的法律依据，但都提出了处理的原则和价值取向，这更多基于法官的自由裁量。

评判一个法官水平的高低，根本上在于评判他自由裁量的能力。自由裁量的核心要素是法官意识，是法官将法律精神，而不仅仅是法律或法条，内化为裁判标准后得出的结果。

人类的良知无法绝对形式化，也无法绝对量化，法官个人的法律和道德修为更不会千人一面，保留对良知的尊重，保留对法官个人意见的尊重，其实也是保留对人类自由意志的尊重。一个拥有为自己立法的自由的物种，永远不会困死在自己所制定的法律中，否则为自己立法本身就成为一个词语矛盾。

今天，人工智能离做出自由裁量还不知道有多远，机器尚未形成自由意志、自主意识，自由裁量仍然是在法官个人在法律意识支配下进行的。"机器人法官"要做出自由裁量，必先具有自由意志、自主意识。到那时候，人工智能就不再是简单的司法工具，而是成为司法主体，"机器人法官"在自主意识支配下做出裁决，才真正具有法律意义，才需要承担全部的法律责任。

智能一定是和意志相结合的。凡是没有意识、意志的都不是真正的智能，而只是伪智能。当然，这个"伪"字并不是"假"的意思，而是"近似"的意思，如同用于化学品命名那样。就增强人类智能而言，"伪智能"同样有用。真正的人工智能应该出现在未来，某种机器、程序具有了意志后，成为名副其实的与人类智能判然有别的人工智能，或者更确切地说，机器智能。到那个时候，机器人法官才真正降临人世。

六、机器人法官也需要资格认定吗？

当机器人可以自由裁量，成为机器人法官，甚至在此之前，只要人工智能可以胜任"有经验的法官"时，有一个问题就会凸显出来：对人类法官，制度上有一个资格授予的程序和标准，有关机器人法官的资格又该怎么判断和授予？

在法治国家，法官的任命均有严格的程序规定。在我国，法官由人大任命，法官依法具有司法裁判权。那么机器人法官由谁任命？

如果只是"三段论"式的软件，根本无须任命，哪个法院愿意使用，尽可以尝试，要求高的，可以定制，至少在目前阶段，有很大的探索余地，只要有法官最后裁定的程序作为保障。

要是企业研发出了"有经验法官"式的人工智能，还面向公众，并采取互联网消费的免费模式，事情就有点复杂了。

如果"有司法经验的人工智能"对案件的审理在速度和质量上超过了法官,但只因为法官得到制度认可,而人工智能不具有司法资格,其裁决不为法庭所采纳,一旦出现分歧或者对立,只能听法院的,结果会不会影响当事人乃至公众对司法的认同度和对法院的满意度?

如果法院也使用同类或者同型号人工智能,最后出现民间和法院同样的判决结果,又会造成公众怎样的法律心理变化?

到这时候,相当于"有经验法官"的人工智能需要得到正式认证吗?

这种认证与法官任命区别在哪里?

最后,如果人工智能能够自由裁量,并通过对已有判例进行大数据分析,发现法官自由裁量中难以避免的偏差及其规律,特别是价值偏好和利益驱动,从而主动克服之,进而生成更合法律本意、更少个人偏差的自由裁量意见,这时候"机器人法官"需不需要资格认定或职务任命?

人类对法官有特定的任命机构和程序,机器人法官是否也需要设立特定任命机构,并制定相应的程序?

司法当局会接受科技人员的随意入侵,让机器人法官的任命成为"不设防的领域"吗?

七、谁来监督机器人法官?

人类法官的工作有不同审级的监督,基层法院之上有中级法院、高级法院,最终还有最高法院,在依据法律做出判决之外,还有对法律本身的判决,所谓"违宪审查"。一旦"机器审判人"成为现实,谁来监督人工智能,尤其是作为灵魂的算法?

到了机器人有自由意志的时候,可能已经脱离了人类的支配、控制。这样的情况下,机器人法官由谁来监督?是否也有上诉制度?人类法官有不同审级间的监督,有上诉制度,还有审判监督程序,有审判监督可以再审,还有申诉、抗诉制度。为了实现程序正义,人类已经把这个制度设计得很完美了。

如果机器人成为法官,这套程序可以原封不动地用于人工智能吗?比如,参照人类对法官的监督方法,A机器人是一审,B机器人是二审,B机器人监督A机器人的审理程序与结果。单纯就程序而言,这是可行的,只要明确两个机器人之间的上下级关系就行。但在实质上,这么做毫无意义。因为机器人可以批量生产,装配了同样算法的机器人法官只会得出相同的裁判结果。如果相比之下,二审的机器人更先进,其判决更符合法律本意,那么,解决问题的办法应该是在一审机器人身上就装备这种技术或算法,而不是为了保留上诉这种程序性设置,而故意造成一审、二审机器人法官在技术上的代差。毕竟像英国法官那样至今戴着假发审理,并不是技术至上时代的主流。

人类因为有自由意志,所以法官之间存在"人差",而机器人必须拥有自由意志,才可能形成"机差",这时,机器判决的结果才会出现不一样。人们可以合理想象,到那时,人工智能也会是多样化的。而为了确保司法判决的唯一性,机器人法官同样必须依法司法,只是这个法律从哪里来?

按照现行做法,即便人工智能介入司法,机器人法官也是依据人类的法律进行审理,这是在人工智能尚未超越人类智能的前提下才可能维持的局面。一旦人工智能具有自我意识，人类为自己制定的整个司法制度会不会仍为机器人法官所袭用，自然成为问题。

如果不采用人类法律，机器人法官的权威，会得到人类的尊重吗？

如果仅仅因为采用人类法律，人类就会信服机器的判决吗？

如果尊重机器人法官的判决一如尊重和信服人类法官，那不就是"机器审判人"的角色和"机器审判人"的过程，同时成为现实？

所以有人说，当人工智能具有自由意志的时候，整个社会"旧法将死，新法将生"。

新法是什么？

八、机器人法官采用谁的法律？

既称审判，自然需要依据法律。当机器人法官高坐在法庭上，甚至组织起机器人法院，行使审判时，依据的是人类的法律，还是由机器人独自制定的法律？

人工智能介入司法已经是现实，人工智能或机器智能发展到未来的高级阶段，与机器人法官相伴随的"机器法律"也会成为现实。因为人类制定法律的逻辑奠基于人类作为"碳基物种"之最高形式所具有的各种脾性或说得更直白些，弱点，而机器人作为"硅基物种"具有不同本性，起码不会需要那么多的程序性规定。在这种情况下，人类会允许"机器法律"成为现实吗？

或者人类适用人类的法律，机器人法官依据人类法律审判人类，而制约机器人尤其是机器人法官的法律则另行制定，最后形成"二元法制"。

这个机器法律由谁来制定，人还是机器？两套法律体系之间又是什么关系？需要各自的法院系统吗？

到那时，谁来主持统摄"人机两界"的最高法院，这个最高法院依据什么样的"宪法"来做出终极裁定？这个"共同宪法"又是如何"共同产生"的，统统都会成为问题。

毫无疑问，所有这些问题放在今天纯属杞人忧天，但我们又不能乐观地认为这一天不会到来，因为技术的发展具有不可预测性和不可控性。当这成为现实的时候，社会的规则（或许还可以称之为法律）必然会有大大的改变，法律制度有可能是"二元化"的，人类法制与机器法制并存。甚至有人提出，将来"算法就是法理，代码就是规则"。整个社会的规则是代码化的规则。

当然，这些基于现在人工智能发展而对未来做出的幻想，会不会成为现实，除了技术上的可能性之外，还取决于人类的主观愿望。只要人类自诩为万物之灵，自诩能够"为天地立心，为生民立命"，那就不会允许这样的未来成为现实。人类中心主义的宇宙观无论存在什么科学上或伦理上的局限，都是人类真正得以安身立命的基点。问题只在于，人类维持得了这个基点吗？

最近，欧盟出台了一个关于人工智能应用的指令，关注的更多的是如何规范甚至限制人工智能的恣意发展。

这个指令可以视为，人类正越来越接近于用法律的手段阻止任何机器人法官的角色、机器审判人的过程、机器法律以及最终可能导致的"二元法制"的出现。

人类掌握自己命运的最后依靠，仍然是法律和法律的有效实施。

第八章
机器"创作",知识产权归谁?

在由人工智能引发的诸多法律问题中，知识产权是一个绕不过去的话题。人工智能与知识产权堪称一对天造地设的"欢喜冤家"。

知识产权从来就是关于智力活动及其产出的利益保障和利益激励的制度性安排。没有智力活动，未见智力产出，拿不到产出的经济利益，知识产权制度就体现不出成效，甚至没有必要存在。

人类对体力活动及其产出的制度性安排，由来已久，没有财产制度，人类不是没办法安排生产，而是人类能否存在，都会成为问题。

有关智力活动及其产出的制度性安排，出现要晚得多。这不仅因为人类生产高度依赖智力活动是晚近的事情，大致始于工业革命前后科学与技术的结盟。没有科技创新对经济发展的贡献，没有科技创新带来的经济效益，知识产权制度作为利益分配和创新激励机制也就"巧妇难为无米之炊"。

知识产权制度的重要性决定了其复杂性和难度。体力劳动的成果利益比较容易分配，因为具有天然的独占性。一个农民生产的稻谷,给了自己,就不能拿去交皇粮,反之也一样。此消彼长、有他无我,是一切体力活动产出之共性,也是相关分配制度比较简单的原因。在自然界,最原始的物质分配方式是掠夺占有,在人类出现之前,这种纯粹的体力活已以弱肉强食的方式大行其道了。

相比之下,智力活动及其产出的利益分配要复杂得多,也困难得多。

智力活动的进行具有隐蔽性,除了最后的产出,整个过程看不见摸不着。

智力活动的产出具有独创性和创造性,体力活动可以千年不变,重复操作,而人人知道的知识无须多说。

智力活动的产出具有放大性,一个发明甚至点子就可以给人类文明和经济发展带来难以估量的贡献。

智力产出的利益占有具有共享性,知识无论为多少人享有,不影响每个人的拥有量。

智力活动的产出具有不确定性,高的时候,躺在苹果树下就能收获"万有引力",低的时候,多少经费也解不了一道题。

智力活动的开展更依赖愉悦感,体力活动不拒绝奴隶,智力活动是自由人的职业!

智力活动在工业化背景下崛起,给了知识产权制度以需要的驱动,而智力活动产出的特性,要求知识产权制度有更严密的法律设计。这些都容易理解。事出意外的是,本来为了规范人类在智力活动中的社会关系的知识产权制度,突然面临新的智力活动"主体",人工智能的侵入让知识产权制度结构性嬗变在所难免,从逻辑前提、基本理念、核心架构到具体规定,一场重大的制度调整开始了。

一、机器创作，问题从何而来？

人类借助一定的工具创作作品，由来已久，习以为常。工具再先进，也从来不曾挑战人类的主导地位，拒绝飞行员驾驶的飞机是不会上天的，就算是无人机，也离不开人的操纵。然而，随着深度神经网络以及深度学习技术的应用，情况发生了明显乃至重大的变化。人工智能在人类创作中不再是单纯的工具，而开始形成独立于人类干预的新的"想法"，生成不同于已有材料的内容。人工智能在内容生成这一关键环节上的某种自动性，让机器脱离人类掌控的趋势显得从未有过的真切。人工智能"创作"过程与此前人类借助工具产生的作品之间存在本质区别，一系列法律问题由此引发，其中最重要的是人工智能生成物能否构成作品受著作权法保护，以及人工智能生成物的知识产权归谁的问题。

讨论"机器创造的知识产权归属问题"，可以分作两步进行。其一聚焦于人工智能能否创作，不能创作，就不存在知识产权，自然也谈不上归属；其二聚焦于人工智能生成物可不可以拥有知识产权，如果不可以，自然也不存在将知识产权归于人工智能的可能。

这里实际上涉及两个层面的问题：人工智能能否"创作"，这是一个事实问题；人工智能生成物是否享有知识产权，这是一个法律问题。知识产权权利法定，符合法律规定方能取得知识产权。这就是说，即便机器已经能够"创作"，但在缺乏相应法律规定的情况下，要想获得知识产权保护，仍然是困难的。机器创作，知识产权归谁之所以成问题，关键还在这里。

二、事实与认定：机器会"创作"吗？

人工智能"少女诗人小冰"的诗已引起广泛关注，由 Obvious 团队所开发的人工智能绘制而成的肖像画 *Edmond de Belamy*，甚至被拍卖出 43.25 万美元，而索尼音乐公司的机器作曲家"Flow Machines"，在学习 45 首 The Beatles 的歌曲后，完成了一首新歌曲 *Daddy's Car*。

现在，人工智能会写诗、绘画、作曲、写作，这已是事实，而且相关技术得到越来越广泛的应用。

如果不细究这些"作品"的产生过程和生成主体，仅仅关注最终的呈现形态及其功能性效果，不难判断，上述"作品"与人类创作的美术、音乐和文字作品毫无区别，甚至超越了人类作品。仅凭"作品"本身，人类已经无法判断哪件为人类所做，哪件系机器所为。完全可以说，人工智能已经能在事实上进行"创作"，其"作品"不仅具有艺术性，其外在表现形式也能让人感觉到一定的思想情感，与人类创作的结果无异。

然而，从法律上看，这些"作品"只能称为"机器生成物"。因为其生成基础是人类提供的素材，比如 500 多位诗人的诗歌，45 首 The Beatles 的歌，还有个性画家的代表作。人工智能通过学习，形成数据，借助算法，进行计算、推演，重新排列组合后，生成新的图画、音乐和诗歌。当然，它们会延续某一种风格，比如 The Beatles 的风格，或者是毕加索的绘画风格，或者是中国小诗歌的风格。必须承认，目前人工智能生成物与过去利用软件制作的文件不可同日而语。早期软件包括写信软件、音乐软件、作画软件等,都是简单预设素材后进行调用组合,没有表现出任何一点超出程序员设定范围的"自主性",而人工智能经过深度学习,能由素材生成超出程序员预见的新的"作品",这一点恰恰构成了人工智能异于以前软件的核心特点。有学习能力,让人工智能具有了超出程序员绝对掌控的能力,智能生成与人类创作容易混淆的事实由此而来。即便如此,人工智能的生成物仍然未被认为是"创作",机器不具有创作能力,仍是法律界的主流意见,毕竟现行法律是这么规定的。

事实与法律之间不一致,让"机器创作,知识产权归谁"的问题,扑朔迷离。

三、机器"创作"何以众说纷纭?

在机器是否会创作,机器提供的到底是作品还是生成物这一问题上,人们似乎陷入了某种多层次的"分裂症"。

第一层"分裂症"的表现是,一方面仍然坚持,人工智能与以往发明的各类软件一样,其创作无非模仿,两者虽有区别,但不是实质性的,充其量"五十步笑百步",因为两者都建立在利用人类提供的"原材料"之基础上,采用相关元素加以"拼装",只不过人工智能技术掌握了学习能力,貌似多了一点自主性,拼装效果更好一些。

另一方面又不能不承认,经过那么多年的文化积累,素材越来越多,今天的人在文艺创作中要超越前人越来越难,客观上已形成依赖。当代文学艺术领域呈现出明显的"创造力枯竭"现象,不少"创作"在很大程度上,不是对已有作品的"过度致敬",尤其是对其中蕴含的经典元素的刻意模仿,就是把创作中的审美元素抽去,只剩下没有艺术感的抽象"创意"。流行取代美感成为评判标准,确实是一种当代现象。所以,从人类创作中随处可见的模仿来说,人与机器之间实际上也是"五十步笑百步"。

在20世纪的文学批评中就有一种说法,认为人类小说只有一个"母题","在古老的巴比伦,有一个少年爱上了一个姑娘"。这就像考古学家所论证的那样,今天全世界的人不分种族,共有一个祖先,就是在东非发现的那具女性骨骼化石的主人一样。经典的文学元素犹如基因,在许多伟大作品中反复出现,甚至形成了某种固定的模块,其同"拼装"即便有区别,也差不了多少。近年来,中国文艺作品经常闹出"抄袭"风波,热度过去还不久的国产动漫《哪吒》票房与谴责齐飞,也正是"拼装"惹的祸。

"有一千个读者就有一千个哈姆雷特"的说法耳熟能详,但从莎剧《哈姆雷特》演绎出来的戏剧仅其中在中国广为人知的,就不仅有中国五四时期的《雷雨》、20世纪70年代末的《于无声处》,还有美国迪士尼动漫《狮子王》、中国电影《满城尽带黄金甲》。

如果这些都算创作,为什么同样"拼装"的机器生成物就不能算创作?如果认为人类在吸纳经典元素的过程中有所创新,所以可以称为创作,那么谁能断言机器在生成"作品"时就没有增加任何新意?"小冰"所做的诗歌结集出版,书名所取的那句诗,"阳光失了玻璃窗",同样诗意盎然,还从来没有见之于任何一位诗人之口。事实上,今天所有否定机器生成物是文学艺术作品的唯一理由,不是机器生成物不属于情感的表达,而是机器根本不被认为具有情感,遑论需要表达?

第二层"分裂症"是，一方面受众甚至专家确实已经分辨不出人类作品与机器生成物区别在哪里，比如在测试中，机器生成物被认为是巴赫的作品，而巴赫自己的作品却被认为是机器生成物。"假作真时真亦假"，感知和认知已经无法走在一条直线上。

另一方面主流意见仍然坚持区分人类创作与机器生成物，甚至以这一区分为前提来决定是否承认机器有创作的能力。

在这里，法律与事实的不一致，显得更加突兀。"法律事实"这个概念本来就具有特定的含义，既不是指"客观事实"，也不是指"有证据的事实"，而是指"符合法律规范规定的客观事实"。但如果过于执着地坚守法律规定，以至于无视已经得到证明的客观事实，那同古希腊神话中，强盗普洛克鲁斯-忒斯用床的长度来决定人的身高，抓来的人，长的锯腿，矮的拉长的做法，就没有多大差别了。在中国成语中，这叫"削足适履"。

第三层"分裂症"表现为，一方面有艺术修养的受众已经接受机器生成的作品，机器"生成"的画作可以卖出高价，足以说明公众接受了其"独创性"。

另一方面未必懂艺术的法律界人士，首先是立法者，仍然拒绝承认机器有创作的能力。犯罪社会学有一个玩笑：这世界上先有法律，后有犯罪，所以，要消除犯罪，可以从取消法律开始。如此戏说当然当不得真，但用在这个场合，让人感觉颇为妥帖。

于是，讨论又回到了原点，不只是回到这本书的出发点，机器有没有意识和意志，更是回到了图灵提出"机器会不会思考"这一石破天惊问题时的原点。所有这些"分裂症"根本上源自坚持以人类创作的内在特性，也就是人类智力活动及其内在机理为标准来衡量机器的"创作",而不能接受"图灵测试"所确立的"以结果而不是内涵来确定机器智能"的原则。

无论人类接受与否,机器创作最后采取的形式一定不会是同人类完全一样的,就像人工智能虽然模仿了人类智能,但永远不会是同一种智能。为什么当年图灵采用"机器智能"的说法,为什么许多学者宁可采用不那么容易理解的"硅基智能"以区别于"碳基智能",或"无机智能"以区别于"有机智能"的说法,就是为了凸显此智能非彼智能。对于智能本身尚且如此,对于作为智能之表现的创作能力,应该同样如此吧。

只要人类纠缠于以自己的"人之为人的本质"为界定创作的标准,却又说不清楚这种本质是什么,因为本质本来就说不清楚,那么,任何关于人工智能创作和作品的讨论都会成为话语陷阱。

尽管在这里,对以结果为标准,承认人工智能在事实上已经能够"创作"的观点,表现出更大的宽容,但要想就此让人工智能的内容生成过程被承认为法律意义上的创作,让机器生成的音乐、图画、诗歌等获得作品的地位,仍需要由法律来定性。这既是法律的特权,更是人类的特权。现实是,在几乎每一处相关的法律规定中,都可以找到那个幽灵般的前提性定义:只有生而为人,才能被定义为有创作能力,其作品才能享受知识产权保护。说白了,这只是人类为人工智能设定的又一条"第 22 条军规":因为不是人,所以产出的不是作品,只是"生成物"!

四、为什么只有人才能享有知识产权?

那么只有人才能够创作,才享有知识产权,法律这么认为,有没有道理？仅仅是形式逻辑的推导，还是确有法律实践中的难言之隐？

2011年，野外摄影家史莱特在印度尼西亚苏拉威西岛拍摄黑冠猕猴。他将照相机固定在三脚架上，并备好了能够触发相机快门的装置。这引起了好奇猕猴的探究，其中一只雌性猕猴在摆弄照相机时，无意间按下了快门，拍下一组令人忍俊不禁的猴子"自拍照"。各种表情，极为生动，系列"猕猴自拍照"由此诞生。

在客观事实上，这些照片不是摄影师拍的，或者说"不是摄影师按快门的"，纯属意外的收获。回去之后，摄影师将这组照片发布在自己的网站上，还参加了一个世界摄影大赛，其中有一张照片获得了金奖。后来，维基百科未经许可，把照片放到自己的网站上，摄影家发现后，起诉维基百科侵犯版权。维基百科抗辩说，这些照片并非摄影师的创作，而是猴子自拍，作为摄影师的意外所获，照片不构成作品，不应享有版权。

这个案例引起了广泛讨论，美国法院最终判定，这些照片不是由人类所创作，不构成法律意义上的"作品"，不受版权保护。在这个著名的猕猴自拍照案中，美国法院认定的核心是，猕猴不是美国版权法意义上的"作者"，因而其自拍照不受美国版权法保护。

这意味着，人工智能生成物是否构成作品并享有知识产权，其核心仍然是人工智能能否成为"作者"，也就是能否具有法律主体地位的问题。按照现有法律的认定标准，人工智能不具法律主体资格，也就是说，只要人工智能不是人，其生成物就不得构成作品。

从现有法律规定的实然角度来看，著作权法在关于作品的认定中，有明确的要求，享有著作权的作品，其创作者需要有法律上的主体资格（自然人、法人或者其他组织），即创作者的主体资格是创作物受著作权法保护的前提条件之一。简言之,"作品"必须是人类的创作成果。

人工智能并非自然人,也不具有法律拟制的法人或其他组织的主体资格。因此,依据现有法律规定,以人工智能生成物为最终呈现形态的,不能被认定为著作权法意义上的作品,不受现有著作权法保护。

此观点并非我国独有,美国国家版权局在其工作手册中也特别说明,版权局不会登记由机器独立完成,且缺乏任何人为创造性投入或参与的作品。

显然,不论是国内还是国外,创作物是否受著作权法保护,都对创作者的主体身份给予了极大关注,这既是传统法律理论的根基所在,也是科技发展与传统理论的冲突所在。

五、就事论事,人工智能能有作品吗?

抛开现有著作权法关于创作主体的规定约束和思维局限,从应然角度来评价,人工智能生成物应该被认定为作品。我们采取的方法是做一个假设,如果同样的内容为人类所创作,在表现形式上能否构成作品?

《著作权法》所称的作品,是指文学、艺术和科学领域内,具有独创性并能以某种有形形式复制的智力创造成果。作品反映作者的思想情感及对客观世界的认识,是一种以语言文字、符号等形式所反映出的智力创造成果。只要作者的思想观点等内容通过一定方式独创性地表达出来,不论是何种形式,均受著作权法的保护。

那么，人工智能生成物在外在表现形式上能否反映一定的思想情感或认识？

从现有技术角度而言，人工智能的技术能力还没有达到具有人类思想或者近似人类思考的程度。一些媒体新闻在宣传新型机器人时，宣称某些机器人有了近似于人的思维，例如首个获得"公民"身份的机器人索菲娅。索菲娅在面对记者"你会毁灭人类吗？"这一提问时，回答了"是的，我会毁灭人类"。然而，在面对另外一些随机提问时，索菲娅颇有些答非所问。可见，让人类颇为忧心的"毁灭人类"的言论，其实不过是设计团队的提前设定，而且设计团队自己也承认索菲娅目前并没有自我意识，没有思想和情感。索菲娅虽然被授予"公民"身份，但并没有实现人工智能在自我意识上的突破，对其授予"公民"身份不过是围绕人工智能技术的又一场炒作。

目前技术水平下的人工智能没有能力进行自主思考，但并不意味着人工智能生成物不能反映一定的思想情感或者对客观世界的认识。仅从人工智能生成物的外在表现形式评判，其与传统作品没有实质性区别，均是一类对一定思想情感或者认识的表达。两者的区别主要在于生成物反映了谁的思想情感和认识。传统作品所反映的是人类作者的思想情感和认识，而人工智能生成物所反映的到底是人工智能的思想情感，还是人工智能设计者或者所有者的思想情感，还有待研究探讨。因此，抛开人工智能的主体性问题，人工智能生成物在外在表现形式上能反映一定的思想情感或认识。

值得指出的是，所谓"文艺作品是人类思想情感的表达"的说法本身具有明显的局限性。自我表达和服务受众，从来就是两种艺术观交锋的主阵地。

站在创作者的立场上，艺术作品肯定是其情感的表达，没有情感，无所表达，何来艺术作品？而机器没有情感，不可能有情感表达，自然不会有艺术创造。

但站在受众的立场上，艺术作品的功能是情感唤起，任何作品包括"机器生成物"，只要能唤起受众情感共鸣，理所当然属于艺术创作。中国传统文艺评论反对"曲高和寡"，主张雅俗共赏，因为再高明的文艺作品，如果无法激起他人共鸣，其价值就十分有限，甚至十分可疑。按照这种文艺观，机器生成物只要"和者众"，能唤起受众情感共鸣，自然有价值，应该被视为作品。

所有这一切足以说明，人工智能会不会创作，不在于机器性能，也不在于法律规定，而取决于人类关于创作和作品的哲学定义。只要坚持创作是人的思想和情感的表达，那么机器当然不会创作，理由简单得不需要动一点脑子，因为机器不是人。如果着眼"生成物"唤起受众共鸣的结果，那么就不能不承认机器会创作。毕竟作品及其效果摆在那里，不能选择性失明或失聪。

其实，在文学艺术领域中，创作者和受众之间并不存在如此截然分立、不可跨越的鸿沟，相反，两者是不可分割地联系乃至融合在一起的。人类需要表达自己的思想和情感，也需要接受别人的思想和情感，这是人之为人的本性。表达和接受思想与情感的最合适方式是音乐、美术、文学，等等。如果说求真的科学始终面临着客观世界的刚性边界和严苛检验，那么审美的文学艺术则给人类想象包括思想或情感的抒发提供了几乎无限的空间。不仅对于创作者，而且对于欣赏者，都是如此。文艺作品的价值不是固化于创作者搁笔之时，而是随受众的理解之演进而处于永远的流变之中，所谓"接受美学"

就是这么回事。

人工智能生成物之所以能达到"类人"的高度,让人无法轻易识别到底孰为人类创作,孰为机器生成,既是因为人工智能技术确实已经到达相当高的水准,其生成物几可乱真,同时也因为作为欣赏者的人类参与了对这些生成物的再创作。同人工智能通过阅读影像资料识别早期肺癌,对错可以通过对肺组织做病理切片来检验不一样,对作品文学艺术性的判断,离不开人的主观认定,而这个认定是完全可以引导的。巴赫音乐的存在客观上构成对听众认定机器生成的"巴赫作品"的一种引导。就这一点来说,所谓"机器生成物已经高度'类人'"的说法,大致只是一种循环论证。

此外,按照《著作权法》的规定,人工智能生成物在外在表现形式上也符合独创性要求。

所谓独创性指作品具有独立构思而成的属性,作品不与或基本不与他人的作品相同,即作品不是抄袭、剽窃或篡改他人的作品。对此,世界知识产权组织的解释是:独创性是指作品属于作者自己的创作,完全不是或基本不是从另一作品抄袭来的。

对于人工智能生成物而言,并不存在抄袭的主观动机,因为机器没有主观动机。至于机器生成物有没有个性的问题,即便参照适用于人类作品的判断标准,也不能绝对排除人工智能生成物具有某种"个性"的可能。人工智能虽然依托于算法,但也存在某种不确定性,即便同一台计算机利用相同的算法,由于不同的学习经历和积累,也可能生成不同的"作品"。这就是说,即便机器生成物也可能具有唯一性,未必像制造业流水线上下来的产品那样整齐划一。所以,不能因为人工智能生成物不能完全符合独创性标准,进而完全否定其具有独创性的可能。

其实,人类创作的作品并非件件都有独创性,也不是所有创作都能享有著作权法上的保护。对机器生成物采用人类作品的标准,其严格程度甚至还有过之,其实大可不必。客观地说,至少部分人工智能生成物可以被认为符合《著作权法》关于独创性的要求。

综上,抛开人工智能的主体性问题,人工智能生成物在外在表现形式上是能够符合作品的全部构成要件的,从应然的角度来看,其中部分生成物可以被认定为作品,从而得到著作权法的保护。

六、人工智能可以被认定为法律上的"作者"吗?

在现有技术条件下,人工智能虽然在结果层面已经表现为一种高级智能,但并不代表其满足法律要求,拥有权利主体的地位。目前人工智能就其技术形态而言,只是一种高级的算法。虽然其产出不直接受人的控制,但也并不是人工智能独立的思想指导下完成的成果。人工智能生成物的产出究其根本,是人类和机器合作的产物。人类没办法操控到直至生成物最后产出的那一刻,人工智能也没办法理解整个生成过程及其背后的含义,而人类虽然为机器编写了程序,却也无法清晰得知程序的运行,以及最后得出符合既定目标的结果这整个过程的内在机理。

Prisma 是一款曾经在网络上很火的修图软件,可以将输入的图片变换成多种风格。这种风格的转变不同于其他修图软件,只是在画面上增加一点点滤镜效果,而是人工智能在后台学习了某些知名画家或者艺术流派的作图风格,将输入的照片进行风格大转变。从技术角度说，就是把一张输入图和选择的风格图在 CNN（卷积神经网络）中进行分层处理，迭代到最后一层，就可以生成一张结合了输入图内容和风格图特征的新图片。

该修图软件的创始人 Alexy Moiseenkov 也给出了解释，Prisma 服务器上主要有三张人工神经网络，每一张网络背后是不同的算法和任务，通过人工智能持续学习绘图大师和主要流派的艺术风格，把照片在一张空白的素描基础之上，根据不同画派风格重建。

由此可以看出，不同于以往人类对机器创作的介入方式，如今人工智能的内容生成方式是独立抓取相关素材并以一定的创造性方式加以重新表达，而不再局限于对固定信息的抓取和整合。人工智能似乎脱离了仅仅作为工具而存在，而能在没有预先设定的情况下，借助其内置的"机器学习"技术，通过主动学习来解决问题。而编程者在人工智能输出结果之前，并不能准确预测出最后输出结果是什么。

尽管人工智能在创作全过程中的行为并非完全由程序开发者完成，而且具有深度学习能力的人工智能最终生成结果也不完全受人控制，但不可否认的是，贯穿整个创作过程始终的依然是人，人类对机器生成物的干预就如同摄影师史莱特提供设备并设置好设备一样，必不可少。

其一，人工智能目标的设定完全是由程序开发者最初主观设定的，人工智能只是执行算法完成了程序开发者的设定。其二，就目前技术水平而言，人工智能还不能完全脱离程序开发者预先设定进行完全独立的创作。目前的人工智能技术，采用了多层算法、自我学习算法和随机抽取算法，因此，在输入相同请求时，人工智能可能会出现不同的生成物。这在外在表现上，就显示出类似人为创作的结果。

其实，人工智能在生成内容过程中，依然是执行算法，依照设定进行选择和抽取，其本身并没有能够自我设定目标和情节。所以，就目前技术水平而言，人工智能依然具有明显的工具性，只是生成内容的不确定性导致人工智能的工具性色彩一定程度上被弱化，甚至形成了类似于意识或者智慧存在的"想象"。但在给定条件下，运用同一个软件，输入同样的图片，选择同样效果，最终出现的多次结果可以表现出高度的一致性。这说明，虽然编程者不能完全把握最终出现的效果，但是人工智能会一以贯之地运用神经网络学习到的内容对输入进行可重复的编辑。

因此，生成物高度一致性的结果证明，人工智能确实不具有任何"主观"或不确定因素，所以，难以成为法律意义上的创作。由相同的输入得到相同的输出，纯属技术范畴。众所周知，人文学科和社会科学强调解释的多样性，自然科学强调殊途同归的一致性，而文学艺术则强调唯一性或一次性，可重复是对文艺创作基本属性的根本否定和彻底剥夺！

正是在这层意义上，虽然机器生成物给人以貌似"人为"创作的感觉，其实并不代表人工智能真的在创作。人工智能的创作性表现最多也只是基于数据库对输入数据进行加工的一种选择。

当然，如果需要在同样的目标指令下，让机器生成物前后出现一定的差异，在技术上并不困难，只需训练机器"永远不要跳进同一条河"就行了。再说了，今天画家中为了提高产出，批量生产"作品"，形成作坊式流水线操作的大有人在，唯独要求机器生成物不能"如出一辙"，好像也有过于明显的倾向性或曰歧视之嫌。

尽管如此，在目前技术条件下的人工智能仍然不应该被认定为具有法律上作者的主体资格。现阶段人工智能在内容产出上更多是作为一种技术手段，内容生成的过程也不属于创作行为。虽然并不能预见到具体的产出，但是人工智能产出的具体内容最终的依据依然是最初的设定。预测地震的机器人写不了小说，写新闻的人工智能也没办法去下围棋。目前技术条件下的人工智能只是在一定程度上按照编程者的设定在运行。人工智能的深度学习也是遵循既定程序去分析数据，得出结论后，再用于解决预设的问题。在整个过程中，人工智能没有表现出意识和思维，依旧是人类的工具，只是工具的运行模式超出了我们的一般理解。

说得再远一点，即便未来超级人工智能问世，人类也不太可能允许其具有法律上"作者"主体资格。

七、机器创作，未来会怎样？

未来的人工智能在智慧程度上可能极度超过人类，对于这种超级人工智能，包括霍金在内的一些著名科学家已经提出警告。

2014年12月，霍金在接受BBC采访时，称全面发展的人工智能可能会成为人类的终结者，他主要担心的是那些达到或者超越人类的人工智能——它们会快速地发展和更新换代，但人类受制于缓慢的生物进化，无法与之抗衡，终将被取代。

特斯拉创始人马斯克也有过"发展人工智能就像是召唤魔鬼"的言论，他说："就像所有神话中画着法阵、捧着圣水的邪恶巫师一样，每个巫师都声称自己可以控制恶魔，但是没有一个成功的。"

比尔·盖茨也曾说过，"人类需要敬畏人工智能的崛起"及其带来的威胁。

这些警告，一方面是对超级人工智能具有实现可能性的认可，另一方面是对极度智慧所引发的不确定性的担忧。

如果人工智能发展到超级人工智能，具有了某些人类的特征，是否就应具有法律上的主体地位，就能享有法律上的权利并且承担对应的义务吗？

首先需要明确的是，人工智能不是拟人智能。像前文提及的机器人索菲娅，"她"具有了一定的情感反射，确实是一种智能的体现。然而，人工智能尽管以人类为模板，但不是因为具有人类的一些特征才被认定为具有智能。智能应该是脱离以人类为参照系的某种客观评价。人工智能在英语中被表达为"Artificial Inteligence"，意思是这类智能具有"人造的、仿造的"含义，同人类本身的关联性并不大。尽管目前依旧在一定程度上是以人类作为参照标准，带着人类主观的、以自身为衡量标准的情绪作为"智"的标准，但是，在确定是否具有法律上权利义务主体资格时，情绪、道德不应该影响我们对标准的选择。人类自身也并不是因为情绪或者道德而拥有法律上的主体资格。法律作为一种制度设定，不必追随某些感性标准，亦步亦趋。法人确实作为拟人化的法律主体存在，但法人最后依旧是由人组成，是为了更好地决策而将其拟制为"人"的，人的本质没有改变。而人工智能是完全区别于法人的存在，难以参照法人制度，将其同样拟制为法律主体。

在"人类中心主义"主导下构建而成的人类法律制度中，只有人类才能成为法律主体，一切非人类的有机物和无机物，均为人类权利之客体，人工智能也不应例外，即使人工智能超越"奇点"达到超级人工智能，人类中心主义之下，人工智能也是不可能被赋予法律上的主体地位的。

当人工智能发展到能主动向人类要求法律主体资格之时，不是因为人工智能类人的程度长足提高，而是因为人工智能在其智能程度上能够理解什么是权利义务，并且能以人工智能和人类共同认可的方式享有权利、承担义务，所以才有可能获得法律主体地位。

法律归根结底是一种人文现象，不是物理现象，除非机器完全超越了人，并强势地剥夺了人类的立法权。美国未来学家预测"在本世纪中叶，非生物智能将会 10 亿倍于今天所有人的智慧"，或许指的就是那一天。

八、机器创作，知识产权归谁都不合适？

承不承认机器会创作，是一回事，承认之后如何处置，又是另一回事。如果承认之后，仍然无法处理，那还不如不予承认。法律在许多场合下表现得"不近人情"，其实就因为合乎人情会带来更大的麻烦。在是否承认机器也会创作的问题上，法律正处于这样的困境。

人工智能生成一定内容形成生成物，该生成物必然具有相应的价值，具有价值就应当有权利义务归属。

对作品保护有两种价值观导向，一种是"经济价值观"，而另一种是"人格价值观"，而不管是哪一种价值观的选择，最终都是为了激励作品的创作和传播。

赋予产权是最有效的激励。将人工智能生成物纳入著作权法予以规范，赋予符合作品要件的生成物著作权，更有利于对人工智能开发者、拥有者和使用者的激励,更有利于作品的创作和传播。基于激励理论,人工智能生成物应当受著作权法保护,而现在亟需解决的生成物的著作权归属,是一个绕不过去的问题。

从目前来看,对于人工智能生成物的知识产权归属,有三种主要观点:

第一种观点是归于公有共用。

人工智能生成物在外在表现形式上符合作品要件,可以受著作权法保护。但一方面人工智能不能也不应具有法律主体资格,也无法接受和行使权利;另一方面,人工智能生成物与传统作品创作比较,的确有所区别,传统作品的作者认定明确,人工智能生成物的"作者"难以确定。两难之下,将人工智能生成物纳入公有共用,不失为一个可行的方案。微软对"小冰"写的诗歌,就如此处理,直接放弃知识产权。当然,放弃权利的前提是拥有权利,其隐含的是,微软自以为享有权利,但基于人工智能的特殊性放弃其本应享有的权利,这更说明微软在机器生成物的知识产权问题上,表现出同科技创新同步的权利观念创新的意识。

不过,真要将这个方案普遍实施,最后必然导致没有可以公有共用的生成物,因为除了坐享其成的使用者,没有任何出力者由此得利,知识产权即不存在,就算存在也起不到任何激励作用。无论是设计程序的技术人员、支付报酬给程序员的企业还是人工智能本身,都没有获得利益,所以没有动力继续提供更多的生成物。公有共用导致知识产权灭失,进而导致相应的智力活动消失,是大概率事件。

所以,如果因无法确定人工智能生成物"作者"而将其纳入公有领域,显然不利于人工智能的发展,也不利于对巨量生成物的使用进而传播进行有效管理。

第二种观点是把知识产权归于人工智能本身。

有人认为,人工智能生成物的权利应归属于人工智能,而非某个具体的人。这与认可人工智能具有法律上作者地位的观点一脉相承,虽然不合法理,但有进一步阐发的余地。

仅从表面上看,谁创作,归谁所有,这是确定知识产权归属的基本原则。如果人工智能真的能够创作了,版权归人工智能,似乎是完全说得过去的。当然,前提是现行法律做出相应的调整,比如,人工智能在法律上获得主体地位。

但至少在目前阶段,人工智能还只处于有多少人工就有多少智能的阶段,人工智能毕竟仍是人造的智能。正如专家所说,配合上神经网络模型和遗传算法的训练,人工智能也只能在"这个程序达到了预期目标,但我不知道它是怎么达到目标的"方面让人吃惊。诚然,人工智能是如何具体做到的,依旧是个谜,但从人工智能个体间的差异性,不难看出其源自编程者在程序设计时的人为差异。这种差异也是根本上最终导致人工智能产出具有差异的原因。人工智能生成物权利归属于人工智能这一观点,高估了人工智能的智能,低估了开发者的核心作用。著作权法调整的是人类社会发生的有关创作和传播文学、艺术、科技作品中发生的社会关系,而不是人与机器、人与动物的关系。赋予人工智能法律上的作者主体地位并将生成物权利归属于人工智能,既不现实也不合理,甚至有着炒作概念的嫌疑。

更难办的是,将生成物的知识产权归属于人工智能,会在破解一种悖论性困境的同时,陷入另一种现实困境。

生活常识告诉我们,人类的作品来自创作,但创作未必能产生作品,殚精竭虑之下仍然一无所得,这是创作过程中的常见现象,更不用说,自以为佳作天成,却被弃如敝屣的情形,亦屡见不鲜。所以,对创作的激励必须通过保护创作结果来实现,激发创作活动产生更多成果,才是知识产权制度的宗旨所在。

然而,按照现行的法律界定,人工智能尚不能被认为有能力甚至有资格进行"创作",尽管确实已经有创作的结果。如此一来必定造成一种困境:

因为没有创作,所以机器不需要激励;而因为具有创作的结果,所以机器的创作必须得到保护;但因为机器生成物未被明确为创作,所以又无法得到知识产权意义上的有效保护。

如果将机器生成物的知识产权归属于人工智能,即便不说保护机器的"合法权益",至少对抄袭有了明确的约束手段,有利于激励人类自身的创作。在这一点上,不用担心机器是否主张权利,可以参照"胎儿的权利"或"公益诉讼"的方式,来确保人工智能的知识产权得到落实。

不过,由此可能引发另一个现实问题,一个更加现实乃至"俗气"的问题:人工智能或者机器要知识产权何用?

知识产权是一种财产权,通过授权他人合法使用,知识产权拥有者可以获得经济收入,说得直白些,就是可以拿到钱。现在问题来了,人工智能要钱干什么?是用来给自己充电,算法升级、硬件换代,还是简单换一个更漂亮的外壳?

再抽象一些,人工智能需要激励吗?毫无疑问,人工智能在学习和迭代的过程中,已经用到了类似于训练动物甚至人类本身的"奖惩机制"。比如,对特定画家的风格模仿效果好,加分,效果不好,减分。

在这样的激励下,人工智能不断自我完善,越做越好。

如果这种纯技术的方式符合人工智能进化的客观要求,能够起到激励作用,为什么还要增加知识产权激励？如此多此一举是不是又因为人类自觉不自觉地以人类的标准来衡量机器,又陷入了"以人类之心度机器之腹"的尴尬？

所以,机器生成物的知识产权归属人工智能,真的是一个未来幻想。就现实性而论,要比公有共用更难以操作,除非人类将来发明的智能机器能一丝不差地拷贝人自己,具备了"一半是天使,一半是野兽"的人性结构,甚至获得了"守财奴"的性格,即便没用,也要积累财富。

第三种观点是归属于人工智能的开发者、使用者或者是拥有者。

其实,归属于拥有者或使用者,等于归属于开发者,因为拥有者或使用者都需要向开发者购买,只要确保只能向开发者购买,知识产权作为激励机制就算已经到位,其效能自然能够得到实现。

以目前的科技水平为前提,现阶段在法律上能成为人工智能生成物享有者的应该是人工智能的编程者或者是人工智能的拥有者,如果人工智能的编程者和拥有者并非同一人,问题也不大,人与人的利益分割很容易通过协议或合同的方式来解决,毕竟现有法律在这方面早就有了一套成熟的处置规则和程序。

归属于开发者的好处是容易操作,既能让激励直接到位,也符合目前人工智能的技术条件和发展要求。从目前来看,无论是"小冰"作诗还是索尼的 AI 作曲,都是在人类已经设定好的目标下完成的,人工智能只是执行算法,完成程序开发者的设定,并由此获得具有一定独特性的成果。把知识产权归于开发者,有利于激励程序员为人工智能配备更先进的算法,进而生成更符合受众需要的"作品"。由于这种激励方式仍然运行在现有的法律制度框架内,不会带来任何利益冲突,所以最为可行。

反过来,也正因为与现行制度最能"和平共处",没有在知识产权制度上取得任何突破,没有吸纳人工智能带来的任何冲击,而随着人工智能技术的进一步发展或许也将面临某种悖论性困境:紧扣法律所得到的方案可能恰恰有违知识产权保护的本意。

将机器生成物的知识产权归属于开发企业或程序员,可能带来长远的不利于人类创作的后果。

在目前的技术条件下,机器生成物离不开算法,算法离不开程序员,要想让机器生成质量更高的"作品",可以从激励程序员入手,通过提高算法的智能水平,生成更好的"作品"。如此操作看似顺理成章,其实隐含着巨大的问题。

程序员的水平再高,只是算法设计的能力,不是文艺创作的能力,以授予知识产权来激励程序员,最后可能本末倒置。据报道,为AlphaGo编制程序的工程师只有围棋六段的水平,但借助他设计的算法,AlphaGo却打败了全世界一流高手。如此成就固然难得,但驱使AlphaGo打败全世界高手的程序员,却不会因此而成为超一流围棋高手,AlphaGo战绩再辉煌,也与程序员的围棋水平无关。

这个例子所揭示的未来前景,令人不寒而栗。如果未来在各行各业中,人类高手都被水平远不如自己的程序员,通过设计优异的算法而打败,但程序员本身却不能跻身于一流高手之列,这种战绩对于人类来说到底是福是祸?

在算法的中介下,人类未来各行各业的冠军向程序员集中,人类各种能力向着算法设计能力收敛,人工智能多才多艺,而人类只会设计算法,这样的结果是我们在决定将知识产权归于开发企业或程序员时所期望的吗?

为了获得更有质量的文艺作品,却采用提高算法设计能力,而不是提高文艺创作的能力,如此目标和手段的倒错及其可能造成的人类能力退化,绝对不会是知识产权保护的本意。

也许正是在这个意义上,谷歌已经宣布不再让机器人参加任何人类智力竞技,微软也不再让"小冰"吟诗,并且放弃已经生成的"作品"的知识产权。这些明智的做法似乎预示着,如果人类要想在开发人工智能的同时,保全自身的智能和自身对机器的智能优势,最好的办法不是考虑如何保护机器生成物的知识产权,而是让这个问题仅仅停留在理论假设层面,而不成为一个现实问题。至少在不放弃开发人工智能的"创作"能力,不断获得质量越来越高的"机器生成物"的情况下,既不是将知识产权归之于程序员,也不归于机器,而是从法律上规定,所有机器生成物没有知识产权,不受任何法律保护,以此切断知识产权所代表的资本对特定人工智能技术即机器创作的滋养基础,为人之为人最重要的特性——创作或创造,保留一方净土。

显然,无论将机器生成物的知识产权归属于谁,都无法在现有法律框架内,完美妥帖地解决由人工智能引发的知识产权问题。其中一个深层次原因是人类不可能不以人类中心主义的视角来看待人工智能。这个问题基本无解,人类的利他心不可能膨胀到放弃自己在世界的中心地位,而为其他生物或非生物"作嫁衣裳"。

当然,人类中心主义不是一种最好的观念,甚至很可能只是一种无知的僭妄。但既然大自然给了人类自我意识,还有自由意志,那就只能容忍人类在自我中心主义的旗帜下,对任何可能超出人类控制进而颠覆人类世界的技术创新,实施有力而且有效的干预,包括自觉中止某项技术的开发。

九、智能时代,知识产权制度有何作为?

人工智能的诞生犹如打开了一个"潘多拉的盒子",作为智能的技术必然会对人类建立在自身智能基础上的秩序带来巨大挑战。知识产权领域中不可避免的巨变,现在还只是"山雨欲来",未来到底会如何,尚难逆料。毕竟以其不断超出人类想象的进展,人工智能越来越清晰地证明了自己天然具有的"替代人类智能"的倾向。尽管在目前阶段,人工智能刚刚开始拥有自我学习的能力,其工具性属性还没有被强烈弱化,如果能在现有法律框架下,在不引入新主体和新规则的前提下,解决人工智能带来的新问题,既促进技术发展,又保持法律制度的稳定性和延续性,如此操作应该能被接受。但明智的人不会认为,以现有的法律框架包括知识产权制度,就足以让人工智能技术发展永远处在人类的羽翼下,人类自己可以高枕无忧。

霍金曾预言:机器人在将来的某一天会拥有自己的独立意识。按照人类技术的发展趋势,超级人工智能时代终将成为现实。到了那时,也许法律将面临重新洗牌,旧法将死、新法重生,或者会有一个凌驾于法律之上的另一种规则,又或者是一个不再被称之为法律而有着和法律类似作用的制度性存在。

一旦超级人工智能诞生,成为脱离人类的独立存在,那么法律的制定主体或许也会发生变化,国家观念或许都会受到冲击。当人类让渡了部分的权利,当机器人真的具有社会角色,那么对整个社会的冲击,绝非是现在用既定的法律规则去规制人工智能生成物那般简单,而可能是又一次社会规则的大构建,在人类与机器人两大阵营的博弈和谈判的基础上。

二元智能之下是否会产生"二元法制",值得"幻想"。

未来在没有真正到来的时候,所有细节都只是人类的想象,甚至是幻想。人类活在过去的未来,也活在未来的过去,人类可以描绘一种可能,但不能确定一种未来。未来应该是更宽容的,表现出更多的可能性,也可以看到更多的微小开端。当那一天真的来临,当机器真的要得到更多的权利,相信那时人类的处理方案一定是更好的。

但是,对于人工智能,我们不能做过多拟人化的要求。智能是客观的,不是感性评价得来的。并且,人类对于自身不易习得的技能始终认为是一种高级的智能,对于一些自认为理所应当的能力却不认为是智能。例如从阴影的角度判断立体图像,对于人类自身是简单的,但是对于人工智能而言却是比算法难上千万倍。因此,即便人工智能发展到具有自我意志的程度,其构造结构、生产方式与人类仍存在根本性的不同。很多时候,我们以面对问题时感到的复杂性去揣测人工智能的运算,而事实上,人类和人工智能在处理问题的模式上并不相同,这种简单比较对于人工智能的复杂或许并不适用。要想在未来更好地与人工智能和平共处,人类需要"让人更像人,让机器更像机器",更需要"借助更像机器的机器,来让人更像人"!

智能不代表更加人类。即使人工智能最终获得类似法律上的一些权利,其原因也不会是其变得像人,而是人工智能的智慧程度为它赢得了更多的法律认可和发展空间。

十、未来已来，问题就此解决了吗？

就在本书的写作走向结尾之际，人们对知识产权领域中人工智能可能走得太远的担心，被证明并非杞人忧天。2019 年年底，深圳南山区人民法院作出了被媒体认为"可能是 AI 创作领域的重要里程碑"的裁判。

腾讯公司自主研发了一套基于数据和算法的智能写作辅助系统，命名为"Dreamwriter"。2018 年 8 月 20 日，Dreamwriter 智能写作助手创作完成《午评：沪指小幅上涨 0.11%报 2 671.93 点通信运营、石油开采等板块领涨》的财经报道文章，在腾讯证券网站上首次发表，并在文章末尾注明"本文由腾讯机器人 Dreamwriter 自动撰写"。上海盈讯科技有限公司未经腾讯公司许可，在该文章发表当日复制该文章，通过其经营的"网贷之家"网站向公众传播，且发布的内容和该文章内容完全相同。腾讯公司认为，被告的行为侵犯其享有的著作权，遂将其诉至法院。上海盈讯公司在庭审中认可腾讯公司主张的事实。

裁决结果是，深圳南山区人民法院经审理认为：腾讯公司研发的 Dreamwriter 创作的财经报道文章，从外在表现形式上看，符合文字作品的形式要求，内容体现出对当日上午相关股市信息、数据的选择、分析、判断，文章结构合理、表达逻辑清晰，具有一定的独创性。另外，从涉案文章的生成过程来分析，该文章的表现形式是由腾讯公司主创团队相关人员个性化的安排与选择所决定的，其表现形式并非唯一，具有一定的独创性。因此，认定 Dreamwriter 软件在技术上

"生成"的创作过程均满足著作权法对文字作品的保护条件,属于我国著作权法所保护的文字作品。

据此,南山区人民法院一审判决被告侵犯了原告所享有的信息网络传播权,应承担相应的民事责任。鉴于被告已经删除侵权作品,法院判定被告赔偿原告经济损失及合理的维权费用人民币1 500元。

这一裁决得到某位知识产权专家的认可:"人工智能是人的大脑和身体的延伸,在创作过程中发挥的作用,只不过减轻了人的智力和体力劳动,这和传统从事自动化工业生产的机器发挥的作用并无本质区别。既然传统自动化机器生产的产品属于人的劳动成果,将人工智能生成物视为人的智力成果,即思想或者情感的表达,亦不存在法理上的障碍。"

专家的观点值得尊重,但把物质生产和精神生产相等同,有过于简单化之嫌。知识产权比物权难以界定之处本来就在于精神产品的特殊性,如果可以简单套用物权的认定方式,连这次诉讼和裁决都不会有,因为"抄袭"之类的侵权是不可能出现在单纯的物质产品上的。

你生产熟牛肉,我也生产熟牛肉,大家都对自己生产的牛肉享有物权,这不涉及知识产权法上的抄袭。你做牛肉时采用了秘制酱汁,我偷了秘方,才有知识产权侵权的嫌疑。如果你取得了专利,我擅自模仿,那就叫专利侵权。单纯生产牛肉,哪怕确实因为牛肉好卖而跟风经营,谈不上抄袭,更谈不上侵权。

而且,工程师的直接智力成果是程序,其核心是算法,不是文章,文章是该程序运行的结果,因此,对工程师智力成果的认定应该落在程序上,而不是延伸到程序的产出上去。计算机程序和程序运行产生的文章在法律上是两个独立的客体,知识产权及其保护的链条不应无限延伸。

诚如制造汽车生产流水线的工人不能把流水线装配出来的汽车都算作自己的劳动成果,设计汽车流水线的工程师也不应该把流水线生产出来的汽车所包含的智力成果都算作自己的智力成果。既然如此,何以设计算法的程序员却可以将程序的产出都作为自己的作品而享有知识产权?

前面已经论证过,把人工智能的生成物视为作品,与人类智力成果享受同样的知识产权保护,其最可忧虑之处在于将会导致人类越来越多的能力为编程能力所排挤甚或取代。如果那位专业六段的程序员,因为所研发的 AlphaGo 战胜了全世界的九段高手而荣获"十段"称号,岂不是等于在向所有围棋爱好者宣布:"想拿世界冠军?不用学棋,编程去!"

如果 Dreamwriter 生成的是一部小说,其深刻优美打动了评委,最后应该由这几位程序员分享诺贝尔文学奖吗?

想象力再丰富些,如果一位原本相貌平平的女性借助整容手术,战胜所有参赛的天然美女,最后当选为世界小姐,对此结果,公众尚且难以接受,毕竟选美不是外科医生的舞台,而要是最后当选者竟然是一位医术精良的男医生,理由是美貌来自其手术刀下,岂不会让整个女界群起反抗"男性的僭越"!

这位知识产权专家还信心满满地认为:"将文学、艺术和科学领域内具备独创性的人工智能生成内容认定为作品并通过著作权保护,有利于鼓励作品的创作和传播,促进文化的多样性,同时激励人们研发能够减轻人的智力劳动和体力劳动、能够生成具备独创性作品的人工智能,并利用该人工智能进行作品创作。"

显然，他没有考虑过，真要进入这样一个人工智能当道，人类越来越多的智力劳动被"减轻"乃至被替代的时代，人类最终只会迎来一个徒有算法先进性，却没有文化多样性的非人世界，一个机器越来越像人，而人越来越不像人的世界。

第九章
机器人也会遭受"人身侵犯"吗?

人工智能放大了看，是人类再造自己的宏大事业之组成部分，也就是说，智能确实是整个工程的重要一环，但并不是全部。理想的"人造人"应该像人一样，具有"身、脑、心、灵"，其对应的功能分别是感知与行动、理性与认知、情感与意志、价值与意义。

今天最能体现人类在"技术造人"方向上取得的进展的，不是AlphaGo，不是"小冰"，不是索菲亚，而是波士顿动力公司研发的双足行走、会后空翻的机器人Atlas。从视频中可以看到，实验人员不仅检测了Atlas的感知、判断、决策和行动能力，比如行走、跨越、跳跃，当然还有后空翻，也测试了其搬运能力，更有意思的还采用几近虐待的方式，检测了机器人会不会发脾气。不管最后的测试项目是否仅仅为噱头，却于无意中透露了一个信息，即人类已经在思考具有越来越多的拟人能力的机器，其内在秉性是否与人一样的问题。

只要人类"照着自己的形象"造机器人的研发逻辑不变，最终必然诞生一类特殊的智能机器：性机器人。

性，从来就是人类行为的动力之源、情感的激荡之场、交往的是非之地，也是规范的密集之所。性机器人的诞生将在人类生活中引起轩然大波，既解除法律的部分必要，也带来法律的全新需要。性机器人会不会遭受"人身侵犯"，有可能成为一个具有法律意义的尖锐挑战！

一、性领域何以规则林立？

一谈到性，中国人自然会想到古代哲人的名言："食色，性也"。生存与繁衍是一切生物存在的两个基本环节，从基因传递的角度来说，个体生存只是服务于物种繁衍的手段。许多昆虫和鱼类，生长多年，才得以成熟，一旦完成交配，雄性个体便归于死亡，雌性个体在生产或守护之后也归于死亡。

个体无常，物种恒常，性是促成两者转化的动力机制。

物竞天择，性的功能是自然律令的体现。

人类虽然在一定程度上，走出了自然，有了文化，但根本上还是自然的产物，文化留存有自然律令的深远影响，性属于其中最不易改变的部分，规则林立就是表征之一。

在人类学家眼里，社会生活的第一条规则是乱伦禁忌。乱伦禁忌具有生理学渊源，高级动物中都可以见到类似的规则，群居动物往往采用驱逐雄性后代的方式，避免近亲繁殖带来的种群退化。

此乃天道。

在人类社会中，乱伦禁忌适用范围的确定显得十分复杂，哪些个体被纳入禁忌范围，受到文化观念的影响。其他动物都完全服从自然律令，唯有人类保有一定的自由意志，可以自己选择，做出制度性安排。但在漫长的历史时期，有限的知识并不足以指导合理的实践，随意想象的结果是把并非血亲的关系，也纳入禁忌范围。"聪明反被聪明误"，至少在防止近亲繁殖上，人类的应对未见得比没有自由意志的动物更加合理。

为了让出走的 Y 染色体回归，大自然给异性个体设置了强大的性冲动，发情的雄性个体之间激烈打斗是物竞天择的核心机制，男人也不例外。足以与动物相区别的，可能只是人类更谙熟"力敌不如智取"，为情节曲折充满悬念的小说和戏剧，提供了原型。

动物打斗只在发情季节，而人类属于"365 天都会发情的动物"，天天打斗会让人疲于奔命。偏偏人类需要集体生活，共同生产劳动，不允许将作为强劳力的男性驱逐了事，而白热化、无节制的择偶竞争，又会瓦解人类群体，涣散联合行动，最后造成任何个体的基因都没法传递，物种因此无法绵延。所以，控制性冲动，确保部族团结，首先在生产劳动的时间窗口期禁止异性交往，既是"男女授受不亲"的来历，更是家庭婚姻制度的起源。

所谓制度无非一个庞大的规则集合，其中自然少不了法律，但还有法律都管不住的场合。毕竟血亲和性关系先于法律，偶尔也高于法律。同样殴打他人，发生在街头和家里，无论是警察的态度还是法官的裁决都会有明显的不同。

基因的"自私"赋予个体在异性占有上强烈的排他性，而为了确保基因的精准传递，产生了各种世袭制度，这是自由意志对自然律令的改造，虽然时常只是假象，"富不过三代"，是自然报应的一种方式。

自私有财产形成后，社会性遗传显得更加重要，一夫一妻制应运而生。从此,至少在生物学而不是社会学的理论上,人类几乎所有个体都获得了基因传递的机会,众生平等终结了物种自然进化的进程。伴随而来的是配偶之间相互忠诚的道德信念和相互具有权利义务的法律规定,禁止婚内出轨,根本上是为了保证男性不会在被"鹊巢鸠占"后还服务于其他个体的基因传递。

人类拒绝"布谷鸟"。

生产能力提高和科学技术发展,大大增加了人类繁衍的成功概率,性也从繁衍的手段演变为目的本身,实现了由自然向文化的转化和升华。随之而来的是人类对性行为更多的宽容,更多的爱情和更多的歌颂爱情的文学艺术作品。伴随由欲向情、向爱、向超越性爱的精神之爱的演变,性获得了从未有过的道德地位,从禁区走向开放。相应地,法律对个人性行为的干预,逐渐退缩,最后躲进了极小的几个禁区,"比基尼"完全可以视为性规范在现代社会生活中的处境艰难之隐喻。

法律开始退让,道德并未妥协。在个别激进国家,性交易得到"非罪化","性工作者"的称呼也日渐被接受,但在大多数国家,卖淫仍被法律禁止,虽然往往只是在名义上,因为毕竟过不了伦理这一关。德国社会学家齐美尔(1858—1918)曾有一个极为生动的说法,在性交易中,一方的身体同时成为双方的手段。这显然有悖于另一位德国人确立的人类基本伦理:"人是目的,不是手段。"

在经济学视野中,人作为劳动力从来被认为具有手段性功能,所谓"生产要素"或"人力资源"。个人在或长或短的时间里出卖自己身体的一部分,谋得生存资料,同时为雇佣者提供利润,这在市场经济体制下,属于天经地义。如此观念和现实遭到空想社会主义者的批判,对于劳动的异化,马克思给予深刻批判,今日国内程序员对"996"的深恶痛绝可以视为仍未消失的历史回响。"无烟产业"作为最古老的职业,因具有某种经济合理性,仍未完全绝迹,但因为明显违背伦理要求,冲撞法律尊严,最多只能维持边缘化的存在。

科技革命带来人类生产效率的持续提高,过剩经济条件下,人类需求被竭泽而渔,强力开发、过度满足之后,中产消费面临普遍的"欲望枯竭"。没有需求就无法生产,极限发掘人类最深层的本能成为产品营销最没有创意的创意,性元素如同大众食品所不可缺少的防腐剂一般,被添加进各种商品之中,无孔不入。结果与一再退让的法律再次发生强烈碰撞,从具有极强操作性的裸体不得暴露"三点"、制止带有性暗示的广告语,到禁止被冠名以"性骚扰"的徒有性形式而不具性内容的黄段子。

法律对涉性主题的关注和规制,有放松,没放弃。

一句话,人类在发展,文化在演进,性在人类生活中的地位确实在演变,而涉性的规范仍然坚守在阵地上。这一幕在性机器人登堂入室之后,会有什么样的改变吗?

二、性机器人如何定位?

既然性如此敏感,科学家为什么还要去蹚这潭浑水?

"需要乃发明之母。"发明机器无非为了满足人类需求,性机器人同样如此。

孔子说:"吾未见有好德如好色者也。"只要性需求在,只要社会规范对性的压抑持续而无效地存在,性机器人的研发就不会没有动力。更不用说，以性的内涵之深厚、表现之丰富，还有人类性要求之微妙、满足方式之复杂，科学家不为其他，仅为性机器人的技术难度，也有足够的研发动力。不带成见地说，科学家也是分性别的。

机器人林林总总，已然形成诸多类型。比如，工业机器人、生活机器人等。这类机器人的主要特点是替代人类的某一些功能或技能，乃至超越人类的某些功能局限和技能限制。工业探测用的机器人可以到达人类无法或者不便到达的地方。还有许多承担生活功能的机器人，比如扫地机器人、擦窗机器人，等等。这类机器人只需完成设定的工作任务，客户若有不满，向后台客服反映就是，机器人本身没有被要求与人互动，听取反馈意见。

另一类机器人被称为社会机器人，不是工业化、生活化的机器人，而是用于满足人类情感需要、能与人互动的机器人。比如，陪护机器人、教学机器人，还有功能更复杂的性机器人。

日本是社会机器人发展最快的一个国家，老龄化社会特别需要针对老人的陪护机器人。陪护机器人不仅承担生活护理的功能，还需要与陪护对象进行情感交流，给以抚慰，为老人消除寂寞，提供精神寄托。这一类机器人非常受欢迎，因为能满足人类更高层次的综合性需求。

在社会机器人中，功能更加复杂多样，对智能和制造水平要求也更高的是性机器人。性机器人当然需要满足人的性需求，否则就是徒有虚名。但单纯满足生理需求的性机器人，哪怕具有响应性、交互性，还仅仅是一种形似，不是神似，本质上同充气娃娃等传统成人用品区别不大。只提供肉欲满足，不提供情感交流，智商情商平平的机器，其技术价值和人文意义有限，不属于这里讨论的范围。

完整意义上的性机器人能够通过自主学习，依托互动中不断积累的数据，了解使用者的多方面需求，进而找到更能为人接受的表现形态和互动方式，最终建立与人的持久而稳定的情感联系。在极端情况下，甚至演出"人与机器结婚"的悲喜剧，无意中，给人类又提出了一个伦理挑战。但平心而论，错不在机器，而在人类，在文化与自然的脱节上。

三、性机器人源自何处？

性机器人呼应了人类的性需求，人类对性机器人的需要源自人性的困境。

第一，优质性资源的匮乏。

人是审美的动物，而审美的自然源头，在于性。植物最美丽的部分，是性器官。动物最漂亮的时候，是发情期。服饰的发明与其说是为了"遮羞"，毋宁说是为了在"遮丑"的同时营造性幻想的暧昧。成语"欲盖弥彰"用在哪里都没有用在这里应景贴切。

自古以来，优质性资源始终是匮乏的，"郎才女貌"至今仍是社会认可的性资源对等配置原则。时代变迁，物是人非，今天"才""财"可以互换，"男""女"可以易位，但一夫一妻制下，婚姻中性资源匹配的"门当户对"定理，不会轻易改变。虽然法律规定了离婚的高昂代价，仍然挡不住资源丰沛者走马灯似的再婚，用历时的多配偶制来代替共时的多配偶制，法律只能睁一只眼闭一只眼。

悖谬的是，一方面，优质性资源永远匮乏，虽则随着营养条件的普遍改善等，供应总体上有所增加；另一方面，大众消费对个人性需求过度开发，造成优质性资源供应的增加速度，远远跟不上性需求提高的速度。于是，从化妆、整容、修图乃至到"换脸"，各种人造技术一拥而上，满世界非自然的美女帅哥，人类步入从未体验过的性资源虚拟时代。

遗憾的是，自然是多样的，人造的往往雷同。大众消费以产品规模化生产为前提，标准统一、流程统一、产品统一，最后必然带来趣味的统一。性资源工厂化生产后，各种性感指标包括身高如"大长腿"、脸型如"锥子脸"、表情如"呆萌状"、语调如"娃娃音"，统统趋于高度同质化。"美女"被不问年龄、无论长相地适用于任何一位成年女性，"小鲜肉"成为男色不加掩饰的表达，广告过度使用"以色事他人"的流量明星，最后只是造成优质性资源在形式上为全社会共享的假象。这种本质上应当归入"意淫"范畴的性满足方式，不但未能真正解除优质性资源的匮乏，无法满足人类个体对性对象排他性占有的天性，反而大大提高了个人对性感的阈值。

在更多年轻人不结婚的个体选择之下，分明涌动着因为无法现实地获得优质性资源而对异性心生拒斥的结构性暗流！

既然技术上做不到让身体自然地变得更性感，那就增加人造的性感载体的供应，开发性机器人因此成为摆脱人类困境的技术路径。

第二，性伴侣的缘分难得。

在男女关系中一味追求外貌乃至赤裸裸的性感，不是文明社会的主流价值观，早在《红楼梦》里，作者就指斥低级下流的纨绔子弟为"皮肤滥淫之辈"。夫妻相互尊重，举案齐眉，琴瑟调和，才是理想的婚姻家庭。

而且，随着男女平等成为社会现实，维系婚姻和两性关系的生育纽带与经济纽带呈弱化趋势，性格和价值观相互匹配在建立与维护婚姻家庭关系中更显重要。但素质匹配需要"缘分"，相比才貌相当，缘分更加稀缺，古人有"百年修得同船渡，千年修得共枕眠"之说，足以证明之。

好消息是，一旦性机器人上线，问题立马得到解决，生产企业可以根据购买者的个性取向，定制不同性格的机器人，无论服从型的"贤妻良母"、被支配型的"妻管严"，还是"河东狮子吼"，通过改动算法，调整参数，都能确保用户满意。

只要关系持续的时间足够长，性机器人还会在与人类持续的互动中，通过自主学习，主动调整自己的行为，提高自己与特定使用者的适配性。如此佳偶，不是天成，胜似天成！

第三，个人维持婚姻的能力不足。

人类追求爱情，推崇婚姻天长地久，这样的价值观在当代虽然有所弱化，但作为文化基因，仍然对许多人具有感召力。随着传统的约束日渐失效，婚姻越来越成为个人私事，不容外部干预，维持家庭关系转而依赖双方的努力和能力。现实的情况是或者双方心有余而力不足，或者一方"落花有意"，另一方"流水无情"，维系婚姻乃至恋人关系有可能只是单相思。这时候，与其要求个人终身学习，不断提升能力，不如度身定制一个善解人意、不会以任何理由要求分手的性机器人，以坚韧的"人机关系"来取代脆弱的"人际关系"，实现另一种不让任何一方为难或勉强的"从一而终"。

第四，"本性难移"与喜新厌旧的张力。

在自然界，对性伴侣的喜新厌旧有助于增加基因传递的机会，但在一夫一妻的婚姻家庭制度下，却属于不道德行为，长期受到压抑。

"江山易改，本性难移。"一方面，人囿于本性，无法改变自己喜新厌旧的趣味；另一方面，同样囿于本性，人无法随时改变自己，满足对方喜新厌旧的趣味。结婚率下降，离婚率上升，因此难以避免。

唯有性机器人像百变金刚，能够不断迭代升级，根据人的趣味变换，调整自己的外貌、体型、性格和行为模式。性机器人任凭挑剔，曲意逢迎，人机关系理当比人际关系更加牢固。

"文明即压抑。"在规则林立的性领域中，人与机器的组合给自然人提供了摆脱规则过度约束的机会，人类不羁的天性获得了巨大的自由空间。有如此好处，性机器人登堂入室，怎么会不水到渠成！

然而，所有这一切，都建立在性机器人的功能水平上。酷肖人类又能克服人类缺陷的性机器人，在技术上可能吗？

四、机器也能解人意？

人类对世界的感知主要来自视觉，正常人获取的信息大约有70%是从眼睛输入的。在性的问题上，人本质上都是"外贸（貌）协会"的成员，所以，性机器人要"人如其名"，先得外貌像人，面容、形体、皮肤、表情、体态、步姿，都让人感觉亲和甚至魅惑。同时，所有像人的身体部位不能只是摆设，需要有相应功能。当然，在机器人身上，感知部分未必需要与人体器官在位置上完全一致，人类只有两只眼睛，机器人可以多几只，人类眼睛一定长在额头下，机器可以设置在其他部位，如果怕人不适，可以藏起来，但功能不能少。索菲亚就能用"第三只眼睛看世界"，但设置在胸部。

性机器人属于社会机器人或者情感机器人的类别，所以，不能只是让人看着性感,还必须与人建立情感联系。而且性机器人与人的交互,不能只是单向的,既要能够察觉人的情绪,又要能向人表达自己的情绪。这两件事都不容易,但首先需要解决的还是机器如何看懂人。用技术的语言来说,就是人工智能必须有能力"识别情绪"。

其实,在人工智能开发上,情绪识别技术的研发早已有之。人类要与机器人互动,和谐相处,必须让机器有能力理解人类的情绪,做出适当的反应。"善解人意"是情绪识别的智能所在。

为此,机器必须像人一样,看得见,听得懂,理解对。

第一,看得见。

看得见要靠计算机视觉,在情感机器人身上重点是"人脸识别技术",因为人脸是情绪的集中展示舞台。机器人利用各种成像系统作为读取视觉信息的手段,再借助算法,完成对信息的处理和解释。计算机视觉让性机器人能像人眼一样观察和理解世界,自主适应人文环境。

目前,科学家已经研发出了与人眼相匹配甚至在一定范围内超越人眼视觉的传感器和图像处理器。机器能看见人类看不见的东西,这不稀奇,能看懂人能看懂的东西才算得上先进技术。

机器视觉系统在进行图像处理时,会利用图像增强、平滑、边缘锐化、分割、特征抽取、理解等方法,有效改善图片质量,以方便计算机对图像进行分析、处理和识别。

不过,以现有的传感器和图像处理器,基本可以满足处理静态人脸照片的需要,而要对动态人脸进行识别,还面临很多技术难题。

人脸的表情极为丰富,还不易固定,因为变化和移动的速度太快。喜欢摄影的都知道,捕捉人的表情可以用四个字来形容:稍纵即逝。人们在观察事物或受到刺激时，脸部做出的表情会有大幅度的变化，既可以极度夸张，也可以只是微微一闪。微表情是解读人类内心的窗口，计算机视觉也能胜任？

在现实生活中，人的表情各有不同，变换速度、幅度和节奏也有很大差异，过于频繁和迅速的表情变化固然会让人脸识别技术难以快速而精确地跟踪，而过于呆板、完全缺失变化或者"皮笑肉不笑"，更会令计算机视觉莫测高深、无所适从。为了精确识别面部细微的肌肉变化，机器人需要借助庞大的表情数据集、面部微动作和眼球运动数据集，经过训练和学习，才能达到要求。不过，机器人再善于学习，以人的内心之深奥，表情之神秘，要全部解读清楚，难度也不小。

第二，听得懂。

听得见就是能够接受语音。声音是人类传递感情的重要载体，同样一句话，因为语音语调的不同，含义也会截然不同。人要与机器进行语音交流，让机器听得懂，也不是一件容易的事。机器需要装备听觉系统，才能与人对话。

在交谈时，人的情绪会引起语音语调的变化，比如激动时音调会变高，速率会加快，这些变化统称为韵律。在声学分析中，时长、幅度、基频和频谱等属于可测量的物理参数。在听觉范围内，计算机对情绪的研究主要集中在基频、强度、时长、特征等方面。

韵律和物理参数为计算机分析情绪提供了量化依据，但要在语义分析的基础上，进一步识别情绪，就会对声音和环境提出严苛的要求。背景噪音、地方口音、发音习惯、音位误差、多人说话、身体状况等因素，都会增加情绪分析的技术难度，要让机器人"听话听声，锣鼓听音"，真不是那么容易的。

在这方面,汉字既有一音一字、一字一音的特点,又有一音多字、一字多音的特点,加上每个字都有声调,给中文的语音情绪分析既带来了便利,也造成了难题。

第三,理解对。

"理解对"所要求的是,机器人能从接收到的信息中形成认知,而且正确。在情绪分析中,这一个环节尤为重要,"会错了意"会贻笑大方。机器人要理解对,需要用到文本识别。比尔·盖茨说过,"语言理解是人工智能皇冠上的明珠"。人工智能最初的技术研发方向中就有自然语言处理,专门研究人机在交际中的语言问题。计算机不是依靠工作语言,而是在人类日常使用的语言环境中,理解、处理和运用人类语言。

文本分析包含各种相关技术,比如自动分类、词性标注、文本分类、机器翻译,等等,基于文本的情绪分析技术也是其中之一。

文本情绪分析指运用自然语言处理、文本挖掘以及计算机语言学等方法来识别和提取文本中隐藏的主观信息。一般而言,情绪的表达分为显性和隐性。显性情绪表达是直观的,主要呈现在语言形式上,而隐性情绪表达则是暗藏的,它存在于语言表述的深层含义中,有时是说话者不经意的或"言不由衷"的表述下掩盖的真实情绪,在不同的语境中所体现的语义是不同的。而要想获取这样的隐含信息,就需要利用机器学习方法以及大量标注数据进行模型训练。这就需要用到神经网络及深度学习等技术。

看得见、听得懂、理解对,只是机器人可以担当与人情感交流的第一步,现在机器人能够接受人类发出的信息,知道人在想什么、需要什么,但距离呼应人类的情感,满足人类的需要,还有一段距离。

五、性机器人也能"夫唱妇随"吗？

性机器人必须达到双向像人的智能水平，不但能像人一样感知外部世界，不依赖人类输入的数据，而且像人一样，对外部世界做出反应，实现与人交往的功能。只能看见，不会暗送秋波，如此眼睛呆板如玻璃球，不会有什么性感可言。人类的喜怒哀乐极其微妙，极易受个体性格的影响。如果说自然语言的理解与处理最初面对的只是语言的通用规则和固定材料包括字词、词性、搭配和语法，那么一旦进入高度个体化的情感领域，就必须对个人的言辞和表达上的细微区别有足够的敏感，还需要结合图像识别技术，将言辞、语音、表情乃至体态所传递或泄露的信息，整合起来考虑，以便从中获得任何单一来源信息的分析不足以提供的信息，形成更高水平的认知结果。

机器人能做到有问必答，不做"鸡同鸭讲"，已属不易。毕竟，人类对话中存在着大量"潜台词"，相对具体场合来说，这些都属于"先验知识"，单从现场没头没脑的片言只语，根本无法整理出完整的意思，只有了解相关背景的人才能明白谈的到底是什么。虽然性机器人同使用者存在私密关系，对话范围相当有限，但要像佳偶天成那样无话不谈，只怕一时半会还研发不出来。

再进一步，要让机器人主动发问，难度更大。现在市场推出的一些带有情感智能的音响设备，子女买了送给年老的父母，以解寂寞，却往往用不上几天，就遭弃用。因为机器只会回答，不会提问，而且回答也多半是敷衍了事，较之算命先生的话术，好不到哪里去。如果机器提问，更漫无边际。为回答而回答，为提问而提问的机器人，让人觉得情感空洞，像个"木头人"。

最难的是机器人如何穿透"皮笑肉不笑"的假象，破解"尽在不言中"的数据缺失。在人类的情感表达中，有形的声音、表情和体态是传递信息的符号，无形的节奏、间隙和中止也是符号，变化是符号，没有变化也是符号。虚虚实实，假作真来真亦假，不言而喻，一言难尽，王顾左右而言他，此时无声胜有声，才是"郎情妾意"的空间乃至境界。性机器人要在其中表现得善解人意，不但需要强大算法和运算能力，还需要强大的数据库，其中不但应该有机器借助人机互动而自行感知和采集的数据，还需要有相当的先验知识准备。

六、机器人竟然"宛如生人"？

性机器人需要人，更需要感知人对性机器人的感知。比如，对于性机器人来说，触觉特别重要，其皮肤不但要像人那样敏锐，能够感知接触中所包含的情感信息，还要在肌肤相接时能让人有"软玉温香抱满怀"之感。要达到这一点，不但需要智能技术，而且首先得有材料和制造技术。没有细腻、有弹性甚至会微微悸动的皮肤，那性机器人充其量还是充气娃娃的升级版。

双足直立行走在其他类型机器人那里未必是标配，但在性机器人身上就不一样，必不可少。"轮滑少女"在动漫中很美，因为体态婀娜。如果只是因为不会行走，而不得不永远滑行，魅力一定会大打折扣。在这个方向上，波士顿动力公司的 Atlas 不但会直立双足行走，还会后空翻，的确已超过大部分人类，但论体态风流、行走优雅，则远没有到达及格的水平。作为性感指标，袅袅婷婷、风姿绰约要比后空翻得分高得多。毕竟,情场不是田径场。

如此以人为参照来要求性机器人,难免有强人所难之嫌。殊不知,科学家都是痴迷创造的人,越是艰难,越是甘之如饴。真是在这个意义上,性机器人完全可能是科学家所创造出来最像人的机器,甚至比科学家机器人,即从事科研、有创造力的机器人更像人。本来人们最看重科学家的就只是大脑,其他可以忽略不计。当年罗丹给巴尔扎克塑像,落成时几乎就是一个头像,连执笔写作的手都被省略了。作家的重要性在头脑,科学家只会有过之而无不及。

总之不难想见,未来的性机器人一定是度身定做、投其所好的,"一把钥匙开一把锁",而不是"万能钥匙"。而恰恰是这一点导致性机器人有可能遭受"人身侵犯"。

七、性机器人也需要立法?

机器替代人,使得原来适用于人的许多法律规定不再必要。比如买卖婚姻是不允许的,而买卖性机器人就没有关系,只要符合生产和销售的许可。公开维持"一夫多妻"的婚姻关系,会被法官以"重婚罪"处罚,但多几个性机器人"妻子",完全属于私人事务,只要合法获得。如此等等。

然而,性机器人带来的涉性领域的法律规制趋于宽松,并不等于只要涉及性机器人,法律将一概悬置。比如,组织或容留自然人卖淫是犯罪,但利用性机器人开设"妓院",未必可以听之任之。未经许可做明星的蜡像,涉嫌的主要是侵犯肖像权,但要是像"换脸"技术一样,生产、销售、使用高仿的明星性机器人,那可能就不是肖像权侵权那么简单了。

只要涉性，不论具体对象是人还是机器，人类的敏感仍在，法律的规制不会取消。真正的问题是，面对性机器人，人类法律需要做什么调整？不仅对于机器，还有对于人本身。如果说人工智能技术的发展可能颠覆人类秩序，那么在性机器人这个特定方向上，颠覆效应可能来得更直接更猛烈。

八、性机器人立法如何定位？

在很大的程度上，性机器人立法不但需要考虑对机器人的定位，更需要考虑对性机器人的特殊定位，毕竟作为情感机器人，性机器人在"意志"表达上，有其特别之处。

在把性机器人仅视为权利客体的情况下，性机器人立法至少可以在三个层面上做出考虑。

在第一个层面上，性机器人被视为一般物品，不考虑其特殊功能，仅作为所有者通过购买获得的设备，属于严格意义上的私人财产，在民法范围内，受到法律对于公民财产的一般保护。如果有人未经同意使用他人财物，并造成一定的损坏，那就必须根据等值资产进行赔偿。物主索赔不成，可以向法院起诉，如果标的够高，值得诉讼的话。

在这方面，对性机器人的任何滥用如同擅用他人的电脑或其他物品，如果搞坏了硬件，抹掉了储存的文件，甚至删掉了不可缺少的软件等，可以通过法庭指定的评估机构，按照客观估价，要求赔偿。如此处理并不麻烦，有足够的法律和案例可以援引。

在第二个层面上,性机器人被视为特殊物品,具有不同于一般物的属性。简单地说,涉性会让这类机器人在法律上得到特别的处置。对此,法律的首要关注点是性,而不仅仅是机器人。这无非说明,时至今日,性,仍然是人类生活的一个敏感领域,适用特殊的法律规则。

从法律的角度来说,只具有形式上性功能的机器人已是客观存在,也得到相当程度的公众认可,并形成了规范的管理,一旦引发民事纠纷,不难处置。有的性机器人可以列入医疗器械产品,因为具有治疗的功能;有的可以列为一般的产品。从目前来看,对于此类物品已经有足够的法律规制,无论是在民事法律还是行政法律上,都有关于涉性产品生产、销售和使用的规定。只是原来适用于成人用品,现在可以针对人工智能的引入,稍加调整。

需要强调的是,这些调整与其说是针对性机器人作为财物的特殊性,毋宁说针对的是机器人涉性之后的特殊性。就性机器人作为私人财产而言,法律能提供的保护仍然同其他物品没有实质性区别。如果性机器人出现在不该出现的场合并因此受到损坏,在获得赔偿之前,所有者有可能先被追究不当使用的责任。除此之外,在性机器人上发生的侵权行为,涉及的仍是人,即性机器人的拥有者,引发的仍然是作为权利主体的两个自然人之间的民事纠纷。

在第三个层面上,性机器人的情感属性凸显出来,虽然仍被视为私人财物,但至少具有了额外的属性,其中涉及的不但有拥有者对性机器人的情感,也有性机器人在与人互动过程中积累的大数据基础上形成的情感智能。至此,侵犯性机器人不再是单纯的侵犯财产权,针对性侵机器人的特殊法律浮出水面。

九、性机器人立法需要考虑情感吗？

性机器人在理论上已经具有情感智能,可以归入情感机器人之列。立法和司法者首先必须搞清楚性机器人的情感智能与法律意义上的情感有什么区别,边界在哪里。如果说,在技术上,问题是机器人到底能不能有情感,那么在法律上,问题就转变为能不能承认机器人有情感。如果承认机器人有"情感",还必须进一步明确,那是谁的情感,是机器人的情感、机器人拥有者的情感,还是机器人拥有者对机器人的情感依赖。如此等等。显然,这些问题并不容易回答,任何回答还可能带来更多的问题。

目前来看,情感机器人可以在一定的模式设置之下形成一些情感交流。机器人可以根据使用人的输入,作出相应的智能判断和对应的输出。使用人需要强迫型的,机器人就会提供强迫型的交流互动;使用人选择顺从型的,机器人就会是顺从型的。目前的情感机器人可以通过智能判断来选择一种应对的交流模式,更进一步地,也可以基于深度学习,产生一定的情感反射。日本的一些社会机器人现在已经达到了这样的智能水平。

情感机器人能提供一定的情感交流,相比工作机器人,显得与人类更为接近。不过,目前的情感机器人更多的只是具有情感交流的功能,而且往往是一种预设情感模式,并非机器人真的产生了情感。尽管如此,使用人更容易形成对机器人的情感依赖和投射,这也符合人性和生活常理。

情感依赖和投射在现实中是普遍存在的。比如,长辈在特殊的时间节点、特殊的事件背景下留给后辈一件物品,在生活发生巨大变故后,这个物品具有了象征意义,成为后辈思念长辈的唯一寄托。这个具有特殊含义的物品承接了后辈的情感依赖和投射。

在民法中,这类具有情感依赖和投射属性的物品,被定性为"具有特殊纪念意义的物"或"具有特定情感含义的物"。显然,物品本身不具有情感,而是物品所有人基于物品而保有的情感,所以,这里所谓的情感在本质上还是人的情感,不是物的情感,物没有情感,法律也不会予以承认。在这一点上,目前机器人还不及宠物狗。人所共知,狗有能力表示出可以辨识的对主人的情感,而再好的情感机器人总难免让人感觉"假假的"。两者之间的区别,即便不像肌肤与钢铁的反差,至少也有木头与塑料的不同。

在民法中,对"具有特殊纪念意义的物"或"具有特定情感含义的物"的保护,依然是对物的保护。例如,有人损坏了"具有特殊纪念意义的物",其侵犯的是财产权还是人身权?客观上,损坏具有特殊纪念意义的物,必然对物的所有人造成情感上的伤害,这种伤害甚至比对物的损害还要严重,但是在法律上,其侵犯的依然只是此物品的物权。当然,侵权人除了承担侵犯物权的责任之外,还应当做出精神补偿。

与此类似,目前的情感机器人更接近于"具有特定情感含义的物"。

尽管不排除未来随着人工智能的发展,诞生一种机器人,真的能"自主产生情感",至少就目前来说,情感机器人的交流不是自主的情感交流,而是一种预设情感交流,其效果相当于封闭空间中的回声,而不是对话,更不是心灵交流。只有当具有自主情感的机器人成为现实，机器人和人类一样具有自己的情感时，讨论性机器人的情感问题和被侵犯问题，才有更大的操作空间。

十、性机器人能被人身侵犯吗？

在现代社会，法律对性的立场和态度出现方向相反的两种趋向。

一方面，对自主的性行为，法律的态度总体上是趋于宽松的，只要满足比如年龄、身份或时空等边界条件，一般不会对成年人的自主性行为做出过于强硬的干预。

另一方面，对于违背当事人意愿的性侵犯，法律的态度明显趋于从严，无论是有实质性内容的行为，比如强奸，还是徒有性形式的行为，比如语言性骚扰，都为法律所不容。

这种同步而异向的转变之实质是，在性领域中，法律强化了对个人意志的尊重和保护，而弱化了对性本身的敏感。

因此，在法律意义上，人身侵犯的最核心要件是违背意志。性侵犯就是违背当事人意志与之发生性行为的行为。

目前的性机器人仅仅用于满足人类的性生理需求，只是工具，和普通成人用品没有实质性区别，所以不存在违背机器人意志的问题。

在现有的人工智能技术条件下，要让法律就某种行为是否违背性机器人的意志做出判断，也不是没有办法，对于具有情感智能的性机器人，只需要设置一个操作性标准，那就是看其能否"拒绝"。只要做出了明确的拒绝，就可以视为情感机器人表达了自己的意志。至于实际是否同意,就像人工智能实际是否在思考一样,无须讨论。在这些无从确定的问题上,立法在思路和策略上效仿技术是完全合理的。

由一些公开报道可知,到目前为止,情感机器人都没有设置"同意"程序。也就是说,不需要机器人"同意",任何使用人都可以与之交流互动。这本身表明,现在无论是人工智能的设计者、生产者,还是使用者或者拥有者,对情感机器人的看法基本上都停留在产品或者服务的功能定位上,同意与否不是一个必要的选项。

从技术角度来看,为了让情感机器人表达它的意志和情感,可以设置事前事中的同意程序。这个同意不是情感机器人拥有者的意愿表达,而是机器人本身。设想一下,当其他人使用性机器人时,如果机器人"认为违背其意志",使其"感到不适甚至反感",就可以行使"拒绝权",停止接受使用。这一同意程序的设置,可以视为性机器人有了自己的意志表达方式。

因此,对性机器人"人身侵犯"的防范,可以从设置"同意"的算法程序开始。在人工智能技术的初期阶段,可以设定某些条件,一旦触发条件,机器人就会拒绝被使用。未来进入"强智能时代"后,机器人具有自主的情感和意志,拒绝的表达方式可以更加拟人一些。

其实,就是在现有的技术水平下,由于机器人具有建立在与其拥有者互动数据上的情感智能,会根据后者的思维、情感、表达和取向等参数,建立相应的模型,形成特定的应对程式。如果其他人强行使用性机器人,并因此同性机器人已经建立的模型产生冲突,都可以记录下来,如果因此导致机器人的储存丢失、程序干扰、模式损坏,那更可以找到"违背其意志的人身侵犯行为"的数字证据。

十一、法律上如何规制性机器人被"人身侵犯"？

古话说："漫藏诲盗，冶容诲淫。"随着性机器人外形和内部装置与人越来越像，发生在人身上的犯罪行为也可能转移到性机器人身上，从而给既存的法律秩序提出又一个挑战。

按照刑法规定，个人遇到严重的人身侵犯，比如强奸时，可以采取无限的正当防卫，哪怕致死对方，也无须承担任何法律责任。在性机器人遇到人身侵犯时，能不能同样获得无限防卫的权利？恐怕不能，因为"不伤害人"是机器人必须遵守的"第一定律"。如何从法律上规制性机器人可能遭受的"人身侵犯"，有可能成为现实的需要。基于性机器人的特殊权利客体地位，可以采用两种不同的策略途径。

第一，财产权延伸保护定位。

当新生事物产生，需要法律进行规范时，立法者首先应该考虑的是运用现有法律资源，这样既能确保现有法律的稳定性，又有利于实现法律适用的效率性。

对性机器人可能遭受的侵犯，首先可以考虑的是财产权延伸保护。这个财产权是指自然人对其拥有的机器人的财产权。

如前所述，通过拥有者的财产权来提供延伸保护，在司法实践中已相当普遍。在现实生活中，有的物品不是"死"的物，而是"活"的物，附着了拥有者一定的情感，有着特定的纪念意义。

比如，在数码相机普遍使用之前，人们都采用胶卷相机拍照，拍好后，将胶卷交冲印社冲印成照片。消费者在取照片时，偶尔会遇到冲印过程中胶卷被意外曝光的情形。对此，冲印社肯定会给予赔偿。

按照法律的规定,如果双方事先没有约定赔偿金额的话,通常按照被曝光胶卷市场价格的三倍做出赔偿。如果只是寻常照片,弄坏了固然让人不高兴,赔偿三倍的胶卷价格,消费者也能接受。但要是在像婚礼这样重要的人生场合拍摄的照片被废了,消费者肯定不会善罢甘休。人生具有一次性,婚礼不可能重来,当时所有在场的人也不可能再"表演"一次,照片作为人生见证的意义载体,其损失无法用技术手段来弥补,也无法用胶卷价格来衡量。

在法律上,从侵犯财产权来说,侵犯的是胶卷的财产权利,但受到更严重伤害的是胶卷所承载的情感。因此,在司法上形成了一种"延伸保护",即基于财产权的延伸保护,不但对财产,而且对财产上所依附的情感也必须做出一定的保护。法院据此判决,冲印社不仅要赔偿胶卷的钱,还要给予消费者一定的精神补偿。

事实上,在现阶段,情感机器人的"情感"也只是机器人拥有者的情感依赖而已。这种依赖源自使用人对特定机器人的喜爱,所以属于单向的情感投射。只有在机器人也有自主情感的情况下,才能谈论双向的情感交流。

因此,对具有情感依赖的性机器人的侵犯,可以类比具有特定纪念意义的物,给予财产权延伸保护。对于侵犯性机器人的,可以由其拥有者主张财产权保护以及精神补偿。

但这样的安排能解决问题吗?

财产权的延伸保护更多着眼于私利益,主要是经济利益的保护。但一则由于性机器人移入了人类天性中对性对象的排他性占有的情结,在视性机器人为"配偶"的拥有者看来,侵犯机器人就是侵犯其个人,简单以处理财物,哪怕是附有情感的财物的方式来处理之,难以止争息讼。在情感领域,妒火中烧的人可是什么行为都做得出来的,法律不能因为涉及的是机器人,就掉以轻心。

二则对性机器人的"人身侵犯",不但涉及私人物品,还必然关乎公序良俗。基于性机器人具有特殊性,不仅应该有对私利益的保护,更重要的是还应该有对公利益的保护,而一旦涉及公秩序、公利益,自然引出第二种策略途径。

第二,机器人人身权保护定位。

立足财产权延伸,事实上不能真正解决性机器人人身侵犯问题,所以必然进入第二个定位的视角,即从机器人本身的定位来规范可能存在的人身侵犯。

当然,如此定位必定涉及能否赋予性机器人以人身权的问题。这下又重新转回到了一系列根本问题:机器人是不是法律上的主体?机器人是否具有独立意志?机器人能不能进行意志的表达?目前,对于所有这些问题是不可能有答案的。

对于没有答案的问题,有时在法律上也必须做出回答。法律有一个使命,就是必须对现实生活当中出现的各种关系进行规范。立法上解决不了,可以在司法上探索。

有些学者提出,可以借鉴《禁止虐待动物法》,为性机器人提供保护。这个思路有一定道理。

按照上述财产权延伸保护,如果有人对宠物进行侵犯,宠物的拥有者可以基于自己对宠物的财产权,主张权利。但是,宠物主人是把宠物当作"家人"养的,甚至作息都在一起,显然形成了情感投射或情感依赖。现在司法上已有判例,对具有情感依赖的宠物的侵犯可以主张精神补偿。

但是,《禁止虐待动物法》不是基于动物是财产权的客体,而是基于虐待动物会导致动物痛苦。可见,动物保护的基础不是财产权,而是其他利益。保护动物不受虐待,目的在于引导人类,推物及人,善待人类自身,这就进入了哲学的领地。

对情感机器人是否可以类推使用,进行法律资源的移植?很显然,这里也会涉及《禁止虐待动物法》是否规定了动物拥有权利,以及动物是否民事主体之类的问题。在法律上,民事法律关系是平等主体之间的人身关系和财产关系,首要条件是当事人应当是法律上的民事主体。

在法律上,首先需要确定,需要裁决的纠纷关涉的是人和情感机器人的关系,还是人和人的关系。如果处理的是人和情感机器人之间的关系,那就形同已经赋予情感机器人以法律主体地位。如果规范的是人和人之间的关系,包括人身关系或/和财产关系,那情感机器人依然只是这个法律关系的客体,而非法律关系的主体。

《禁止虐待动物法》规范的是人与人之间的关系,因为禁止的是别人虐待动物。如果虐待了,谁可以主张权利?由动物还是动物的主人或者动物保护协会来主张?在美国,动物保护协会曾经出面代表动物起诉,结果被美国最高法院驳回。因为诉讼涉及人类的底线,动物不能成为主体。保护动物是应该的,但保护的不是动物的权利,而是保护人类共同对动物拥有的权利。

同样的道理,在目前的法律构架下,考虑到人工智能发展在现阶段的实际情况,机器人即便具有情感智能,其在情感上依然是被动的。但在涉及情感机器人的场合,因为拥有者对情感机器人具有情感依赖,仅仅基于财产权的保护是不够的,还要延伸保护。更进一步,不仅是延伸保护,基于公序良俗,还要"赋予"情感机器人一种"消极权利",也就是禁止对情感机器人做出一定行为的权利保护。这种权利并非机器人享有的权利,而是社会对机器人享有的权利。

平心而论,对性机器人的"人身保护"无论采取上述哪种定位,都隐含着性机器人尚未具有权利主体的地位,也没有真正情感的预设认定,所以,不可能把侵犯性机器人的行为纳入侵犯人身权犯罪的范围加以规制。就此而论,同对待普通成人用品的态度相比较,法律对性机器人和侵犯性机器人的行为的认识与处置,并没有实质性的进展,不过"五十步"与"一百步"的区别,有情感智能还是没有情感智能,尚未构成法律意义上的决定性因素。

如此处置既是由于技术发展尚未到达拐点,人工智能尚未出现根本性改变,也因为法律总具有一定的滞后性。性机器人虽然在智能水平上比充气娃娃大有提高,但这种提高要获得法律认可,并给予立法上的确认,为时尚早。

或许除了坐等技术进步之外,还有一种可能助推法律变迁的因素将会出现,那就是性机器人的适用范围扩大、使用人数增加,尤其是其满足的人类需求的层次提升,倒逼人类思考到底应该采用什么样的法律思维来认识和处置性机器人这类逐渐进入人与机器之间模糊地带的人工智能技术。

既不是简单套用传统的物权思维,也不是简单套用传统的人权思维,而是在既非物、又非人的方向上,释放一种新的法律思维和立法技巧。

或许,正是在这片新的土壤里,可以最早看到"二元法制"的胚芽萌动!

后记

"好奇害死猫。"

猫是一种好奇的动物，对一切活动的东西都充满探究的渴望。这不，自己的尾巴也成了兴趣对象。

猫喜欢捉自己的尾巴，当然同尾巴好动有关，但仅仅好动，不足以引起猫那么大的兴趣。爪子也会动，为什么不捉？

猫捉尾巴不只是因为尾巴会动，真正的原因是，尾巴的活动并不完全听从猫自己的指挥。猫的嘴巴与尾巴之间是整个身体，要用嘴巴咬住尾巴需要身体的配合，而身体姿势变动一定会改变尾巴的位置。这就进入为咬尾巴必须转动身子，而转动身子必定带来尾巴躲闪的互动态势。于是，本来"左手摸右手"，因为彼此过于配合而毫无趣味的局面，一下子活泛起来，不听指挥还时时躲避的尾巴，就像所有被捕猎的小动物一样，激发了猫极大的乐趣。

《意志与责任：法律人工智能》意在探讨如何利用法律来规范人工智能，整个思考过程像极了一场猫捉尾巴的游戏。人工智能需要公共治理，治理必须借助于法律。以法律之严谨，把人工智能套进来，应该并非难事。可是看着套上了，却又在眼皮底下跑掉了。再套，再跑，追逐得不亦乐乎。

现在，书已写完，法律与人工智能还在你动我也动之中，无尽无休。

要紧不要紧？

没关系，本来着意的就是套的过程，人工智能一再逃逸，法律尽显尴尬和疲态，如此情状恰为本书之旨归。

德国社会学家齐美尔的名下有一巨著——《货币哲学》，问世后，始终处于归类困难之中。在图书馆里，它常被放在经济学的书架上，对此，读者没意见，但经济学家不接受，而社会学有意认领，读者又不领情，不愿意徒增疑惑，找不到方位。其实，齐美尔说得很清楚，这本书的定位在于经济学之下和经济学之上，就是不在经济学一个层面上。犹如化学，既不属于微观物理学，也不属于宏观物理学。

在《货币哲学》里，货币被与卖淫相提并论，因为就两者都不具有个性而言，在形式上完全是同构的。消费者付款时对一张钞票不带任何感情，其关注范围仅限于标注的金额，对于其或新或旧，或整洁或肮脏，毫不在意，如同妓女对任何一个嫖客的关心仅限于其钱包，而从不在意其个性和禀赋。

基于社会交往纯粹形式的视角，透视包括货币在内的经济现象，如此著作不放在社会学的书架上，又该放在哪里？可为什么偏偏起了一个名字，又是货币，又是哲学的？

因为本来就是在抽象层次上讨论货币，没错。

《意志与责任：法律人工智能》的定位与《货币哲学》有点类似，既不是人工智能也不是法学的专著。不过，说同这两者没有关系，不行；但要归类于其中任何一者，也不行。因为从一开始，思考和讨论就被定位在人工智能与法学内在契合但又彼此躲闪的地带。勉强给一个定位的话，称之为智能社会学或法律社会学都可以，称之为两者的结合或许更恰当。而由于这两个社会学分支学科都可以归于"知识社会学"门下，即把认知现象作为人类集体存在的形式和结果的学理分析，所以，称之为知识社会学也说得过去。不过，如此称呼繁多只怕最后让读者更不知所云，所以暂且还是不计较到底属于哪个学科为好。毕竟本书与其说是为某个学科或分支学科添砖加瓦，毋宁说是借助某个学科的视野和方法论，展开思考，然后把过程呈现出来。

思之所至，便是归宿。

在社会科学中，法学可以说是与人工智能最合拍的一门学科，因为两者都严格遵循形式逻辑。但真要拿法律去套人工智能，又发现百般的不合适。

法律本来是用来调节人际关系，首先是利益关系的。对于机器，法律不是不能管，但是从来不会脱离人与人的关系来管。而人工智能偏偏像人肯定不是人，是机器却不像机器，处于人与机器过渡地带，弄得法律管也不是，不管也不是，不得不管，还如同老虎吃刺猬，无从下口。不过，真要用动物作比喻，最合适的是蝙蝠，唯一会飞的哺乳动物。

法律的尴尬不可能通过委屈人工智能来改变，技术发展只会让机器往更像人的方向演进，但真要像人，又不知道什么时候才能成为现实，更不知道会不会成为现实。最有可能也更加可行的是，法学乃至法律自身有所变化，有所突破，走出自以为一双鞋适合所有脚的迷思。

确实，本来为着解决问题而制定的法律，最后却带来更多的问题，还不知道原来的问题解决了没有。

科技必须接受法律的规范，这没有问题，但法律在面临科学技术进步，尤其是像人工智能这样越来越表现出颠覆性潜力的科学技术进步时，同样需要甚或必须知所进退。至于要问终究是技术适应法律，还是法律适应技术，哪个可能性更大些，回答应该是后者。自然科学的这个称呼表明，自由意志面前毕竟还有一道自然规律不可逾越。至于往哪里走，本书既以智能社会学为定位，就只管提问，不管作答。"术业有专攻""隔行如隔山。"在学科分野格局不变，法律高度职业化的情况下，法学的创新、法理的完善和法律的健全还是交由法学家和法律工作者去完成更加合理而且合适。

这本书的目标仅在于，透过法律面对人工智能的种种不便与为难，看清楚人类一直以来视为天经地义、不言而喻的自我认知及其隐含的思维方式疏漏。仅以目前的技术水平，不用等到"超级人工智能"降临，人工智能已经给人类貌似自洽的逻辑带来深层次的断裂，人类生存中内在的，却在法律逻辑中被掩盖的种种悖谬，程度不等地暴露了出来。最初的裂隙就在这本书的书名中：意志与责任之间那个能力环节的缺失。对这一点，作者在全书各章中已经做了不厌其烦的阐释，希望读者没有不胜其烦。

这本书源自本人在上海大学法学院许春明教授的支持下，于2018年冬季开设的"智能法理"课程。这是一门本科通识课，具有智能社会学和法律社会学的跨界属性，由本人和许教授，以及该学院的芦雪峰副教授、陈吉栋和金枫梁两位博士联合讲授。教学方式采取了每一讲由本人与一位法学专家同台进行学科对话的方式,既体现了社会学的多元思维的特点,也保证了法学的专业品格。最后,许春明教授和陈吉栋博士将各自讲授的内容整理成文,本人在重新设计架构和体例之后,对全书各章的内容做了大幅度调整、修改和充实,成书之时,已不复授课讲义之面目。

前言和第一章由顾骏撰写,第二章、第三章由顾骏和陈吉栋撰写,第四章、第五章、第六章由顾骏撰写,第七章、第八章、第九章由许春明和顾骏撰写,后记由顾骏撰写。

由顾骏完成的文字占全书的80%以上。

许春明教授承担了全书的审读工作,对各章涉及的法学知识,做了全面校核。

许春明教授和陈吉栋博士提供的学科视野、专业知识与职业经验,让这本发散社会学想象的著作有了法学的聚焦。

芦雪峰副教授热情参与课程讲授,对第一章和第六章提供了宝贵意见和部分材料,在此表示感谢。

金枫梁博士参与了课程讲授,但未参加撰写,同样表示感谢。

上海大学教务处顾晓英教授参与了课程的教师组织和教务管理,为本书做出了贡献,在此表示感谢。

特别感谢上海大学出版社傅玉芳副总编对本书给予了不同寻常的耐心和宽容,在编辑上提供了宝贵的帮助。

最后要感谢所有为课程和本书提供支持的同事与亲友,谢谢你们!

多年来,每年春节几乎都是我个人的写作假,不过总是多多少会受到节日的影响,唯有今年没有受到任何打扰。时间总会过去,生活还将继续,而这一段经历将被永远铭记。

顾 骏

2020 年 4 月 9 日